I0372219

www.ingramcontent.com/pod-product-compliance
Lightning Source LLC
Chambersburg PA
CBHW011405070526
44577CB00004B/406

9781989880173

به نام خداوند عشق و امید

سریال کتاب: P2145120018
سرشناسه: DAR 2021
عنوان: مدیریت برند شخصی بر پایه خود مدیریتی
پدیدآورنده: پرویز درگی
ویراستار: احمد آخوندی، محسن جاوید
شابک کانادا: ISBN: 978-1-989880-17-3
موضوع: بازاریابی، فروش، کسب و کار
متا دیتا: Marketing، Business
مشخصات کتاب: جلد صحافی مقوایی، وزیری
تعداد صفحات: ۱۹۰
تاریخ نشر در کانادا: آوریل ۲۰۲۰

هر گونه کپی و استفاده غیر قانونی شامل پیگرد قانونی است.
تمامی حقوق چاپ و انتشار در خارج از کشور ایران محفوظ و متعلق به انتشارات می‌باشد
Copyright @ 2022 by Kidsocado Publishing House
All Rights Reserved

Kidsocado Publishing House
خانه انتشارات کیدزوکادو
ونکوور، کانادا

تلفن: +1 (833) 633 8654
واتس آپ: +1 (236) 333 7248
ایمیل: info@kidsocado.com
وبسایت انتشارات: https://kidsocadopublishinghouse.com
وبسایت فروشگاه: https://kphclub.com

سلام هم زبان

دستیابی ایرانیان مقیم خارج از کشور به کتاب‌های بسیار متنوع و جدیدی که به تازگی در ایران نگاشته و چاپ می‌شوند، محدود است. ما قصد داریم این خدمت را به فارسی زبانان دنیا هدیه دهیم تا آنها بتوانند مانند شما با یک کلیک کتاب‌هایی در زمینه های مختلف را خریداری کنند و درب منزل تحویل بگیرند.

گروه KPH و یا خانه انتشارات کیدزوکادو تحت حمایت گروه کیدزوکادو این افتخار را دارد تا برای اولین بار کتاب‌های با ارزش تألیفی فارسی را در اختیار ایرانیان مقیم خارج از ایران قرار دهد.

از اینکه توانستیم کتاب‌های جدید و با ارزشی که به قلم عالی نویسنده‌گان و نخبگان خوب ایرانی نگاشته شده است را در اختیار شما قرار دهیم و در هر چه بیشتر معرفی کردن ایران و ایرانیان و فارسی زبانان قدم برداریم، بسیار احساس رضایتمندی داریم.

این کتاب‌ها تحت اجازه مستقیم نویسنده و یا انتشارات کتاب صورت گرفته و سود حاصله بعد از کسر هزینه‌ها، به نویسنده پرداخته می شود.

خانه انتشارات کیدزوکادو در قبال مطالب داخل کتاب هیچگونه مسئولیتی ندارد و صرفاً به عنوان یک انتشار دهنده می‌باشد. و شما خواننده عزیز ما را با گذاشتن نظرات در وب سایتی که کتاب را تهیه کرده‌اید به این کار فرهنگی دلگرمتر کنید. از کامنتی که در برگیرنده نظرتان نسبت به کتاب است عکس بگیرید و برای ما به این ایمیل بفرستید از هر ۴ نفری که برایمان کامنت می‌فرستند، یک نفر یک کتاب رایگان دریافت می‌کند.

ایمیل : info@kidsocado.com

مدیریت برند شخصی بر پایه‌ی خودمدیریتی
(برندسازی و برندداری)

مؤلف:
پرویز درگی
مدرس دانشگاه - رئیس انجمن مدیریت کسب‌وکار ایران

ویراستاران:
احمد آخوندی - محسن جاویدمؤید

فهرست مطالب

سخن مدیرعامل ۷
پیشگفتار دکتر محمود دهقان طزرجانی ۹
پیشگفتار دکتر آذر صائمیان ۱۱
پیشگفتار دکتر سهراب کارگر ۱۳
پیشگفتار دکتر محمود محمدیان ۱۷
پیشگفتار مؤلف ۱۹

روزگار کودکی، یادت بخیر ۲۱
مدیریت چیست؟ ۲۹
زندگی چیست؟ ۳۳
برند چیست؟ ۳۹
مراحل مدیریت چه هستند؟ ۴۵
جامعیت‌نگری میان ابعاد سرآمدی و موفقیت ۴۹
اهمیت و جایگاه هوش در خودگردانی و مدیریت برند شخصی ۵۵
تکنیک خودآگاهی در مدیریت برند شخصی ۶۵
نقش مدیریت زمان در برندسازی و برندداری شخصی ۸۵

اهمیت و کارکرد تکنیک خودتنظیمی در مدیریت برند شخصی	۹۱
نقش خودآموزی در مدیریت برند شخصی	۹۹
خودباوری لازمه‌ی موفقیت در مدیریت برند شخصی	۱۰۷
نقش و اهمیت خودکارآمدی در مدیریت برند شخصی	۱۱۳
خوددوستی در راستای مدیریت برند شخصی	۱۲۳
اهمیت خودآرایی در مدیریت برند شخصی	۱۳۵
اهمیت و جایگاه خودتدبیری در مدیریت برند شخصی	۱۳۹
نقش خودآرامی در مدیریت برند شخصی	۱۴۱
خودانگیزشی و نقش مهم آن در مدیریت برند شخصی	۱۴۵
نقش خودکنترلی و اصلاح فردی در مدیریت برند شخصی	۱۴۹
خودگردانی یا مدیریت بر خود به‌عنوان ابزار رسیدن به هدف مدیریت برند شخصی	۱۵۳
مدیریت بر خود و رسیدن به هدف برندسازی و برندداری شخصی با مدل SOS	۱۵۷
5M در برندسازی و برندداری شخصی	۱۶۱
سخن پایانی: پندار نیک، گفتار نیک، و رفتار نیک	۱۷۹
آشنایی با فعالیتهای شرکت TMBA	۱۸۳

سخن مدیرعامل

به‌نام خداوند باغ و کشت
سلام؛
صنایع شیمیایی کرمان‌زمین، با بیش از ۳۰ سال سابقه تأمین‌کننده‌ی نهاده‌های کشاورزی مورد نیاز دوستان کشاورزمان با برند جنوبگان است.
بسیاری از شرکتها بر پایه‌ی توان و دانش فنی مؤسسین برای تأمین نیاز روز بازار تأسیس می‌شوند، اما به اهمیت دانش بازاریابی به‌عنوان یکی از پایه‌های اساسی هر سازمان توجه نمی‌کنند.
به لطف خداوند ما در جنوبگان قبل از اینکه دیر شود به این مهم پی بردیم و به دنبال متخصصی که عالم و عامل باشد گشتیم تا با دلی قرص برای ساختن آینده‌ای روشن، یاری‌مان کند.
امروز:

۱- مهمترین دارایی جنوبگان، سرمایه‌های انسانی شایسته است.

۲- مدیران شایسته‌ی جنوبگان با اجرایی کردن استراتژی، دستیابی به چشم‌انداز سازمان را ممکن می‌سازند.

۳- ایمان داریم جامعیت‌نگری در همه‌ی تصمیمات سازمان باید جاری باشد.

۴- پذیرفته‌ایم که همیشه باید بیاموزیم، یکی از اساتید ما، بازار است.

۵- شعار ما، جنوبگان دوست کشاورز است و برای اجرایی نمودن آن، همراهی یاوران عزیزمان را ارج می‌نهیم.

۶- باور داریم اعتبار برند جنوبگان حاصل عملکرد صادقانه و تلاش برای شناسایی و رفع نیازهای مشتریان و کسب اعتماد آنها است.

۷- فرضیات سازمان‌نیافته‌ی خود را جای تحقیقات سازمان‌یافته نمی‌گذاریم، آموخته‌ایم پشت

میز جای کوتاهی است برای دیدن بازار.

۸- نوآوری در ایجاد تجربه‌ی مثبت و خلق فرصتها برای مشتریانمان را یک مزیت پایدار می‌دانیم.

۹- معتقدیم تغییر یک الزام همیشگی است، قدم اول باور مدیر ارشد به لزوم تغییر است، در راه درست از تعداد کم همراهان نمی‌هراسیم.

۱۰- قطع این مرحله بی همرهی خضر مکن   ظلمات است بترس از خطر گمراهی

به همراهی قدم به قدم استاد عالم عامل عاشق، جناب آقای دکتر پرویز درگی در این راه گام نهاده‌ایم، برای ایشان، اعضای خانواده‌ی جنوبگان و شما خواننده‌ی گرامی آرزوی توفیق روزافزون دارم.

علی ابراهیمی
مدیرعامل صنایع شیمیایی کرمان‌زمین

پیشگفتار دکتر محمود دهقان طزرجانی

قدرت هر کدام از علوم جدید به تعداد نظریات اثبات‌شده و استحکام آنها بستگی دارد، به‌طوری‌که در قبال نقدهای ابطال‌کننده استحکام خود را حفظ و صحت آن را اثبات می‌کنند. در علم تبلیغات و بازاریابی نظریات مربوط به ساخت برند و استفاده از آن طی نیم‌قرن گذشته گسترش داشته و دستاوردهای بزرگی برای سایر علوم داشته و از نظریات سایر علوم (مانند روان‌پزشکی، جامعه‌شناسی، مردم‌شناسی، ریاضی و فیزیک و...) بخوبی استفاده کرده است.

اصلی‌ترین کاربرد نظریات موجود در حوزه‌ی برند، چگونگی تولد برند، حفظ، ارتقا و تأثیر آن است که در علم فروش تجلی پیدا کرده است. خوشبختانه در کشور ایران در سال گذشته توجه خاصی به اهمیت برندسازی و برندداری در حوزه‌های مختلف فردی و تجاری شده است.

استاد دکتر پرویز درگی از جمله اساتید بازاریابی است که توجه ویژه‌ای به ابعاد مختلف برند و تأثیر آنها در ارتقای برند و تأثیر آن بر فروش داشته است و آثار ارزشمندی در این حوزه ارائه کرده‌اند. کتاب " مدیریت برند شخصی بر پایه‌ی خودمدیریتی"، به تعبیر من بیانگر پختگی علمی و تجربه‌ی علمی استاد پرویز درگی در قله‌ی نیمه‌ی اول زندگی پربار این اندیشمند بزرگ حوزه‌ی بازاریابی است. ذکر خاطرات دوران کودکی استاد بسیار شبیه به خاطرات کودکی من از جمله تولد در روستا، بزرگ شدن در خانواده‌ی کشاورز و پرجمعیت است.

با مطالعه‌ی کتاب ابتدا این سؤال مطرح می‌شود که چه ضرورتی داشت که استاد با قلم خودش در کتابش با ذکر جزئیات دوران کودکی، دبستان و دبیرستان را ذکر کند، اما با مطالعه‌ی فصول بعدی کتاب، دو حقیقت آشکار می‌شود، اول آنکه استاد درگی زندگی خودش را مصداق عملی رشد خودمدیریتی و مدیریت آن می‌داند و دوم اینکه با کالبدشکافی مسیر زندگی تجربی استاد درگی دو عنصر چگونگی ساخته شدن برند شخصی و چگونگی مدیریت آن بیرون می‌آید. نویسنده پس از ذکر مقدمات لازم

برای درک هدف به تک‌تک عناصر مؤثر در ساخت برند شخصی ایشان و مدیریت آن می‌پردازد.
از دید استاد درگی چهارده عنصر در شکل‌گیری برند شخصی و مدیریت آن (برندسازی و برندداری) اهمیت دارد که به‌ترتیب اهمیت عبارتند از: هوش، خودآگاهی، مدیریت زمان، تکنیک خودتنظیمی، خودآموزی، خودباوری، خودکارآمدی، خوددوستی، خودآرایی، خودانگیزشی، خودکنترلی، خودگردانی.
نگارش این کتاب مفید را به جناب آقای دکتر درگی تبریک می‌گویم و مطالعه‌ی آن را به همه‌ی اساتید محترم، دانشجویان و پژوهشگران حوزه‌ی تبلیغات و حوزه‌ی فروش توصیه می‌کنم.

دکتر محمود دهقان طزرجانی
رئیس و عضو هیأت‌مدیره‌ی انجمن صنفی شرکتهای تبلیغاتی ایران
و چهره‌ی ماندگار تبلیغات ایران در جشنواره‌ی سال ۱۳۹۸

پیشگفتار دکتر آذر صائمیان

برند شخصی، توسعه‌ی شایستگی‌ها و سختکوشی

دهه‌های آینده تغییرات شگرفی در حوزه‌های مهارت و شایستگی‌های افراد در همه‌ی سطوح سازمانها ایجاد خواهد شد. فضاهای رقابتی، تنوع کارکردهای مدیریت، چندمنظوره شدن فعالیتها، معماری نانو تکنولوژی و ریزتراشه‌های الکترونیکی شایستگی‌های جدیدی را به سازمانها تحمیل خواهد نمود. بسیاری از مدیران و سازمانها از هم‌اکنون جهت رویارویی با این تغییرات خود را آماده ساخته‌اند.

کسب شایستگی‌های لازم برای مواجهه با تغییرات محیطی عامل مهمی برای حفظ و برتری موقعیت مدیران می‌باشد. شایستگی به‌عنوان یک دارایی و مزیت به‌شمار می‌آید که به مدیران، کارکنان و سازمان سود می‌رساند. تمرکز از توسعه و یادگیری بر اساس شغل به توسعه و یادگیری بر اساس شایستگی‌ها می‌تواند پاسخگوی موقعیتها و روندهای متغیر امروزی باشد. تاکنون تحقیقات و پژوهشهای بسیاری در زمینه‌ی برند محصولات و خدمات شرکتها صورت گرفته است. در این تحقیقات به مؤلفه‌های اثرگذار بر توسعه‌ی برند شرکت و یا محصولات توجه شده است. در این میان محققان به موضوع جدیدی برخوردند که ایجاد و توسعه‌ی برند شخصی نیز علاوه بر اینکه به توسعه‌ی محصول و یا برند شرکت کمک می‌کند، خود نیز می‌تواند عاملی برای موفقیتهای فردی و سازمانی باشد.

یک شرکت به مجموعه‌ای از شعارها، نام تجاری، شهرت و اعتبار نیاز دارد که تمامی این موارد در مفهومی به نام برند جای می‌گیرد. اما داشتن برند شخصی از این دید که بیانگر هوش و برتری، تعهد کاری و انرژی باشد، برای کارآفرینها بسیار مهم است. یک برند شخصی قوی صرفاً توانایی سخنوری، شیک پوش بودن و داشتن روابط‌عمومی مؤثر نیست. ایجاد برند شخصی فرایندی مستمر و پایدار است که موجب رقابت در کسب‌وکار می‌شود.

برند شخصی به‌صورت ایجاد یک دارایی که به فرد خاصی تعلق دارد نیز تعریف می‌شود؛ که پیکر،

پوشش، ظاهر فیزیکی و زمینه‌های دانش را در بر می‌گیرد. اما برندسازی شخصی، فقط به این موارد محدود نمی‌شود بلکه، منجر به یک احساس منحصربه‌فرد، به‌یادماندنی و ایده‌آل می‌شود. این اصطلاح اولین بار در یک مقاله در سال ۱۹۹۷ توسط Tom Peters استفاده و مطرح شد.

مونتویا معتقد است: یک برند شخصی ایده‌ی قدرتمند، روشن و مثبتی است که هر زمان که دیگران به شما فکر می‌کنند به ذهنشان خطور می‌کند. برند شخصی نشان‌دهنده‌ی ارزشها، باورها، تواناییهایی ویژه است. برند شخصی نشان می‌دهد که شما چه کسی هستید، چه‌کار می‌کنید و چه‌چیز متفاوتی در شما وجود دارد یا چگونه برای بازار هدفتان ارزش‌آفرینی می‌کنید. در برند شخصی شما نه‌تنها باید شایستگی، توانایی و صلاحیت لازم را هم کسب کرده باشید بلکه، باید به برتری دست یابید. به عبارت ساده‌تر، اگر در جمعی قرار دارید که همه‌ی آن افراد از شایستگی لازم برخوردار هستند، باید بتوانید مزیتهایی بر آنها داشته باشید. در این‌صورت دارای برند شخصی خواهید شد. در نظر بگیرید که این برتری شامل مجموعه‌ای از دانش، مهارت، تخصص، نگرش، رفتار و عملکرد شما می‌باشد.

سال ۱۳۸۹ که اولین ایده‌ی تدوین رساله‌ی دکترا در دانشگاه شهید بهشتی با عنوان "طراحی و تبیین مدل برند شخصی مبتنی بر شایستگی‌های فردی" را مطرح نمودم با چالشهایی مواجه بودم از جمله اینکه استفاده از عنوان برند صرفاً به محصول و برند شرکتها اطلاق می‌شد و در پذیرش آن از سوی هیأت علمی دانشگاه سختیهای زیادی را متحمل شدم؛ زیرا اولین‌بار بود که این موضوع در رساله‌ی مقطع دکتری مورد مطالعه و پژوهش قرار می‌گرفت. همچنین تألیف دو کتاب در زمینه‌ی برند شخصی و مقالات متعددی که در این حوزه پس از فراغت از تحصیل با تلاش و ممارست موفق به چاپ آنها شدم. بسیار خوشحال هستم که امروز محققان، پژوهشگران و استادان توجهشان به این موضوع بیش از پیش جلب شده است که اگر محصولی و شرکتی صاحب برند می‌شود، در پشت آنها افرادی قرار دارند که با استفاده از دانش، تخصص و شایستگی‌های خود موجبات برند شدن را فراهم کردند. همچنین اگر افرادی علاقه‌مند هستند در زمینه‌های تخصصی صاحب برندی شوند، چگونه و با چه روشهایی می‌توانند با توسعه‌ی مستمر شایستگی‌های خود نسبت به ایجاد و بهبود برند شخصی خود اقدام کنند.

مطالعه‌ی این کتاب ارزشمند می‌تواند ضمن ترسیم مسیر ایجاد و توسعه‌ی برند شخصی که بر سختکوشی، توانمندسازی و کسب شایستگی‌ها استوار است، راهنمای مفیدی برای همه‌ی دانشجویان، استادان و علاقه‌مندان این حوزه باشد. امید است با مطالعه و به‌کارگیری فنون ارائه‌شده در این کتاب شاهد توسعه‌ی فردی و ارزش‌آفرینی بیش از پیش در این مسیر باشیم.

دکتر آذر صائمیان
رئیس اتحادیه‌ی انجمنهای علمی، فناوری، نوآوری و تجاری‌سازی
و رئیس شورای سیاستگذاری مجله‌ی مدیریت

پیشگفتار دکتر سهراب کارگر

ما در عصری زندگی می‌کنیم که با رقابتی شدن کسب‌وکارها همه‌ی انسانها به‌دنبال پیشرفت در فعالیت و شغل خود هستند. این روزها برندسازی شخصی (Personal Branding) به موضوع قابل بحثی تبدیل شده است. ارتقای برند شخصی افراد، همانند برندسازی تجاری اهمیت بسیار زیادی دارد. در برندسازی شخصی افراد روی خودشان، نقاط قوت، وجه تمایزها و ارتقای شخصیتشان کار می‌کنند و تلاش می‌کنند با افزایش دائمی اعتبار خود، مخاطبان بیشتری جذب کنند. این کار باعث می‌شود فرصتهای بیشتری پیش روی آنها قرار بگیرد و درآمدزایی بیشتری داشته باشند.

مردم ما علاقه‌مند هستند، نام بنیانگذاران برندهای بنام ایرانی را بدانند، از دیرباز ما این خصوصیت را داشته و داریم. در سالهای اخیر با رشد شبکه‌های اجتماعی و دسترسی آحاد جامعه به رسانه‌های آنلاین، ابزار خرید مشتریان ایرانی نیز کمی تغییر کرده است و قبل از خرید یک محصول به نام و نشان محصول و بیشتر اوقات به وب‌سایت آن برند مراجعه می‌کنند.

در گزارشها و تحقیقاتی که به تازگی انجام شده، اعلام کرده‌اند تا ۱۰ سال آینده بیشتر مشاغل مهم دنیا به افرادی می‌رسد که برندسازی شخصی قدرتمندی داشته‌اند. افراد با پروفایل‌های اجتماعی قوی، اعتمادبه‌نفسی بالا و ایده‌های ناب می‌توانند با یک ارائه‌ی مناسب به افرادی تأثیرگذار و قهّار تبدیل شوند و تغییراتی در زندگی دیگران ایجاد کنند.

از سوی دیگر، برای مصرف‌کننده نام برند و اطلاعاتی نظیر نام مدیران، محل شرکت و نظایر آن دارای اهمیت زیادی می‌باشد. جالب است که هرچه شناخت بیشتری از بنیانگذار یک برند وجود داشته باشد و درصورتی‌که آن فرد خوشنام باشد، تمایل بیشتری برای استفاده از محصول و خدمات آن شرکت وجود دارد. این تمایل شاید به‌خاطر فرهنگ شفاهی ما ایرانی‌ها باشد که ترجیح می‌دهیم به‌صورت حضوری و چشم در چشم یک خرید یا معامله‌ای را انجام دهیم یا حداقل در خرید آنلاین فروشنده را بشناسیم.

مهم است که شما چگونه خود را به دنیا معرفی می‌کنید، چگونه تصویر و هویت خود را خلق و حفظ می‌کنید. برند به همان اندازه که درباره‌ی سابقه‌ی فرد است، در رابطه با شغل، تجارت و پیشه‌ی او نیز مهم و موثر است. برند شخصی کاری است که انجام می‌دهید، آنچه که هستید و بالاتر از همه، چه کاری برای دیگران انجام می‌دهید. قرار ملاقات شخصی، تماس تلفنی، فرستادن ایمیل از جمله فعالیتهایی هستند که با وجود آنها، این فرصت را به‌دست می‌آورید که بتوانید برند خود را نشان دهید. اینها اصول خود را دارند، اینکه بدانیم چگونه صدای خود را به گوش دیگران در سراسر دنیا برسانیم، یک مهارت ارزشمند است.

یکی از مهمترین داراییهای یک شخص می‌تواند نام تجاری شخصی او باشد. مهم نیست که یک دانش‌آموز ۱۶ ساله یا یک کارمند با تجربه‌ی ۴۰ ساله باشید، داشتن یک شخصیت آنلاین به شما اعتبار و هویت می‌بخشد. اگر برای برندسازی شخصی خود استراتژی خاصی ندارید، فرصت فوق‌العاده‌ای است که با خواندن کتاب "مدیریت برند شخصی بر پایه‌ی خودمدیریتی" این مهم را فرا بگیرید.

باید بگویم خودشناسی از سخت‌ترین کارهایی است که انسان بایست به آن دست پیدا کند. هنگامی که این شناخت حاصل شد دیگر مسائل پیرامونش، حال‌وهوای خوب و رنگ‌وبوی بهتری می‌گیرد. من پرویز درگی را، بیش از دو دهه است می‌شناسم. ایشان را فرد متخصص دانا و دوست باارزشی می‌دانم. نسخه‌ی آماده به چاپ کتاب "مدیریت برند شخصی بر پایه‌ی خودمدیریتی" که به دستم رسید، پیش از تورق می‌دانستم که باید محتوای خواندنی داشته باشد.

باید بگویم این کتاب با تأکید بر برندسازی و برندداری شخصی، موضوع مرتبط با مدیریت بر خود را بخوبی تشریح کرده است و با دیگر کتابهایی که در این زمینه خوانده‌ام، تفاوتهایی داشت که آن هم به شخص دکتر پرویز درگی برمی‌گردد؛ چرا که کلمات و جملات به‌هم پیوسته، وصف خود ایشان است و گویی او خود را توصیف می‌کند. از آنجا که نویسنده‌ی این کتاب با ویزیتوری فعالیت خود را شروع کرده است و بارها در کلام و قلم روان خود، با افتخار از آن یاد می‌کند، بنده نیز به‌خاطر سالها فعالیت در امر پخش و توزیع، احساس قرابت و صمیمیت زیادی با افکار ایشان دارم و در بعضی موارد مطروحه زیرلب می‌گویم: جانا سخن از زبان ما می‌گویی...

دوست ارزشمندم در این کتاب تأثیرگذار از مبانی بحث مدیریت سخن را آغاز کرده و به نیکی اثر این علم را بر مدیریت زمان و خودآموزی در برند شخصی، پیش چشم خواننده آورده است. در این کتاب که گویی آجر به آجر دیوار برندسازی شخصی را چیده است، از خودباوری و خودکارآمدی، خوددوستی و خودیاری چنان توصیف و تشریحی دارد که شوق معلمی را در واژه‌واژه‌ی قلم نویسنده می‌توان حس کرد.

برای شخص من، فرمولهای این کتاب در هر فصل و ترتیب چیدن آنها پشت سر هم خوشایند بود؛ چرا که دانستن فرمول زندگی، همان راه و رسم خوشبختی است. درگی عزیز در این کتاب

به‌درستی بر مدیریت خویشتن تأکید کرده است؛ چرا که به اعتقاد من مدیریت بر فرد دیگر، گروه و یا سازمان، بدون مدیریت بر خود ممکن نیست.

به باور من در قرن بیست‌ویکم که زمانه می‌خواهد با همه‌ی ابزارهای فناورانه، انسان را به سمت فردگرایی هدایت کند، خواندن کتاب‌هایی نظیر این کتاب، برای استفاده‌ی درست از تکنیک‌های خودتنظیمی در مدیریت برند شخصی بسیار با اهمیت جلوه می‌کند. من از این کتاب و آموزش مدل‌های یادگیری مهارتی آن برای مدیران و دانشجویان خود استفاده کردم و به همه‌ی علاقه‌مندان خودشناسی بخصوص مدیران کسب‌وکار، خواندن این کتاب پرمعنا را پیشنهاد می‌دهم.

در این بسته‌ی آموزشی‌فرهنگی صرفاً به اصول تئوری بسنده نشده و در عمل نیز مطالب با ارزشی راجع به زبان بدن و نگاه متفاوت‌تری از آنچه در همه‌ی آموزش‌های دیگر خوانده و شنیده‌ایم، نکات مفیدی آورده شده است. مانند ارتباط چشمی، دست دادن پساکرونا، نحوه‌ی لبخند خوشتیپی و آراستگی.

با خواندن این کتاب تصور می‌کنم یک جوان که به‌تازگی از دانشگاه می‌خواهد وارد بازار کار شود تا یک تاجر یا یک مدیر کسب‌وکار همه می‌توانند با متن این کتاب ارتباط صمیمانه و سازنده‌ای برقرار کنند و پله‌پله با تکنیک‌های کاربردی ساخت برند فردی آشنا شوند. وقتی می‌گویم تکنیک کاربردی، اشاره به سخت‌کوشی دکتر درگی دارم که چطور بعد از اینکه مقالاتش برای مجله‌ی بازاریابی رد شد و به سطل اشغال رفتند، ناامید نشد و به تلاش خود ادامه داد و تبدیل به نویسنده‌ی پای ثابت ستون‌های روزنامه‌های کثیرالانتشار و مصاحبه‌شونده‌ی نشریات پرتیراژ کشور شد.

در پایان ضمن عرض خدا قوت به دوست دانشمندم بابت نوشتن این کتاب ارزشمند و کاربردی از او تشکر می‌کنم که وقت خود را برای آموزش و انتقال این تجارب به همگان صرف می‌کند و از آنجا که این مهارت‌ها می‌تواند در کمال سادگی چراغ راه همه‌ی فعالیت‌های روزانه‌ی ما باشد، خواندن این کتاب را به همه‌ی آن‌هایی که زندگی را مسیری برای بالندگی، رشد، تعالی و آرامش می‌پندارند، توصیه می‌کنم.

من چو از خود وا شدم بر خویشتن افشا شدم

تا شناسم خویشتن را با خودم تنها شدم

خودشناسی کرده‌ام تا خود شناسم خویش را

در محک آوردی، از حال خود جویا شدم

وقت رفتن خویش خویشم دلخوشم از خویشم نشد

من چه خوش‌باور شدم بر خویش خود کوشا شدم

پایدار باشید
دکتر سهراب کارگر
رئیس و عضو هیأت مدیره‌ی انجمن شرکت‌های صنعت پخش ایران

پیشگفتار دکتر محمود محمدیان

پرداختن و توجه به خویشتن و تلاش برای یادگیری مستمر و آموختن از بزرگان و پیشکسوتان مقوله‌ای است که عمری بسیار طولانی نزدیک به یک قرن دارد.

برخی آن را به گذشته‌های دورتر و آموزه‌های بزرگان، انبیا و فلاسفه‌ی باستان نسبت می‌دهند. هر میزان قدمت و تاریخی که برای این امر قائل باشیم، آنچه که مهم است درجه‌ی اهمیت این موضوع برای رشد و تعالی یک انسان است که باید بسیار مورد توجه قرار گیرد.

در طول زمان توجه و پرداختن به رشد و توسعه‌ی خویشتن با عناوین مختلفی مورد اشاره قرار گرفته است که متداول‌ترین واژه‌ی مورد استفاده توسعه‌ی فردی است.

توسعه‌ی فردی همان‌طور که گفته‌شد ریشه‌ای کهن دارد، اما برخلاف آن برندینگ شخصی که موضوع این کتاب ارزشمند است، مقوله‌ای است که از عمرش سالیان زیادی نمی‌گذرد و می‌توان آن را از موضوع‌های نسبتاً جدید حوزه‌ی بازاریابی و برندینگ تلقی نمود.

با وجود آنکه کتابهای متعدد خارجی‌ای را می‌توان یافت که مستقیم و غیرمستقیم به این موضوع پرداخته‌اند، اما کمتر کتابی را حتی در عرصه‌های بین‌المللی می‌توان سراغ گرفت که علمی، بنیادین و همراه با مدل دقیق به این مقوله پرداخته باشد.

خوشبختانه کتاب حاضر که به قلم دوست و همکار ارجمندم دکتر پرویز درگی به رشته‌ی تحریر درآمده است، جزو کتابهای خوب، سلیس و پرمغز این حوزه است.

با توجه به اینکه محتوای این کتاب توسط مؤلف مورد آموزش و تدریس نیز قرار گرفته است، رفته‌رفته موضوع پخته‌تر شده و کاستیهای آن شناخته شده و در این کتاب به بلوغ خود رسیده است.

کتاب دارای بخشهای متعددی است که با زبان علمی و سلیس موضوع را از ابعاد مختلف مورد کنکاش قرار داده است.

ضمن تبریک به مؤلف کتاب بابت تحریر کتاب، به شما توصیه می‌کنم با دقت کتاب را مورد مطالعه قرار دهید و از سطرسطر آن بهره‌ی لازم را ببرید.

قطعاً وجود کتابی با این موضوع در این حوزه در کشور خالی بود که این کتاب بخوبی توانست این خلأ را پر کند.

با آرزوی موفقیت
دکتر محمود محمدیان
عضو هیأت علمی دانشگاه علامه طباطبایی

پیشگفتار مؤلف

انتشارات بازاریابی در سالهای اخیر کتابهای ارزشمندی در خصوص برند منتشر کرده است و بخصوص چند کتاب در خصوص برندسازی شخصی به اهالی بازاریابی تقدیم کرده‌ایم که عبارتند از:

۱- شهرت خود را بسازید، راب براون، ترجمه‌ی خاطره پوراسدالهی
۲- چهل گفتار پیرامون ارتقای مهارتهای شخصی در کسب‌وکار، پرویز درگی
۳- برندسازی تا رسیدن به اوج، کاترین کاپیتا، ترجمه‌ی خلیل جعفرپیشه
۴- برندبافی شخصی، محمدرضا طاهری
۵- آیین برندسازی شخصی، خلیل جعفرپیشه
۶- بازاریابی خود، انوش ترابی
۷- شغل من کو؟!، دکتر اسماعیل سعادت‌فرد
۸- استراتژی برای تو، ریچ هوروات، حجت سلمانی‌زاده، فرهاد بهادر

این کتاب قرار نیست جای هیچ‌کدام از آنها را بگیرد، حتماً پیشنهاد و توصیه می‌کنم سایر کتابهای حوزه‌ی برند و مدیریت برند شخصی از انتشارات بازاریابی و سایر ناشران عزیز را بخوانید؛ این کتاب متمایز است، قطعاً کامل نیست، اما متفاوت است. من به چند مورد از تفاوتها و تمایزهای آن اشاره می‌کنم، سایر موارد را شما در کتاب پیدا کنید.

- کتاب تأکید زیادی روی بعد محتوایی برندسازی و برندداری شخصی دارد، به همین جهت قسمت اعظم کتاب به مباحث مدیریت بر خود و خودگردانی نظیر خودآگاهی، خودباوری، خودکارآمدی، خودانگیزشی و... پرداخته است و رابطه‌ی آنها را به‌عنوان مسیری کارآمد و اثربخش برای برندسازی و برندداری شخصی نشان می‌دهد.

- تمایز دیگر این است که با نهایت تواضع و احترام در این کتاب خادم اهالی بازاریابی پرویز درگی را به‌عنوان محور کتاب قرار داده‌ام و تمام تجربیات خودم را در این مسیر صادقانه در اختیار شما قرار داده‌ام. به عبارتی؛ کتاب ترکیبی از آموزش تجویزی و آموزش توصیفی است.
- این کتاب مثل سایر کتابهای تألیفی‌ام با قلمی ساده و روان و با بیان خاطرات و قصه‌هایی واقعی ارائه شده است که می‌دانم با استقبال عزیزانِ همراه مواجه خواهد شد.

از سروران و اساتید بزرگوارم که برای این کتاب پیشگفتار نوشتند و با قلم توانایشان به کتاب ارزش دادند، تشکر می‌کنم.

از همکاران خوبم مرتضی امیرعباسی، پریا صیادی و فاطمه درگی که در گردآوری مطالب به من کمک کردند تشکر می‌کنم، همچنین از خانمها غزاله انگشت‌باف و سمیه عظیمی که در تایپ و تنظیم کتاب زحمت زیادی متحمل شدند، صمیمانه قدردانی می‌کنم.

همچنین شایسته است از آقایان احمد آخوندی، مدیر توانا و دانای انتشارات بازاریابی، و محسن جاویدمؤید، بابت ویراستاری و تمام مراحل چاپ و نشر کتاب سپاسگزاری کنم.

تقاضا می‌کنم توصیه و نظرات خود را برای در نظر گرفتن چاپهای بعدی کتاب از طریق زیر به ما برسانید:

- سایت شخصی پرویز درگی: www.Dargi.ir
- نشانی اینترنتی: Info@TMBA.ir
- سایت انتشارات بازاریابی: www.MarketingPublisher.ir
- نشانی اینترنتی: Info@MarketingPublisher.ir
- نشانی انتشارات بازاریابی: تهران، خیابان آزادی (شرق به غرب)، بعد از خوش شمالی، کوچه‌ی نمایندگی، پلاک ۱، واحد ۱۰
- با شماره‌ی تلفکس: ۶۶۴۳۱۴۶۱ (۰۲۱)
- با شماره‌ی تلفنهای: ۶۶۴۲۳۶۶۷ (۰۲۱) و ۶۶۴۳۴۰۵۵ (۰۲۱)
- با شماره‌ی تلفن همراه شخصی‌ام: ۰۹۱۲۱۹۹۴۲۸۱

گر بخواهید در این یکدم عمر   نیک جویای حقایق باشید
و به چشم همه نیکان جهان   بس برازنده و لایق باشید
هدفی ناب بیابید و در راه وصال   عالم عامل عاشق باشید

سبز باشید
پرویز درگی

روزگار کودکی، یادت بخیر

مادربزرگم ۲۹ نوه داشت، بارها به من گفت من نگران آینده‌ی هیچ‌کدامشان نیستم، فقط نمی‌دانم تو چه می‌خواهی بشوی؟ چندسالی منزل پدربزرگ و مادربزرگ زندگی کردم؛ چون پدر و مادر کشاورزم در روستای درگ ساکن بودند. مادربزرگم حق داشت؛ چون وارد اتاقی می‌شد که من به‌عنوان استاد دانشگاه مشغول درس دادن به دانشجویان بودم، برایشان سخنرانی می‌کردم، به جایشان نقش بازی می‌کردم و درس را پاسخ می‌دادم، گاهی مجبور بودم صدایم را کلفت کنم و گاهی نازک؛ چون دانشجویان که نمی‌شود همه صدایشان یکجور باشد. اما در اتاق فقط من بودم و مادربزرگی که وقتی وارد اتاق شده بود، من به دلیل اینکه آنقدر در نقشهایم فرو رفته بودم که متوجه قدم پرمهرشان نشده بودم، یا از آنجا که عشق والیبال بودم، ناگهان بلند می‌شدم و اسپک می‌زدم یا اسپک بازیکن حریف را دفاع جانانه می‌کردم و مادربزرگ فقط حرکات منِ تنهای در اتاق را می‌دید، اما من دانشجویان را می‌دیدم، کلاس درس را می‌دیدم، توپ و تور و زمین بازی و بازیکنان را می‌دیدم، ولی مادربزرگ نمی‌دید و حق داشت که از بین تمام نوه‌هایش نگران من باشد. بارها یک دست را بر دست دیگرش می‌کوبید و می‌گفت جواب پدر و مادرش را چی بدهم؟

بعدها خواندم که دانشمندی بزرگ گفت خانه‌هایتان را در ابرها بسازید، اما پایه‌هایش را روی زمین بزنید. خانه‌هایتان را در ابرها بسازید؛ یعنی رؤیا داشته باشید، آینده‌ی زیبا و آرمانی‌تان را به تصویر بکشید و سپس تمامی تلاش خودتان را صرف کنید تا به آنها جنبه‌ی واقعیت ببخشید.

وقتی در سال ۱۳۷۰ در دانشگاه تدریس می‌کردم اصلاً برایم عجیب نبود، وقتی در مسابقات والیبال اسپک می‌زدم و دفاع می‌کردم برایم عجیب نبود، من تمام آنها را از قبل دیده بودم و فقط اجرایی‌شان کردم و فقط پایه‌هایشان را روی زمین آوردم.

من پرویز درگی هستم، فرزند ایرج درگی و بانو مرادی، متولد ۱۳۴۵/۰۴/۰۴ در روستای درگ.

وقتی شش‌ساله بودم با جوانی آشنا شدم به‌نام آقای شریف‌زاده با لباس ارتشی، سپاهی دانش بود (قبل از انقلاب سربازان دیپلمه به‌عنوان سپاه دانش، سپاه بهداشت و یا سپاه ترویج به روستاها می‌آمدند) پدرم اتاقی از پایین خانه را در اختیارش قرار داده بود و البته موجری بودیم که کرایه نمی‌گرفتیم. آقا معلم اجازه می‌داد گاهی هم من به تنها کلاس درس روستا بروم که تمام پنج پایه را یک نفر تدریس می‌کرد. سال بعد سپاهی دانش ما عوض شد و آقای اخباری آمدند و من دانش‌آموز کلاس اول بودم. روز اول مدرسه چنان خوشحال بودم که متوجه پله‌های نردبان رابط بین بالاخانه و پایین‌خانه نشدم و با سر پایین آمدم. خاطره‌ی دماغ خونی و بدنی کوفته و البته یک نیمرو پس از آن که مادر برای تقویت به خوردم دادند، ماندگار شد و من با یک زنگ تأخیر به مدرسه که بالای روستا قرار داشت، وارد شدم. صحنه‌ی باشکوهی بود. بچه‌ها زنگ تفریح بودند، یکی صدا زد بچه‌ها پرویز آمد و همه به استقبال آمدند و از جمله آقای اخباری.

با احترام وارد مدرسه شدم و کلاس اول را گذراندم. سال بعد خبر بدی برای روستا آوردند که متأسفانه نمی‌توانند برایمان معلم بفرستند و آقای اخباری را هم به روستای دیگری فرستاده بودند. خیلی از بچه‌ها به همین علت ادامه‌ی تحصیل ندادند، اما پدرم که آرزویش دکتر و مهندس شدن فرزندانش بود، ما را به روستای سیمیار برد که حدود دو ساعت پیاده از مسیر مالرو (آن موقع روستای درگ جاده نداشت) به آنجا می‌رفتیم.

فامیل‌های بامحبتمان در آن روستا بلافاصله خانه‌ای را که چند سال بود از آن استفاده نمی‌کردند، کاه‌گل کردند و مرتب کردند و وسایل زندگی من، خواهر، برادر و مادرم را فراهم کردند. سال سختی بود پدر برای مواظبت از احشام و باغات در روستای درگ ماند و ما سیمیار بودیم و هفته‌ای یک‌بار پدر به ما سر می‌زد و مایحتاج زندگیمان را تأمین می‌کرد. زمستان‌های آن موقع بسیار پربرف بود و بارها چکمه‌های بلند تا زانو پربرف پدر به یادم می‌آید. وقتی پدر می‌آمد فامیل‌ها جمع می‌شدند و هرچند خیلی پرلطف و بامحبت مواظب من بودند، اما می‌دانم برای والدینم سال سختی بود.

پدربزرگ بامحبت که در خیابان نواب تهران به لطف عموها منزلی قدیمی داشت، پیغام داد که بانو به سرخانه و زندگی‌اش برگردد و بچه‌ها را برای تحصیل به تهران بفرستید. این شد که من سال سوم و چهارم دبستان را در مدرسه‌ی "جلوه" خیابان اسکندری تهران درس خواندم. یادم رفت بگویم معلم کلاس دوم من آقای سردوقی و رئیس مدرسه آقای سیمیاری بودند که خیلی از ایشان یاد گرفتم. سال سوم دبستان روز اول عمه‌ی عزیز چادرش را سر کرد و گفت کیفات را بردار برویم مدرسه‌ات را نشان بدهم، تقریباً پانزده دقیقه تا مدرسه راه داشتیم و جلوی مدرسه ایشان برگشت و من رفتم داخل.

به ترتیب کلاس اول تا پنجم صفها را تشکیل دادند و با خواندن اسم بچه‌ها کلاسشان را مشخص می‌کردند. برای هر پایه چند کلاس بود. خدای من اینجا چقدر بچه هست. در این افکار بودم که

متوجه شدم همه به کلاسها رفته‌اند و فقط من ماندم، جلو رفتم و با لهجه‌ی دهاتی شدید خودم گفتم آقا اسم من را نخواندید، آن آقا اسم من را پرسید و پس از چند دقیقه گفت: پسرجان احتمالاً تو باید بعدازظهر بیایی. اینجا دو تا دبستان هست که یک‌هفته درمیان صبح و بعدازظهرشان عوض می‌شود. حال من مانده بودم که مسیر برگشت را چگونه برگردم. یک بچه‌ی ۹ ساله‌ی دهاتی که اولین بار بود به تهران آمده بود.

بیرون آمدم خوشبختانه نشانی را از بر کرده بودم؛ خیابان نواب - کوچه‌ی قربانی - پلاک شش؛ به هرکس که می‌رسیدم می‌پرسیدم "خیابان نواب کوچه‌ی قربانی پلاک شش" کجاست؟ و آنها هاج‌وواج فقط می‌گفتند برو بالا به چهارراه که رسیدی سمت چپ برو به خیابان نواب می‌رسی. پیرزنی گفت: پسرم دیگر از کسی نشانی نپرس، فقط از پلیس بپرس. دختر جوان قدبلندی که خیلی شبیه سیاره دخترعموی پدرم بود و با یک شلوار جین و تی‌شرت و موهای افشان (تعجب نکنید قبل از انقلاب بود) از روبه‌رو می‌آمد گفت "خدای من چشاشو"، و من با سرعت رفتم؛ چون پیرزن یادم داده بود فقط سراغ پلیس بروم. خوشبختانه پلیس را یافتم، وسط چهارراه ایستاده بود. جوانی بود با هیبت مشهدی حجت خودمان. او با دست مسیر را نشان داد. به خیابان نواب رسیدم، یادم آمد که صبح از بالا آمده بودیم. پس به سمت بالا روانه شدم. به شیرینی‌فروشی کوچه‌ی پایینی رسیدم که صبح دیده بودمش و بعد از آن کوچه‌ی قربانی و پلاک شش.

عمه که شلنگ گرفته بود و راهروی موزائیک‌کاری‌شده را می‌شست با تعجب پرسید چرا آمدی؟ چطور پیدا کردی؟ و من تمام ماجرا را موبه‌مو از جمله دختر شبیه "سیاره خانم" که دنبال چشمان من بود و پلیس شبیه مشهدی حجت را توضیح دادم. بعدازظهر دیگر عمه هم نیامد، خودم رفتم، درست بود این بار اسم من را هم خواندند. معلم مهربان کلاس سوم خانم امامی کرمانی بود. چندماهی به‌خاطر لهجه‌ی دهاتی مضحکه‌ی کلاس بودم، اما احترام خانم معلم به من و درس خوبم سبب شد که عزیزدردانه‌ی ایشان بشوم. حالا من به بچه‌ها دیکته می‌گفتم و خودم صحیح می‌کردم تا خانم کرمانی بافتنی‌اش را ببافد.

آن سال شاگرد اول شدم و سال بعد آقای ریاضی معلم کلاس چهارم‌مان شد. ایشان برخلاف خانم معلم کلاس سوم، بسیار خشک و عبوس بود و به‌راحتی تنبیه می‌کرد و جالب اینکه بچه‌ها هم برایشان عادی بود و مثل حالا نبود که تنبیه فیزیکی جرم باشد. و همان‌طور که در کتابِ "دل‌گفته‌ها و دل‌نوشته‌های معلم بازاریابی" نوشته‌ام، اولین تجربه‌ی فروشم در همین سال بود که یک دفترچه‌ی کوچک را به قیمت بیست ریال به همکلاسی‌ام آقای کشوری فروختم.

آن سال هم گذشت. وقتی تابستان به روستا رفتیم، پدر خبر داد که توانسته است منزلی شصت‌متری در قزوین بسازد و ما حالا در شهر خودمان و در خانه‌ی خودمان درس می‌خواندیم. ولی آنقدر دیر برای ثبت‌نام اقدام کرد که تازه سی‌ام شهریور در شهر قزوین دنبال مدرسه بودیم. بالاخره در یک

محله‌ی بسیار دور از منزلمان که حداقل یک‌ساعت‌وربع رفت و همین میزان برگشت زمان می‌برد، من و برادرم ثبت‌نام شدیم.

و اما مدرسه‌ی کلاس پنجم، نمی‌دانم چرا اکثر بچه‌ها دو یا سه‌سال در یک کلاس می‌ماندند و به قول خودشان می‌گفتند عوضش پایه‌مان قوی می‌شود، ولی نتیجه‌اش این بود که اکثراً هیکل‌هایشان خیلی درشت بود و کتک‌کاری در داخل مدرسه و کوچه‌های اطراف یک امر کاملاً بدیهی و طبیعی بود. تا اینجای کار خیلی مهم نبود، مهم این بود که تو هم اگر سربه‌راه بودی، باید دعوا می‌کردی؛ چون هر روز کسی پیدا می‌شد که دلش بخواهد با تو کتک‌کاری کند. بالاخره دعوا و کتک‌کاری جزئی از سرنوشت آن سال بود که خیلی مسأله‌ای با آن نداشتم. نکته اینجا بود که آنها همه زبان ترکی صحبت می‌کردند و فحش می‌دادند و من اصلاً ترکی نمی‌دانستم.

از همان سنین بدون اینکه بدانم هنر بازاریابی همراه من بود. روزی در زنگ تفریح یک کیک و یک نوشابه خریدم و سراغ همکلاسی‌ام مجید باقری رفتم و گفتم این را برای تو گرفته‌ام. با تعجب گفت در مقابل چه می‌خواهی؟ گفتم تمام فحشهای ترکی را از ساده‌ترین تا رکیک‌ترین برایم بنویس با ترجمه‌ی فارسی. و پس از اتمام چند بار نزد او خواندم تا تلفظشان را اشتباه نگویم. آن شب نخوابیدم تا صبح به بهانه‌ی اینکه درسمان زیاد است بیدار ماندم و همه‌ی آنها را حفظ کردم و فردا در دعوا عین بلبل فحش می‌دادم و همه شاخ درآورده بودند که اینکه تا دیروز یک فحش هم بلد نبود، حالا تمام فک و فامیل ما را ردیف می‌کند. آری، نیاز را تشخیص دادم. به خواست تبدیل کردم، متقاضی‌اش شدم و سپس عمل کردم.

زیباترین خاطرات مانده از آن سال رفتار و شخصیت قابل‌احترام آقا و خانم فیلی بود که از معاودین عراقی بودند و معلم ما بودند.

خوشبختانه تجربه‌ی سال قبل کارگر افتاد و برای ثبت‌نام برای سه پایه‌ی راهنمایی تحصیلی به‌موقع اقدام کردیم و در مدرسه‌ی راهنمایی تحصیلی کاکاوند در خیابان سعدی پشت ساختمان کانون فکری کودکان و نوجوانان ثبت‌نام کردیم. شیفت مقابل مدرسه‌ی کاکاوند، مدرسه‌ی دهخدا بود. و اینجا هم البته یک هفته صبح و یک هفته بعدازظهر رعایت می‌شد.

خانم طبیبان معلم علوم تجربی، خانم محمدی معلم ریاضی، آقای مظاهری معلم حرفه‌وفن و... اما کسی که هیچ‌گاه فراموشش نمی‌کنم، آقای ملکی معلم ادبیات و دستور زبان بود. معلمی بسیار با سواد و بسیار جدی و سختگیر که اگر کسی نمره‌ی چهارده از او می‌گرفت، خوشحال بود. و من برای همیشه مدیون این بزرگمرد هستم.

به هرکس می‌گفتم معلم ادبیات‌مان اینطور است تعجب می‌کرد؛ چون این درس در مدارس دیگر معمولاً زنگ‌تفریح و محل شادی بچه‌ها بود. اما آقای ملکی می‌گفت مهمترین درس شما همین است.

اواسط سال دوم راهنمایی تحصیلی بودیم که تظاهرات شروع شد و پس از چندی مدارس تعطیل شدند. و من در تظاهرات به مردم عکس امام (ره) را می‌فروختم. بعد از بهمن ۱۳۵۷ که به مدرسه آمدیم، اسم مدرسه‌مان شده بود دکتر مصدق. که البته بعدها شنیدم پس از آمدن ما به دبیرستان، اسم مدرسه باز هم عوض شد.

آقای سیمیاری که یادتان هست، فامیل عزیز ما و رئیس مدرسه در روستای سیمیار که حالا ایشان هم به قزوین منتقل شده بود، به نزد پدر آمد و گفت حیف پرویز است که حالا که جزو شاگردان ممتاز شهر شده است، در بهترین دبیرستان قزوین درس نخواند و دست ما را گرفت و برد دبیرستان میهن‌دوست واقع در سبزه‌میدان که البته بعداً شد دبیرستان پاسداران.

بعدها به خودم می‌گفتم ای‌کاش به آن دبیرستان نرفته بودم. لباسهای ساده‌ی من و پای پیاده که حالا مسیر مدرسه تقریباً به دوساعت هر رفت و برگشت زمان می‌برد (پول کرایه‌ی ماشین نداشتیم) خیلی زمان می‌برد و از طرفی بچه‌های پولدار شهر که بیشترشان با اتومبیلهای مامان و بابا به مدرسه می‌آمدند و نگاههای از بالا به پایین‌شان، خلاصه سبب شد دچار سندرم ایمپاستر یا خودتحقیری شوم، آرام‌آرام گفتم من در مقابل اینها هیچی نمی‌شوم. اکثراً معلم خصوصی داشتند، لباسهای گران، کیفهای شیک و... و باورشان نمی‌شد که من کتاب و دفترم را در یک کیسه‌ی نایلونی گذاشته بودم، آخر در مدرسه‌ی راهنمایی همه مثل هم بودیم و آنجا عجیب نبود، اما اینجا بود. خیلی هم بود. هر زمانی که پیدا می‌کردم می‌رفتم بازار، مغازه‌ی دایی شاگرد نجاری می‌شدم و در مقابل پول خردی که ایشان می‌داد را صرف رفتن به سینما می‌کردم. ما در منزل نه رادیو داشتیم نه تلویزیون. اما دو سینما در قزوین بود، سینما آریا و سینما مهتاب که هر دو نزدیک مدرسه‌مان بودند. بدون اینکه حواسم باشد، دیگر محو فیلم و پارک و گردش و تفریح شده بودم و سعی می‌کردم کاستیهایم را با زورگویی و لات‌بازی جبران کنم و همه در فامیل فکر می‌کردند من همچنان شاگرد اول مدرسه هستم تا اینکه دو تا درس را در پایان سال تجدید شدم و مثل بمب در فامیل پیچید، حالا می‌دانم که حساسترین سن یک فرزند دوران نوجوانی‌اش است. ترکیب بلوغ و محیط و بودن پدر و مادر در روستا سبب شد که سال دوم هم بدون تجدیدی، اما با نمرات بین ده تا چهارده قبول شوم. دو ماه از سال سوم گذشته بود که روزی بابای مدرسه درِ کلاس را باز کرد و به معلم گفت درگی را آقای مدیر می‌خواهند و این برای من و بچه‌ها عادی بود. وقتی وارد اتاق مدیر شدم دیدم ناظم هم هست و پرونده‌ی من روی میز است و عمو عباس هم نشسته است.

سلام کردم و در تعجب بودم که عموی من که تهران ساکن است (آن زمان ایشان کارشناسی ارشد مدیریت داشت و در تهران مدیرعامل یک شرکت بزرگ بود) اینجا چه می‌کند. مدیر دبیرستان به سخن آمد و گفت عموی عزیزتان تشریف آورده‌اند تا به ما لطف کند و شرّ شما را از سرمان کوتاه کنند. گفتم یعنی چه؟ عمو گفت شما می‌آیید تهران درس بخوانید، باید خودم نظارت کنم به درس

و مشقّات. از همان مسیر مدرسه به تهران آمدیم. در تهران هم پس از سه‌ماه مجبور شدند باز مدرسه‌ام را عوض کنند؛ چون آن دبیرستان هم بی‌شباهت به دبستان کلاس پنجم من نبود. اصلاً همه اگر کتک‌کاری نمی‌کردند حال نمی‌کردند. و البته خوراک من بود.

عمو نگذاشت آنجا هم بمانم و قبل از عید من را به دبیرستان شهید شهرام امامی آل‌آقا آوردند، واقع در خیابان آزادی بین رودکی و نواب.

خدای من، چرا اینجا اینقدر متفاوت بود. آقای یکتایی رئیس مدرسه بود و آقایان هرندی و پیرجلیلی معاونین ایشان. اینها بچه‌های دانشجو بودند که دچار تعطیلی انقلاب فرهنگی شده بودند و حالا این مدرسه را اداره می‌کردند. تفاوت سنی‌شان با محصلین دو-سه سال بود.

در زنگ تفریح با بچه‌ها بازی می‌کردند. شور و انگیزه‌ای داشتند که بی‌نظیر بود و البته کارهایشان دقیق و مرتب بود. آقای پیرجلیلی کلاس درس را نشانم داد و گفت فردا صبح بیا دفتر، لازم نیست روز اول به صبحگاه بروی. فردا شد، رفتم دفتر کلاس را نشانم داد و گفت برو کلاس تا بچه‌ها بیایند. وارد کلاس شدم، نمی‌دانستم کجا بنشینم، گفتم یک‌جا می‌نشینم بعد دانش‌آموز مربوطه که آمد می‌گویم برود جای دیگر بنشیند و خلاصه نقشه می‌کشیدم که از روز اول باید میخم را محکم بکوبم. صبحگاه تمام شد و بچه‌ها وارد کلاس شدند و همه نشستند و هیچ‌کس به من نگفت پاشو اینجا جای من است.

مبصر پای تخته‌سیاه رفت، اسمش مهدی روزبهانی بود. گفت به‌نام خدای رحمان و رحیم. بچه‌ها یک خبر خوب برایتان دارم، از امروز یک داداش باصفا به جمع ما اضافه شده، یک بچه شهرستانی مؤدب و بامحبت کسی که همه از بودنش خوشحال می‌شوید، و من به اطراف نگاه می‌کردم که پس غیر از من تازه‌وارد دیگری هم داریم که باصفا و بامحبت است، اما مهدی گفت برای پرویز درگی کف بزنید خودش بیاد برایمان صحبت کند. اینها را مهدی روزبهانی برای من می‌گفت، با تعجب پای تابلو رفتم، شاید سی‌ثانیه خودم را معرفی کردم و نشستم. فریبرز شجاعی آمد و گفت من شیمی‌ام خوب است، از فردا یک‌ساعت زودتر بیا با هم شیمی کار کنیم که به بچه‌ها برسی، جواهری آمد و گفت من فیزیکم خوب است و نگران فیزیک نباش، طوسی گفت و... و من هاج‌و‌واج که چرا اینها همه نگران درس و مشق من بودند، حالا می‌فهمم نقش مدیریت آقایان یکتایی، هرندی و پیرجلیلی چقدر ارزنده بود. آن سال با اینکه سه‌بار مدرسه عوض کرده بودم، معدل من ۱۶/۵ شد و سال چهارم با چهار نمره‌ی بیست در کارنامه فارغ‌التحصیل شدم و هرچه در کنکور بلد بودم از سال‌های چهارم و سوم بود. آن تصمیم عمو عباس و آن رفتار مدیر و معاونین و برخورد خوب بچه‌های دبیرستان شهید شهرام امامی آل‌آقا هم یک رفتار از محیط بود. به‌واقع محیط مؤثر است، و افراد و سازمان‌ها دستوراتشان را از محیط می‌گیرند و آنها که باهوش هستند آن دستورات را ترجمه‌ی درست برای سازمان خودشان می‌کنند.

همه‌ی معلمهای دبیرستان شهید شهرام امامی آل‌آقا عالی بودند، همه مهربان، پرتلاش و اکثراً کم‌سن و سال. دوران رفتن به شهر رشت و چگونگی ورود به دانشگاه و ویزیتوری را در کتاب "دل‌گفته‌ها و دل‌نوشته‌های معلم بازاریابی" نوشته‌ام. تمام اینها را نوشتم که برسم به اهمیت کلمه‌ی "مدیریت" و نقش آن در زندگی شخصی و سازمانی.

این کتاب مدیریت برند شخصی (برندسازی و برندداری) است و من در این کتاب با تمام تواضع و احترام به خوانندگان عزیز، خودم را به‌عنوان محور قرار می‌دهم و ضمن بازگو کردن قصه‌ی زندگیم مراحل کتاب را پیش می‌برم.

من، پرویز درگی، ویزیتور دیروز و معلم امروز بازاریابی تلاش می‌کنم با زبانی ساده چگونگی مدیریت برند شخصی را بنویسم. بیایید ابتدا از تعریف مدیریت شروع کنیم.

مدیریت چیست؟

مدیریت؛ یعنی تصمیم‌گیری. وظیفه‌ی کارکنان تصمیم‌سازی و اجرای تصمیمات است و وظیفه‌ی مدیر، تصمیم‌گیری و نظارت بر اجرای تصمیمات.

حال اگر بحث مدیریت برخود و برند شخصی باشد؛ تمام این چهار مورد تصمیم‌سازی، تصمیم‌گیری، اجرا، و نظارت از طریق خود فرد صورت می‌گیرد. همان‌طور که می‌دانیم شخص برای تصمیم‌گیری از چهار ابزار استفاده می‌کند که عبارتند از: شم (یا همان ذات و جوهره) که از تیپ شخصیتی نشأت می‌گیرد، تجربه که بخش مفید سابقه‌ی کار است (پس هر سابقه‌ی کاری نشان‌دهنده‌ی تجربه نیست)، سواد که به معنای میزان مهارت و تسلط فرد نسبت به کاری است که باید انجام دهد و شاید فرد خوب آموزش دیده باشد، اما خوب یاد نگرفته باشد و در مرحله‌ی عمل نتواند مهارت پیاده‌سازی را نشان دهد، اما ابزار چهارم اطلاعات است که به معنای اشراف و تسلط فرد بر اخبار محیط و شناخت او برمی‌گردد.

پس اطلاعات در دست یک فرد با شمّ و جربزه‌ی مدیریت که با تجربه‌ی کافی است و سواد هم دارد، به‌عنوان یک ابزار اساسی مکمل، عمل می‌کند و سبب می‌شود ریسک تصمیم‌گیری غلط کاهش پیدا کند. پس اطلاعات مجهولات را برای فرد به معلومات تبدیل می‌کند.

اطلاعات، مسیر فرد را روشن می‌کند و سبب می‌شود به چاله‌های مسیر و پیچهای جاده‌ی زندگی اشراف پیدا کند تا به دره‌ی نابودی سقوط نکند. نکته‌ی مهم دیگر این است اطلاعات می‌تواند از طرق مختلف پژوهش به‌دست بیاید، پژوهش می‌تواند گذشته‌گرا باشد؛ یعنی ما با بررسی عوامل مختلف، گذشته را مورد ارزیابی قرار می‌دهیم تا ببینیم که تابه‌حال چگونه عمل شده است. مثلاً کسانی که برند شخصی بزرگی شده‌اند چه گذشته‌ای داشته‌اند، زندگینامه‌شان از چه مواردی حکایت می‌کند؟ چه مسیری را طی کرده‌اند؟ چه مهارتهایی را آموخته‌اند و.... دومین مسیر کسب اطلاعات،

پژوهش حال‌گراست؛ یعنی رفتار برندهای شخصی بزرگ و رفتار حال خودمان را بررسی کنیم و ببینیم برندهای شخصی بزرگ چگونه عمل می‌کنند؛ از لحاظ تیپ ظاهری، تیپ باطنی، پندار، گفتار و رفتار در فضای مجازی و زندگی بیرونی چگونه هستند؟ و خودمان را مقایسه کنیم و یاد بگیریم. اما سومین مسیر کسب اطلاعات، پژوهشهای آینده‌گرا است؛ یعنی ببینیم با توجه به حاکم شدن تکنولوژی، مسیر رشد و توسعه‌ی فردی در آینده چگونه خواهد بود؟ و چه مواردی را کاستی داریم؟ و باید برویم و یاد بگیریم و مسلط باشیم.

به‌عبارتی آینده‌پژوهی طراحی هوشمندانه‌ی آینده است و در این مسیر نیز می‌توانیم از مشاورین اصلح کمک بگیریم و خودمان را برای فردای پیچیده‌تر و سریعتر آماده سازیم.

حال که برای تصمیم‌گیری نسبت به گذشته مهیاتر شده‌ایم، باید بپذیریم که هر چقدر در ناکامیهای تا به حالمان پدر و مادر و دولت و محیط را مقصر بدانیم، ره به جایی نمی‌بریم، ما باید مسئولیت مدیریت برند شخصی خودمان را بپذیریم. خودمدیریتی و خودگردانی را جدی بگیریم، نقاط قوت را بشناسیم و توسعه دهیم، نقاط کاستی را بشناسیم و برطرف کنیم، چشم‌انداز و رؤیا داشته باشیم، خانه‌ی آینده‌مان را در ابرها بسازیم، اما پایه‌هایش را روی زمین بزنیم؛ پس مسئولیت‌پذیری رکن اساسی مدیریت برند شخصی و خودمدیریتی است.

سرجیو زیمن، در کتاب "پایان عصر بازاریابی سنتی" می‌گوید از تصمیمی که مسئول آن مشخص نباشد؛ متنفرم و اگر هر کدام از ما می‌خواهیم برند شخصی در حد عالی داشته باشیم؛ پس باید از همان اول تکلیفمان را با خودمان مشخص کنیم و مسئول اول و آخر را خودمان بدانیم و دائم مهندسی توفیق و مهندسی شکست داشته باشیم. موفقیتها و شکستها را آنالیز کنیم، تجزیه‌وتحلیل کنیم و برای عالی شدن، مسیرمان را بازآفرینی کنیم. و برای رسیدن به چشم‌انداز قاطعیت داشته باشیم، انضباط داشته باشیم و انگیزه‌هایمان را زیاد کنیم. پس تحول مثبت از شخصی که الان هستیم، به شخصی که باید باشیم را شروع می‌کنیم.

ابزارهای تحول هم عبارتند از بینش یا همان چشم‌انداز و رؤیا، آموزش، که به‌صورت مرتب باید بخوانیم و هدفمند کلاس برویم و دوره‌های آموزشی لازم را بگذرانیم و سپس در مرحله‌ی عمل آنها را پیاده کنیم و مهارت‌آموزی کنیم، انگیزه‌هایمان را پرورش دهیم، به خودمان برای موفقیت جایزه دهیم، ساختار و مسیر را با چند بلد راه (مشاورین) مجرب تنظیم کنیم و به‌صورت مرتب به خودمان و مربیان گزارش دهیم، دقت کنید شش عامل تحول تا اینجا عبارت شدند از: بینش، آموزش، مهارت، انگیزش، ساختار و بازخورد، اما اگر این شش تا را دور یک دایره بنشانیم، عامل هفتم که عامل اساسی است و در مرکز دایره قرار می‌گیرد "مدیریت" است.

همه‌ی اینها به مدیریت نیاز دارند که در خصوص آن صحبت کردیم. گری همل، استاد بزرگ مدیریت که به استاد شورشی مدیریت معروف است می‌گوید: "بزرگترین اختراع بشریت مدیریت است".

یعنی اگر همه‌ی ابزارها و امکانات دیگر باشند، اما مدیریت درستی برای استفاده‌ی بهره‌ور آنها وجود نداشته باشد، ثمره جز دور ریختن منابع چیز دیگر نخواهد بود.

حال سؤال این است که منابع ما برای مدیریت برند شخصی چیست؟ آنها عبارتند از: منابع فکری و بینشی، منابع مالی، منابع فیزیکی (لباس و سایر امکانات)، زمان (که دارایی تجدیدناپذیر است) و اطلاعات که ریسک تصمیم‌گیری اشتباه را کم می‌کند، ما همه‌ی این منابع را باید به مثابه مواد لازم برای تهیه‌ی یک غذای خوب بدانیم، آشپز شما هستید و غذای خوب که خروجی و هدف به‌کارگیری همه‌ی این منابع است، برند شخصی آینده‌ی شماست. پس جناب آشپز خوب آموزش ببین، همت داشته باش، حوصله کن، خوب اجرا کن، خوب کنترل و اصلاح کن تا برند خوبی بسازی. به عبارتی، شما باید در این راستا بالاترین بهره‌وری را داشته باشید. در کتابها و نوشته‌های دیگرم بهره‌وری را جمع اثربخشی و کارآیی تعریف کردم.

اثربخشی به حوزه‌ی تصمیم و انتخاب برمی‌گردد. اثربخشی یعنی انتخاب کار درست، اما کارآیی یعنی اجرای درست آن انتخاب. پس بهره‌وری یعنی: اجرای درستِ کارِ درست. حال بد نیست سری هم بزنیم به تعریف استراتژی و تاکتیک. مایکل پورتر استاد بزرگ حوزه‌ی استراتژی که در دنیای کاربرد، فوق‌العاده عمل کرده است، می‌گوید: استراتژی یعنی بدانیم چه کارهایی را باید انجام بدهیم و چه کارهایی را نباید انجام بدهیم. مثلاً یک فردی که می‌خواهد برند شخصی بزرگی بشود بداند چه پستها، فیلمها و عکسهایی را در فضای مجازی منتشر کند و کدامها را منتشر نکند. پورتر می‌گوید بسیاری از افراد و سازمانها از نبایدهایشان شکست خورده‌اند، اصل موازنه را جدی بگیریم، واقعاً برای به‌دست آوردن یک‌سری چیزها باید جسارت گذشتن از یک‌سری چیزهای دیگر را داشته باشیم، این یعنی انتخاب. رولف دوبلی می‌گوید:

● مدیرعاملانی که همه‌ی گزینه‌های ممکن را پیش روی خود نگاه می‌دارند، معمولاً هیچ‌کدام را اجرا نخواهند کرد. بنگاههایی که همه‌ی قسمتهای بازار را هدف می‌گیرند، معمولاً دست‌آخر به هیچ‌کدام دست نمی‌یابند. فروشنده‌ای که همه‌ی معامله‌ها را تعقیب می‌کند، در انتها هیچ معامله‌ای را جوش نخواهد داد.

● ما گرفتار یک اجبار وسواسی برای برداشتن هر تعداد هندوانه‌ی ممکن با یک دست هستیم و سوار هیچ کاری نیستیم، ولی گزینه‌ها را پیش رویمان باز نگه می‌داریم. این موضوع به‌راحتی می‌تواند به قیمت موفقیتمان تمام شود. باید یاد بگیریم که درها را ببندیم.

● یک استراتژی کاروکسب در درجه‌ی اول بیانیه‌ای است برای چیزهایی که نباید مشغولشان شویم. یک استراتژی مشابه برای زندگیتان قرار دهید:

چیزهایی را که نباید در زندگی دنبال کنید، روی کاغذ بیاورید. به عبارت دیگر، به یک تصمیم

حساب‌شده برای آزاد کردن برخی امکانات برسید و هر وقت گزینه‌ای مطرح شد، آن را با فهرست آنچه که نباید سراغشان بروید و درگیرشان شوید، بسنجید. این کار نه تنها شما را از به دردسر افتادن حفظ می‌کند بلکه، کلی از زمانتان را برای اندیشیدن آزاد خواهد کرد.

یکبار این فکر سخت را به سرانجام برسانید و بعد به جای آنکه هر بار که دری گشوده شد، بنشینید و ذهنتان را مشغول کنید، فقط به این فهرست مراجعه کنید.

بسیاری از دروازه‌ها ارزش وارد شدن را ندارند، حتی وقتی که دستگیره‌های درشان به‌راحتی بچرخد و باز شود. باید بپذیریم مخاطبان هدف از خروجی رفتار ما برای ما قضاوت می‌کنند و به ما شخصیت می‌دهند که همان برند ما می‌شود. پس به زبان ساده، استراتژی همان اثربخشی و انتخاب‌های ما و تاکتیک هم همان کارآیی و اجرای ما است. ما به‌واسطه‌ی تاکتیک‌ها و تکنیک‌ها، استراتژی‌های فردی‌مان را در حوزه‌ی برند شخصی پیاده‌سازی می‌کنیم. حال اگر بهره‌وری جمع اثربخشی و کارآیی است و اثربخشی همان استراتژی است و کارآیی همان تاکتیک است؛ پس نتیجه می‌گیریم، بهره‌وری جمع استراتژی و تاکتیک است.

عزیز دل که می‌خواهی برند شخصی معتبر و ارزشمندی در نزد دیگران باشی، مدیریت برند خود را به نحوی که بالاترین بهره‌وری را داشته باشد، عالی انجام بده تا به آن شخص آرمانی و پسندیده‌ای که تمایل داری در نزد دیگران تبدیل شوی، برسی.

زندگی چیست؟

یادتان هست در کتابهای دیگرم از فرمول زندگی صحبت کردم و گفتم همه‌چیز از اندیشه‌ی خود فرد شروع می‌شود. اندیشه، خروجی اندیشیدن است و در سر انسان صورت می‌گیرد.

فرمول زندگی:

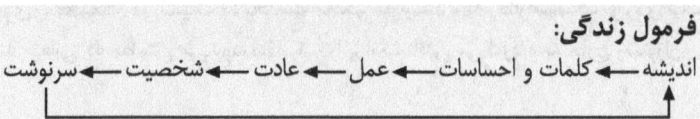

اندیشه ← کلمات و احساسات ← عمل ← عادت ← شخصیت ← سرنوشت

اندیشه‌ی ما کلمات و احساسات ما را می‌سازند. فرد مثبت‌اندیش و مؤدب کلمات زیبا را به‌کار می‌برد و احساسش نسبت به خود و دیگران زیباست، اما فرد منفی‌باف، نق‌زن، طلبکار بی‌مسئولیت و با کلمات نازیبا، گزندگی دارد و احساسش نسبت به خود و دیگران سرکوبگرانه و تند است.

جالب این است که همین کلمات و احساسات عمل فرد را شکل می‌دهند و هر عمل که تکرار شود، تبدیل به عادت می‌شود. و دیگران بر اساس عادتهای افراد به آنها شخصیت می‌دهند. در ذهن دیگران شخصیت هر فرد مجموعه‌ی خصوصیات روحی و روانی است که از آن فرد برداشت می‌کنند و همین‌جاست که برند فرد شکل می‌گیرد.

برند شما، آن چیزی است که دیگران در غیاب شما می‌گویند، برند شما مشهوریت و مقبولیت و محبوبیت شما است. دقت کردید برند چگونه ساخته می‌شود و با این برند سرنوشت فرد رقم می‌خورد، انسانها تصمیم می‌گیرند با او کار کنند یا نکنند، شریک شوند یا نشوند، وصلت کنند یا نکنند؛ پس سرنوشت آن چیزی است که در سر نوشته می‌شود و سر محل اندیشه است، لطفاً یک بار دیگر به فرمول نگاه کنید. برای اینکه برند شخصی ارزشمندی باشید، صادقانه برای رسیدن به سرنوشت مطلوبتان اهمیت قائل شوید.

مخاطبان هدف و رقبایتان را مدنظر داشته باشید، اما در هر اقدامی در راستای چشم‌اندازتان و نظام ارزشی مبتنی بر پندارنیک، گفتار نیک، رفتار نیک گام بردارید. در اهمیت فرمول زندگی، داستانی از ساندرا پیچای به نام تئوری سوسک را بخوانیم.

"ساندار پیچای"، یک مهندس و مدیر اجرایی هندی‌تبار در حوزه‌ی فناوری اطلاعات است که از دهم آگوست ۲۰۱۵ به‌عنوان مدیرعامل اجرایی شرکت "گوگل" انتخاب شد. این داستان را "ساندار" در سخنرانی خود در گوگل بیان کرده است و "تئوری سوسک در توسعه‌ی شخصی" از آن نشأت می‌گیرد:

در یک رستوران، یک "سوسک" ناگهان از جایی پر می‌زند و بر روی یک خانم می‌نشیند. آن خانم از روی ترس شروع به فریاد می‌کند.

وحشت‌زده بلند می‌شود و سعی می‌کند با پریدن و تکان دادن دستهایش، "سوسک" را از خود دور کند. واکنش او مسری بود و افراد دیگری هم که سر همان میز بودند وحشت‌زده می‌شوند. بالاخره آن خانم موفق می‌شود سوسک را از خود دور کند. "سوسک" پر می‌زند و روی خانم دیگری که آن نزدیکی بود، می‌نشیند. این بار نوبت او و افراد نزدیکش می‌شود که همین حرکتها را تکرار کنند! "پیشخدمت" به سمت آنها می‌دود تا کمک کند. در اثر واکنشهای خانم دوم، این بار "سوسک" پر می‌زند و روی"پیشخدمت" می‌نشیند. پیشخدمت محکم می‌ایستد و به رفتار سوسک بر روی لباسش نگاه می‌کند. زمانی که مطمئن می‌شود،"سوسک" را با انگشتانش می‌گیرد و به خارج رستوران پرت می‌کند.

درحالی‌که قهوه‌ام را مزه‌مزه می‌کردم، شاهد این جریان بودم و ذهنم درگیر این موضوع شد. آیا "سوسک" باعث این رفتار "هیستریک" شده بود؟ اگر اینطور بود، چرا "پیشخدمت" دچار این رفتار نشد؟ چرا او تقریباً به شکل ایده‌آلی این مسأله را حل کرد، بدون اینکه آشفتگی ایجاد کند؟

این "سوسک" نبود که باعث این ناآرامی و ناراحتی خانمها شده بود بلکه، عدم توانایی خودشان در برخورد با "سوسک" موجب ناراحتی‌شان شده بود. من فهمیدم این فریاد پدرم، همسرم یا مدیرم بر سر من نیست که موجب ناراحتی‌ام می‌شود بلکه، ناتوانی من در برخورد با این مسائل است که مرا ناراحت می‌کند. این ترافیک بزرگراه نیست که مرا ناراحت می‌کند، این ناتوانی من در برخورد با این پدیده است که موجب ناراحتی‌ام می‌شود. من فهمیدم در زندگی نباید"واکنش" نشان داد بلکه، باید "پاسخ" داد. آن خانمها به اتفاق رخ داده "واکنش" نشان دادند، درحالی‌که "پیشخدمت"، "پاسخ" داد. "واکنشها" همیشه غریزی هستند، درحالی‌که "پاسخها" همراه با تفکرند! پس "برند" نتیجه‌ی پاسخهایی است که ما به رویدادهای فعلی و آینده می‌دهیم. رویدادهایی که به‌صورت برنامه‌ریزی‌شده از سوی دیگران یا خودمان به‌وجود آمده‌اند.

این مفهوم مهمی در فهم زندگی است؛ آدمی که خوشحال است به این‌خاطر نیست که همه‌چیز در زندگی‌اش درست است؛ او به این خاطر خوشحال است که "دیدگاهش" نسبت به مسائل درست

است. متن زیر را بخوانید:

امروز بدترین روز بود
و سعی نکن منو متقاعد کنی که
تو هر روزی لحظات خوبی هم پیدا می‌شه
اگه با دقت نگاه کنیم
زندگی دشواره
با اینکه
خیلی وقتا اتفاقات خوبی هم میفته
شادی و خوشبختی وجود نداره
و این درست نیست که
خیلی چیزها به خود ما ربط داره
مطمئن هستم تو هم موافقی که
محیطی که توش هستیم
تأثیر مستقیم داره روی
رفتار ما
همه‌چیز در کنترل ما نیست
و تو هرگز از من نخواهی شنید که
امروز روز خوبی بود.

حالا از پایین به بالا بخوانید؛ "به این می‌گویند طرز تفکر". پس مواظب بینش خودتان باشید. بینش یا نوع نگاه شماست که پاسختان به رویدادها را شکل می‌دهد.

تکرار می‌کنم، من خودم سرنوشتم را می‌سازم؛ چون اندیشه‌ام را مراقبت می‌کنم. می‌گویند هرچه بکاری آن را درو می‌کنی. اگر ما بدبخت و غمگین هستیم، به آن معناست که بذر بدبختی کاشته‌ایم. هیچ‌کس دیگر برای ما بدبختی نمی‌آفریند. البته بین کاشتن و درو کردن فاصله‌ای وجود دارد و به دلیل آن فاصله، گمان می‌کنیم کسی دیگر مسئول است! آن فاصله ما را می‌فریبد. مسئولیت کامل زندگی‌ات را به‌عهده بگیر. اگر زندگی‌ات زشت است، احساس مسئولیت کن! اگر زندگی‌ات چیزی جز رنج و عذاب نیست، مسئول آن باش.

در آغاز بسیار سخت است که بپذیری "من مسئول اصلی زندگی جهنمی خود هستم"، اما فقط در آغاز چنین است. بزودی درهای دگرگونی به رویت باز خواهند شد؛ زیرا اگر من مسئول زندگی جهنمی خود باشم؛ پس می‌توانم بهشت را نیز بیافرینم. اگر من این همه رنج و بدبختی آفریده‌ام؛

پس همچنین می‌توانم بسی شور و سرمستی بیافرینم. مسئولیت‌پذیری با خود، آزادی و آفرینندگی می‌آورد. لحظه‌ای که آگاه شوی، هر آنچه که هستی آفریده‌ی خود توست، از بند اسارت تمام عوامل و شرایط بیرونی آزاد می‌شوی. آنگاه همه‌چیز به تو بستگی خواهد داشت. می‌توانی ترانه‌هایی زیبا بخوانی! می‌توانی زندگی را جشن بگیری. می‌توانی بزم شادی برپا کنی. هیچ‌کس قادر نیست مانع آن شود. این شأن انسانی تو است. خدا برای فرد احترامی بسیار قائل است و انسان فقط زمانی به فرد تبدیل می‌شود که تمام مسئولیتهای خود را برعهده گیرد!

فیلسوف یونانی دکتر پاپادروس، در پایان کلاس درسش با این پرسش به سخنرانی خود خاتمه داد:

آیا کسی سؤالی دارد!؟

یکی از شاگردانش به نام "رابرت فولگام" نویسنده‌ی مشهور در بین حضار بود و پرسید: جناب آقای دکتر پاپادروس، معنی زندگی چیست!؟ بعضی از حضار خندیدند! اما پاپادروس، دانشجویان خود را به سکوت دعوت کرد، سپس کیف بغلی خود را از جیبش درآورد، داخل آن را گشت و آینه‌ی گرد و کوچکی را بیرون آورد و گفت:

موقعی که بچه بودم جنگ بود، ما بسیار فقیر بودیم و در یک روستای دورافتاده زندگی می‌کردیم، روزی در کنار جاده چند تکه آینه‌ی شکسته، از لاشه‌ی یک موتورسیکلت آلمانی پیدا کردم. بزرگترین تکه‌ی آن را برداشتم و با ساییدن آن به سنگ، گردش کردم. همین آینه‌ای که حالا در دست من است و ملاحظه می‌کنید. سپس به‌عنوان یک اسباب‌بازی شروع کردم به بازی با آن و بازتاباندن نور خورشید به هر سوراخ‌وسنبه و درز و شکاف کمد و صندوقخانه و تاریکترین جاهایی که نور خورشید به آنها نمی‌رسید. از اینکه با کمک این آینه می‌توانستم ظلمانی‌ترین نقاط دنیا را نورانی کنم، به‌قدری شیفته و مجذوب شده بودم که وصفش مشکل است.

در واقع، بازتاباندن نور به تاریکترین نقاط اطرافم، بازی روزانه‌ی من شده بود. آینه را نگهداشتم و در دوران بعدی زندگی نیز هر وقت که بیکار می‌شدم، آن را از جیبم در می‌آوردم و به بازی همیشگی خود ادامه می‌دادم.

بزرگ که شدم دریافتم این کار یک بازی کودکانه نبود بلکه، استعاره‌ای بر کارهایی بود که احتمال داشت بتوانم در زندگی خود انجام دهم.

بعدها دریافتم که من، خود نور و یا منبع آن نیستم بلکه، نور و به عبارت دیگر، حقیقت، درک و دانش جایی دیگر است و تنها در صورتی تاریکترین نقاط عالم را نورانی خواهد کرد که من بازتابش دهم.

من تکه‌ای از آینه‌ای هستم که از طرح و شکل واقعی آن اطلاع چندان درستی ندارم. با وجود این، هرچه که هستم، می‌توانم نور را به تاریکترین نقاط عالم، به سیاهترین نقاط قلوب انسانها منعکس

کنم و سبب تغییر بعضی چیزها در برخی از انسانها گردم. شاید دیگران نیز متوجه این کار شوند و همین کار را انجام دهند. به‌طور دقیق این همان چیزی است که من به دنبال آن هستم. این معنی زندگی من است.

دکتر بعد از پایان درس، آینه را به‌دقت دوباره در دست گرفت و به کمک ستونی از نور آفتاب که از پنجره به داخل سالن می‌تابید، پرتویی از آن را به صورتم و به دستهایم که روی بازوی صندلی به هم گره خورده بودند، تاباند و گفت:

- به جایی که تاریک و ظلمانی است، نور ببریم.
- به جایی که امید نیست، امید ببریم.
- به جایی که دروغ هست، راستی ببریم.

این معنای زندگیست!

پس ما به زندگی معنا می‌دهیم، می‌توانیم با عینک بدبینی به هستی نگاه کنیم و بگوییم زندگی چیست؟ خون دل خوردن،

اولش رنج و آخرش مردن.

و می‌توانیم با عینک خودگردانی، خودمسئولی و مدیریت بر خود نگاه کنیم و بگوییم:

زندگی صحنه‌ی یکتای هنرمندی ماست
هر کسی نغمه‌ی خود خواند و از صحنه رود
صحنه پیوسته به جاست
خرّم آن نغمه که مردم بسپارند به یاد

و نگاه پر احساس سهراب سپهری، شاعر را هم به آن اضافه کنیم و بگوییم:

زندگی بال و پری دارد با وسعت مرگ
پرشی دارد اندازه‌ی عشق
زندگی چیزی نیست که لب طاقچه‌ی عادت
از یاد من و تو برود
زندگی جذبه‌ی دستی است که می‌چیند
زندگی نوبر انجیر سیاه در دهان گس تابستان است
زندگی بعد درخت است به چشم حشره
زندگی تجربه‌ی شب‌پره در تاریکی است
زندگی حس غریبی است که یک مرغ مهاجر دارد
زندگی سوت قطاری است که در خواب پلی می‌پیچد

زندگی دیدن یک باغچه از شیشه‌ی مسدود هواپیماست
خبر رفتن موشک به فضا
لمس تنهایی ماه
فکر بوییدن گل در کره‌ای دیگر
زندگی شستن یک بشقاب است
زندگی یافتن سکه دهشاهی در جوی خیابان است
زندگی مجذور آینه است
زندگی گل به توان ابدیت
زندگی ضرب زمین در ضربان دل ما
زندگی هندسه‌ی ساده و یکسان نفسهاست.

برند چیست؟

برند، مدیریت کل تجربه‌ی دیگران از ما است که ما با پندار، گفتار و رفتار خودمان آن را می‌سازیم. برند تعهدات انجام‌شده‌ی ما در نزد دیگران است. برند قول ارزشمند است. برند اعتبار، هویت، احترام و آبروی ما است. برند آن تصویری است که دیگران از ما دارند، آن حرفهایی است که در غیاب ما می‌زنند و فکری است که در مورد ما می‌کنند و همه‌ی اینها را فقط و فقط خود ما می‌سازیم. پس آنجا که سریع و هیجانی تصمیم می‌گیریم، در حقیقت داریم به برند خودمان لطمه می‌زنیم، آنجا که با طمأنینه و پخته حرکت می‌کنیم و با جامعیت‌نگری عمل می‌کنیم، در حال ساختن برند مطلوب خودمان هستیم.

پس عصاره‌ی تمام مطالبی که تا اینجا نوشتم، این است که برای مدیریت برند شخصی خودمان (برندسازی و برندداری) به نحوی که با بهره‌وری بالایی همراه باشد با پندار نیک، گفتار نیک، و رفتار نیک اقدام کنیم و خودمان را مسئول آن بدانیم و تمام ابزارهای تحول‌ساز و تصمیم‌ساز را به نحو شایسته به‌کار گیریم. عالی باشیم تا باشیم و بدانیم برندسازی لازم است، اما کافی نیست. تازه، کار ما با برندسازی شروع می‌شود.

وقتی در نزد دیگران مشهور مقبول می‌شوید، حال باید از این درخت تناور بخوبی مراقبت کنید، از این به بعد داسها و تبرها به سمت شما می‌آیند و شما باید محکم باشید و رشد کنید و درست عمل کنید تا برندداری رو به تعالی‌تان به نحو احسن انجام شود.

برند شما یک محتوای باارزشی باید باشد که به زیبایی به دیگران معرفی شود و آنها را متقاعد سازد که برند شخصی شما را بپذیرند، باور کنند و باارزش بدانند.

پس هم بُعد محتوایی و هم بعد نمایشی و بصری برند شخصی‌تان باید عالی کار کند تا مخاطبان هدف را برای مطلوبیت و محبوبیت متقاعد سازد.

بیایید نگاهی متفاوت به حروف کلمه‌ی برند بر اساس آموزه‌های کاترین کاپیتا، خالق کتاب "برندسازی تا رسیدن به اوج" بیندازیم:

ایده‌ی برند (B=Brand Idea):

بهترین برندها بر محور یک ایده ساخته می‌شوند، ایده‌ای ساده، متمرکز و متفاوت.

پس باز هم تأکید می‌شود نقطه‌ی شروع اندیشه است، اندیشه‌ای که نوآور است، ساختارشکن است، از مغزی می‌آید که کمال‌طلب است و همواره ناراضی مثبت است. از این رو، ایده‌ای ناب می‌دهد که در عین حال ساده است؛ چون هدفش پذیرش و مطلوبیت است. ایده‌ی پیچیده‌ای که فقط در ذهن ارائه‌کننده بماند یا مخاطب را متقاعد نسازد، بی‌ارزش است.

نمایش برند (R=Represent The Brand):

برند شخصی شما، لازم است چنان هویت بصری و نمایشی داشته باشد که بتواند انتقال‌دهنده و معرفی‌کننده‌ی شایسته‌ای برای محتوا و هویت درونی باشد.

گوهر ارزشمندی که در پستوی منزل و انباری قرار گرفته باشد، هیچ‌وقت توسط دیگران خریداری نمی‌شود، گوهر به ویترین نیاز دارد و به معرفی شایسته.

تجزیه‌وتحلیل مشتریان (A=Analyze Your Customer):

استراتژی برند شخصی‌تان را تدوین کنید، اس‌تی‌پی (STP) به معنای بخش‌بندی بازار، تعیین بازار هدف و جایگاه‌سازی شایسته در روح و روان و دل مخاطبان هدف را جدی بگیرید.

شما نمی‌توانید از طرف همه‌ی انسانها مقبول و پذیرفته باشید. پس در هر مسابقه‌ای شرکت نکنید، اگر شما تیزپاترین دونده هم باشید، در مسابقه‌ی شنا موفق نخواهید شد یا در مسابقه‌ی پرواز به جایی نخواهید رسید. اگر بخواهید همه‌چیز برای همه‌کس باشید، هیچ‌چیز برای هیچ‌کس خواهید بود.

پس درک درستی از مخاطبان هدف خود داشته باشید و تمرکزتان را روی آنها بگذارید تا آنها هم تجزیه‌وتحلیل درستی از شما داشته باشند. مشتریانتان را بشناسید، دغدغه‌هایشان را درک کنید و برای آنها راه‌حل متناسب و متمایز ارائه کنید. با آنها گفت‌وگو کنید. گفت‌وگو بستر مهارت است. اما آفت آن هم بیهوده‌گویی و زیاده‌گویی است.

درگیرسازی مشتریان (N= Engage Your Customer (Brand Experience)):

برند شخصی شما باید بتواند میزان اتصال و درجه‌ی درگیری هم‌توان‌افزا بین شما و مخاطبان هدفتان

را پیوسته ارتقا دهد.

وقتی این اتصال بالا باشد، مخاطبان به وکیل‌مدافع و مشتریان پروپاقرص شما تبدیل می‌شوند. نه‌تنها خودشان وفادار خواهند بود بلکه، به درجه‌ی مبلغ و سفیر برندتان تبدیل می‌شوند. بازاریابی توصیه‌ای و بازاریابی ارجاعی را برای شما انجام می‌دهند و در مقابل بدگویی از شما، به وکیل‌مدافع‌تان تبدیل می‌شوند. پس مشتریان خواستار اطلاعات، تعامل، مشارکت و تجربه از برند شما هستند تا به این درجات برسند. برند، مدیریت کل تجربه‌ی مشتریان است.

نقاط تماس دیجیتالی (D=Digital Touch Points):

فضای مجازی و پیوند بین مارکتینگ و فناوری اطلاعات و رشد اقتصاد رفتاری به معنای پیوند بین علم اقتصاد با علومی مثل جامعه‌شناسی، روانشناسی و ارتباطات در بستر فناوری اطلاعات، همه فرصتهای ارزشمندی برای ما هستند تا بتوانیم بستر مناسبی برای ارتقای برند شخصی‌مان داشته باشیم. از این فضا و فرصت استفاده کنیم. آنقدر دنیای آنلاین و دنیای آفلاین درهم تنیده شده‌اند که دیگر نمی‌توانیم آنها را از هم جدا کنیم.

از مزیت دنیای دیجیتال به‌منظور گسترش دی‌ان‌ای برند شخصی‌تان و پیوند با مخاطبان هدف بهره‌برداری کنید. تناسب استراتژیک و جامعیت‌نگری بین تمام تصمیمات و رفتارهایتان را جدی بگیرید. دنیای دیجیتال و بستر اینترنت یاور شما هستند.

چند سؤال به‌منظور تفکر در حوزه‌ی مدیریت برند شخصی فعلی و آینده‌ی خودتان

همواره گفته‌ام که مشاور خوب کسی است که برای کارفرما سؤال خوب طراحی کند و با تولید سؤالات خاص ذهن جمعی را وادار به جستجو کرده، نگاه جمعی را وادار به بصیرت متمایز کرده و نگرش جمعی را وادار به فعال بودن در شنیدن آگاهانه کند. اینها سبب می‌شود پاسخها دیده شده و شنیده شده و تحلیل شوند تا به فرصت‌یابی برسیم.

در اینجا پنجاه سؤال را به‌عنوان دوست و مشاور شما آورده‌ام تا ذهنتان درگیر شود و به دنبال پاسخهایشان بروید.

۱- من با چه افرادی ارتباط دارم؟

۲- من با چه افرادی (با توجه به چشم‌انداز فردی خودم) باید ارتباط داشته باشم؟

۳- چشم‌انداز من برای آینده چیست؟ دوست دارم دیگران در ده‌سال آینده چه تصویر و برداشتی از من داشته باشند؟

۴- آیا بین پندار، گفتار، و رفتار من تناسب وجود دارد؟

۵- برای سلامتی روح و روانم چه می‌کنم؟

۶- برای سلامت جسم خود چه می‌کنم؟
۷- این اقدامات فعلی در مدیریت روح و روان و جسم، با چشم‌اندازم تناسب دارند؟
۸- عادتهای اساسی من چه هستند؟
۹- تکیه کلامهای من چه هستند؟
۱۰- پوشش فعلی من بیشتر چگونه است؟ و با تصویر چشم‌اندازم چقدر تناسب دارد؟
۱۱- آیا من وجه تمایزی دارم نسبت به افرادی که با آنها در حال مسابقه هستم؟
۱۲- چقدر حاضرم برای نیل به چشم‌انداز از یک‌سری چیزها بگذرم؟
۱۳- آیا فقط اهداف شخصی‌ام برایم مهم هستند؟ یا به بشریت هم فکر می‌کنم؟
۱۴- از نظر من تعریف برند چیست؟
۱۵- مأموریت برند من چیست؟
۱۶- الان من را به چه چیزی می‌شناسند؟ و دوست دارم در آینده من را چگونه بشناسند؟
۱۷- شخصیت برند فعلی من چیست؟ و دوست دارم شخصیت مطلوبم چگونه باشد؟
۱۸- اگر قرار باشد اطرافیانم من را یک اتومبیل ببینند، چه می‌بینند؟
۱۹- اگر قرار باشد اطرافیانم من را یک نمادی از طبیعت ببینند، چه می‌بینند؟
۲۰- اگر قرار باشد اطرافیانم من را یک حیوان ببینند، چه می‌بینند؟
۲۱- پنج نفری که بیشترین ارتباط را با آنها دارم که هستند؟
۲۲- سه نفری که به‌عنوان الگوی موفقیت خودم انتخاب می‌کنم چه کسانی هستند؟ ویژگی بارزشان چیست؟
۲۳- کدام موضوع یا مسأله است که بیشترین وقت زندگی من را می‌گیرد؟
۲۴- کدام موضوع یا مسأله است که بیشترین هیجان و انگیزه را برای من ایجاد می‌کند؟
۲۵- کدام موضوع یا فعالیتها یا صفات، بیشترین شادمانی را در من ایجاد می‌کند؟
۲۶- نظام ارزشی و رسالت من چیست؟
۲۷- پنج نقطه‌ی قوت اساسی و پنج نقطه‌ی کاستی اساسی من چه هستند؟
۲۸- در درک تحولات محیطی چقدر موفق هستم؟
۲۹- آیا من انسان فرصت‌یابی هستم؟ و خصوصیات انسانهای فرصت‌یاب را دارم؟
۳۰- آیا واقعاً من قصد دارم برند شخصی مشهور مقبول محبوبی در نزد دیگران باشم؟ چرا؟
۳۱- آیا مهارتهای بینشی، ارتباطی، حسی و فنی من در راستای چشم‌اندازم رشد می‌کنند؟
۳۲- واقعاً استراتژی فعلی من چیست؟ (چه کارهایی را انجام می‌دهم؟ و چه کارهایی را انجام نمی‌دهم؟)
۳۳- استراتژیهای متناسب با چشم‌انداز من چه باید باشند؟ (چه کارهایی را پس از این باید انجام

دهم و چه کارهایی را نباید انجام دهم؟)

۳۴- دوست دارم برند مطلوب من چه عواطفی را تحت تأثیر قرار دهد؟

۳۵- دوست دارم برند مطلوب من چه توقعاتی از من را در دیگران ایجاد کند؟

۳۶- دوست دارم برند مطلوب من چه تجربیات و خاطراتی را برای مخاطبان هدفم بسازد؟

۳۷- با توجه به چشم‌اندازم آیا باید تغییری در شغل خودم بدهم؟

۳۸- شادیها و لذتهای من چه هستند؟ آیا اینها من را به چشم‌اندازم می‌رسانند یا مانع هستند؟

۳۹- آیا همه باید از من راضی باشند؟

۴۰- آیا تاب و تحمل برند شخصی بزرگ شدن را دارم؟

۴۱- سه تخصص اصلی من چه هستند؟

۴۲- کلمه‌ی کلیدی من چیست؟ اگر دیگران بخواهند یک کلمه در مورد من بگویند، چه خواهند گفت؟

۴۳- شعار من چیست؟ آیا اصلاً شعار دارم؟ آیا شعارم عصاره‌ی فضیلتهایم هستند؟ آیا شعارم با چشم‌اندازم تناسب استراتژیک دارد؟

۴۴- آیا من لقب دارم؟ دوست دارم لقب من در نزد مردم چه باشد؟

۴۵- آیا از ابزارها و تکنولوژیهای لازم برای برند مطلوب شدن خودم استفاده می‌کنم؟

۴۶- آیا مشاور یا مشاورین اصلح در مسیر چشم‌اندازم دارم؟

۴۷- شکاف بین درک برند من و واقعیت چقدر است؟ و چه چیزی است؟

۴۸- من چگونه بهتر و بیشتر خودم را بشناسم؟ خودآگاهی من چقدر دقیق و کامل است؟

۴۹- من باعث شده‌ام چه داستانهایی در ذهن دیگران در مورد خودم شکل بگیرد؟ و برنامه‌ام برای داستانهای آینده که در مورد من می‌گویند، چیست؟

۵۰- قول و وعده‌ی برند من چیست؟

کسی که سؤال ندارد تمام پاسخها هم از جلویش رژه بروند، متوجه آنها نمی‌شود، فرصتها را نمی‌فهمد، نمی‌بیند و نمی‌شنود، در نتیجه فرصت‌سوز می‌شود. اما کسی که حساسیت ذهنی دارد سؤال‌آفرین می‌شود. به سؤالها توجه می‌کند، آنگاه ذهن او همچون آهنربا پاسخها را جذب می‌کند و فرصتها را می‌فهمد، می‌بیند و می‌شنود.

توصیه می‌کنم قبل از ادامه دادن کتاب چند ساعت و یا شاید چند روز در این سؤالات توقف و تأمل کنید. پاسخهایتان را بنویسید و در بازه‌ی زمانی ثابت مثلاً هر شش‌ماه یکبار مجدد به این سؤالات پاسخ دهید و پاسخهایتان را با پاسخهای قبل مقایسه کنید و پیش بروید. برند شخصی بزرگ شدن را یک فرایند زنده ببینید.

برند شخصی یا برند سازمان، کدام اول باشند؟

■ **سؤال مهم:** اول باید از مدیریت برند شخصی شروع کنیم و بعد به برند سازمان برسیم؛ یا ابتدا برند سازمان را بزرگ کنیم بعد به مدیریت برند شخصی برسیم؟

پاسخ این است که نمونه‌هایی برای هر دو مسیر را داشته‌ایم، خود من ابتدا روی برند پرویز درگی به‌عنوان معلم بازاریابی کار کردم و سپس TMBA و زیرمجموعه‌های آن نظیر آموزشگاه بازارسازان، مرکز استعدادشناسی منابع انسانی و کاریابی بازارشناسان، کانون تحقیقات و تبلیغات ضمیر بازار، انتشارات بازاریابی و... را پرورش دادم. و مواردی هم داریم که ابتدا برند سازمان بزرگ شد و سپس روی برند بنیانگذار یا مدیرعامل آن کار شد و شاید هم کار نشده باشد؛ مثلاً اکثر مردم ایران تا سال‌های اخیر برندهای میهن، گلرنگ، شیرین‌عسل، چرم درسا و... را بخوبی می‌شناختند، اما بنیانگذاران آنها شامل آقایان پایداری، فضلی، ژائله و دکتر فاطمی را اخیراً می‌شناسند و به‌نظر می‌رسد این بزرگان اخیراً به مدیریت برند شخصی خودشان توجه می‌کنند.

کاترین کاپیتا در کتاب ارزشمند "برندسازی تا رسیدن به اوج" می‌گوید:

کارآفرینان موفق، کاروکسب خود را در دل یک برند بنا می‌کنند و با مراقبه و توسل بر استعدادهای درونی خود به خلق یک برند شخصی بی‌همتا همت می‌گمارند تا کامل‌کننده‌ی برند کاروکسب‌شان باشد. اینها همان کسانی هستند که من اسمشان را کارآفرینان شناسه‌دار می‌گذارم، ایشان از استعداد خوبی در زمینه‌ی آگاهی از خواسته‌های واقعی مردم برخوردار می‌باشند. ایشان درباره‌ی برندسازی، استراتژیک و خلاقانه می‌اندیشند هم برند شخصی و هم برند کاروکسب.

مراحل مدیریت چه هستند؟

تأکید می‌کنم مدیریت به معنی علم و هنر تصمیم‌گیری، اداره کردن خود و دیگران است که شامل برنامه‌ریزی، سازماندهی، هدایت و رهبری، نظارت و کنترل و ایجاد هماهنگی بین منابع مختلف شخصی و سازمان مانند اطلاعات، منابع انسانی، منابع فیزیکی و مالی می‌باشد و در نهایت رسیدن به اهداف تعیین‌شده مدنظر است.

یک مدیر هنگام هدفگذاری، باید به دو نکته‌ی اساسی توجه کند، اول اینکه این اهداف چقدر با قوانین جامعه همخوانی دارند؛ دوم اینکه اهداف چقدر با عرف جامعه همخوانی دارند؟ می‌دانیم که شناخت قوانین و عرف جامعه از امور مهم در هر زمینه‌ای است.

از آنجایی که یک مدیر باید بین فعالیتهای متضاد و متعارض توازن برقرار کند، باید چهار مرحله‌ی مدیریت را بشناسد که عبارتند از:

۱- مدیریت بر خود

خودمدیریتی، یک استراتژی است که فرد بتواند توالی رفتار خود را حفظ کند، یک رفتار مثبت و یا مهارت شایسته‌ی خودش را افزایش دهد، یا یک رفتار نامناسب را کاهش دهد. خودمدیریتی مؤثر و مفید، دارای توانایی برای کنترل شرایط و پاسخهای روانی، رفتاری و شناختی، الزام برای بهبود کیفیت زندگی است.

فرد دارای مهارت خودمدیریتی به رشد و بلوغی دست می‌یابد که می‌تواند در رویارویی با مسائل و چالشهای زندگی، با آگاهی تصمیم بگیرد و بر اساس آن عمل کند و مسئولیت کارهای خویش را بپذیرد و در نتیجه در زندگی شخصی و کاری احساس کنترل و کارآمدی کند. وانگهی، زمانی که یک فرد بتواند خود را بخوبی مدیریت کند، توانایی مدیریت فرد دیگر را نیز پیدا می‌کند. او این توانایی

را دارد که بر فرد دیگری تأثیر بگذارد و ایده و باورهای خود را به او القا کند. ممکن است این فرد مشتری شما یا یکی از کارمندانتان باشد. حتی ممکن است شما بر مافوق خود بتوانید مدیریت کنید. ممکن است شما خلق‌وخوی رئیس خود را بشناسید و بدانید در چه زمانی چه حرفی و چه ادبیاتی بر او مؤثر است. در مورد مشتری نیز همین‌طور است.

زمانی که مشتری خود را بشناسید، طبیعتاً تأثیر بهتری بر او می‌گذارید و به او راحت‌تر ثابت می‌کنید که محصول شما مناسب او است و بر زندگی او تأثیر می‌گذارد. همچنین در صحبتها می‌توان اشاره کرد که این خرید متقابلاً برای من نیز سود دارد. با این حرف می‌توان احساس صداقت و اعتماد را در سایرین ایجاد کرد.

۲- مدیریت بر فرد دیگر

مدیریت بر دیگران می‌تواند در رابطه با هر فردی باشد. به‌طور مثال، مدیریت بر فرزند به شکلی که جایگاه خود را به‌عنوان یک پدر یا مادر حفظ کنیم و در عین حال کاری کنیم تا نظرات و ایده‌هایمان را بپذیرد، از جمله مصادیق مدیریت بر فرد دیگر است. مدیریت بر فرد دیگر به‌منزله‌ی تأثیرگذاری بر او به‌منظور تغییر رفتارش می‌باشد.

اگر فرد مقابل پذیرای ما باشد، حال به ما فرصت می‌دهد که محصول خودمان را معرفی کنیم. برای مدیریت بر فرد دیگر لازم است تکنیکهای تأثیرگذاری را آموزش ببینیم و در پیاده‌سازی آنها مهارت‌آموزی کنیم.

پیشنهاد می‌کنم کتاب "تأثیرگذاری" رابرت چیالدینی را بخوانید و شش تکنیک عمل متقابل، تعهد و انسجام، عادت اجتماعی، دوست‌داشتنی بودن، اقتدار، و کمیابی را فراگیرید.

۳- مدیریت بر گروه

برای مثال یک مدیر توسعه‌بازار، یک مدیر مالی، یا مدیر منابع‌انسانی یا فروش، مدیریت گروهی از افراد را برعهده دارد و زمانی می‌تواند کارآمد باشد که در دو سطح قبلی یعنی مدیریت بر خود و مدیریت بر فرد دیگر موفق باشد. روابط ایجادشده در مدیریت بر گروه، جمع حسابی روابط مدیریت فردی نیست بلکه، روابط و در نتیجه حاشیه‌هایی که آنها بین خودشان ایجاد می‌کنند، بسیار حائز اهمیت بوده و مدیر را وارد جریان پیچیده ارتباطات گروه می‌کند.

۴- مدیریت بر سازمان

شرکتها، کاروکسب‌ها و حتی کشورها را باید به شکل یک سازمان دید. سازمانها شامل مجموعه‌ای از افراد در کنار یکدیگر هستند که هر یک وظایفی برعهده دارند و طبیعتاً کسی که در رأس سازمان

قرار دارد به‌عنوان یک رهبر باید سازمان را بخوبی درراستای چشم‌انداز و اهداف هدایت کند. بنابراین مشخص است که مدیریت بر خود تا چه حد می‌تواند مهم باشد.

مدیریت بر خود زیربنا و پایه‌ی مدیریت‌های دیگر است که در این کتاب به آنها می‌پردازیم. اگر بخواهیم به این چهار پله‌ی مدیریت وزن بدهیم؛ وزن و اهمیت مدیریت بر خود شامل مدیریت نظم، مدیریت خشم، مدیریت استرس، مدیریت تیپ، مدیریت جیب، مدیریت زمان و...؛ و خلاصه مدیریت بر پندار، مدیریت بر گفتار، و مدیریت بر رفتار را پنجاه‌درصد می‌دانم و سه پله‌ی دیگر یعنی مدیریت بر فرد دیگر، مدیریت بر گروه، و مدیریت بر سازمان را روی هم پنجاه‌درصد در نظر می‌گیرم.

جامعیت‌نگری میان ابعاد سرآمدی و موفقیت

ابتدا بیست تعریف ساده از موفقیت را بخوانیم.
۱- موفقیت، یعنی همیشه بهترین کار را انجام دهید.
۲- موفقیت، یعنی اهداف درست و مشخصی انتخاب کنید.
۳- موفقیت، یعنی داشتن جایی که نام آن خانه است.
۴- موفقیت، یعنی درک تفاوت بین اینکه چه می‌خواهید و به چه چیزی نیاز دارید.
۵- موفقیت، یعنی باور کنید که می‌توانید.
۶- موفقیت، یعنی به‌یاد داشته باشید که بین کار و علاقه تعادل برقرار کنید.
۷- موفقیت، یعنی از نیازهایتان مراقبت کنید.
۸- موفقیت، یعنی یاد بگیرید بعضی‌وقتها باید بگویید "نه".
۹- موفقیت، یعنی بدانید زندگیتان سرشار است از موهبت و وفور نعمت.
۱۰- موفقیت، یعنی درک کنید آن چیزی را به‌دست خواهید آورد که خودتان به دیگران می‌دهید.
۱۱- موفقیت، یعنی غلبه بر ترس.
۱۲- موفقیت، یعنی شاهد بزرگ شدن فرزندتان باشید.
۱۳- موفقیت، یعنی هر روز یک چیز تازه یاد بگیرید.
۱۴- موفقیت، یعنی یاد بگیرید باختن چند رقابت می‌تواند به شما کمک کند یک جنگ بزرگ را ببرید.
۱۵- موفقیت، یعنی دوست داشتن و دوست داشته شدن.
۱۶- موفقیت، یعنی وقتی می‌دانید راهتان درست است از موضعتان کوتاه نیایید.
۱۷- موفقیت، یعنی تسلیم نشدن.

۱۸- موفقیت، یعنی جشن گرفتن پیروزیهای کوچک.
۱۹- موفقیت، یعنی هرگز نگذارید چیزی شما را عقب براند.
۲۰- موفقیت، یعنی درک این حقیقت که سرنوشت‌تان در دستان خودتان است.

همان‌طور که در سمینارها و کتابهای دیگر نگارنده نیز ذکر شده است، اگر بخواهیم دستاورد مشترک تمام علوم را در یک مسأله ببینیم، جامعیت‌نگری انتخاب می‌شود. جامعیت‌نگری عبارت از نگرش سیستمی و دیدن همه‌ی اجزا با هم و درک رابطه‌ی موجود میان اجزا است. جامعیت‌نگری علاوه بر اهداف کوتاه‌مدت، اهداف بلندمدت را نیز شامل می‌شود؛ در واقع اهداف کوتاه‌مدت ایستگاههایی هستند که برای رسیدن به اهداف بلندمدت و دستیابی به موفقیت وجود دارند. در اینجا نگاهی جامع به ابعاد پنجگانه‌ی موفقیت انسان می‌اندازیم:

اولین بُعد موفقیت در سطح فردی است. موفقیت به تعریف شما بستگی دارد. در واقع، موفقیت از نظر پول یا تعریف دیگران از شما تعریف نمی‌شود بلکه، موفقیت شیوه‌ی زندگی است که شما برای خود تعریف می‌کنید.

یکی از مربیان به‌نام "جان وودن" موفقیت را به این شکل تعریف می‌کند که نوعی آرامش خاطر است که حاصل نتیجه‌ی مستقیم از رضایت شما برای بهترین تلاشتان است که به‌دست می‌آورید و باعث می‌شود تبدیل به آدم بهتری شوید.

موفقیت در سطح فردی، به معنای این است که فرد از هستی و وجود خود چقدر خوشحال است؟ چقدر به خودش توجه دارد؟ آخرین باری که چکاپ رفته، کی بوده است؟ چقدر به روح خود و شادی خود توجه دارد؟

دومین سطح توفیق، موفقیت در سطح خانواده است. موفقیت در سطح خانواده، بدین‌معنی است که خانواده‌ی فرد به حضور وی و رشد و توسعه و موفقیت او چقدر افتخار می‌کنند؟ چقدر برای خانواده وقت می‌گذارد؟ برای پرورش فرزندان خود چه می‌کند؟ همسر و والدین و بستگان درجه‌یک او چقدر به او می‌بالند؟

موفقیت در روابط خانوادگی مسأله‌ای بسیار مهم است. شخصیت افراد در خانواده‌ها شکل می‌گیرد، رشد مغزی شکل می‌گیرد، بر یادگیری موثر است. افرادی که در آرامش رشد می‌کنند، در مقابله با مشکلات منطقی‌تر و بهتر فکر می‌کنند. همچنین باعث می‌شود فرد مهارت احترام به عقاید دیگران را کسب کند. به همین دلیل است که افراد به دنبال بهبود روابط خانوادگی خود هستند.

اما چگونه روابط خود را با خانواده بهتر کنیم؟

- هر روز زمانی برای صحبتهای روزانه و به اشتراک گذاشتن اتفاقات جالب در نظر بگیرید.
- با صحبتهای فردی روابط عمیقتری با افراد خانواده برقرار کنید.

- زمانی جداگانه برای همسر خود و صحبت با او در نظر بگیرید و به فرزندان خود بیاموزید که به رابطه‌ی شما احترام بگذارند.
- به‌عنوان یک خانواده، کارهای تیمی و جالب انجام دهید.
- برای جشنهای خاص مانند تولد با هم تصمیم‌گیری کنید. اجازه دهید کودکان، خود را بخشی از این تصمیمات بدانند.
- درواقع، ارتباطات مثبت و روابط صحیح خانوادگی کاملاً به هم وابسته هستند. در ارتباطات مثبت زمانی برای صحبت با هم و شنیدن حرفها بدون قضاوت انجام می‌گیرد. در این ارتباطات همه‌ی افراد باید صادقانه فکرها و احساسات خود را به اشتراک بگذارند.

سومین بُعد، موفقیت در سطح کاروکسب است. خیلی از کارآفرینان و اسطوره‌های بزرگ که زندگی‌نامه‌های آنها را می‌بینیم و می‌خوانیم، اگر با دقت بررسی کنیم، درمی‌یابیم آنها تنها در حوزه‌ی کاروکسب خود موفق بودند و اغلب زندگی شخصی جالبی نداشته‌اند. حتی بسیاری از افرادی که مباحث انگیزشی یا مباحث بازاریابی و مدیریتی تدریس می‌کنند، تنها در این بُعد از زندگی خود موفق هستند و در سطح فردی و خانوادگی خود موفق نیستند.

اگر شما از ده مدیر بپرسید چه مواردی باعث یک تجارت موفق می‌شود، احتمالاً ده جواب متفاوت می‌گیرید. این مسأله به این دلیل است که موفقیت از نظر افراد متفاوت است. برای مثال، از دید یک مشتری، تجارت موفق آن است که محصولات و خدمات بی‌نقصی ارائه دهد. و از نظر یک مدیر، تجارت زمانی موفق است که هزینه‌های خود را پشتیبانی کند و سودآوری داشته باشد. در ادامه عوامل یک تجارت موفق را ذکر می‌کنیم.

۱- **برنامه‌ریزی خوب.** یک تجارت خوب، نیازمند یک برنامه‌ی خوب است. شما یک برنامه‌ی پیچیده برای موفق کردن یک تجارت نیاز ندارید، اما شما به یک برنامه‌ی فکرشده و جامع نیاز دارید. این شامل در نظر گرفتن افراد، رقبا، محصولات، رشد و برنامه‌های بازاریابی می‌شود.

۲- **رهبری قوی:** کمپانی‌های قوی، نیاز به رهبرانی قوی و با استعداد دارند. افرادی که به هنگام بحران و کشمکش تصمیمات درستی بگیرند و روابط صحیحی با کارمندان خود داشته باشند. آنها باید بتوانند تیم خود را مشتاق نگهدارند.

۳- **تمرکز بر نقاط قوت:** از مسائل مهم در یک کاروکسب، تمرکز بر هدف اصلی است. ممکن است شما در ادامه‌ی راه خود شروع به تولید محصولات جدید یا خدمات جدید کنید، اما اهداف اصلی خود را در این مابین از یاد نبرید.

۴- **ریسک‌پذیری:** تجارت‌های موفق معمولاً صاحبانی با اشتیاق برای پذیرش ریسک دارند. درواقع، صاحبان یک کاروکسب باید آماده برای استفاده‌ی درست از هر فرصتی باشند و در شرایط درست،

ریسکهای مناسبی انجام دهند.

۵- فرهنگ سازمانی الهام‌بخش: در کنار کیفیت یک تجارت خوب، اشتیاق درست و کاربردی نیز باید وجود داشته باشد. تیمها باید انگیزه داشته باشند تا به اهداف خود دست پیدا کنند.

۶- محیط کار سالم: محیط کار سالم از ابعاد دیگر تجارت موفق است. کارمندان باید در یک محیط سالم، با قابلیت متناسب و انگیزه‌ی کافی فعالیت کنند.

۷- ارزیابی و بازخورد: برای اینکه اطمینان حاصل کنید که کارمندان شما مؤثر و خوب عمل می‌کنند، باید هر هفته فعالیتهای کارمندان بررسی شود و مدیران، مسیر آنها را هدایت کنند.

۸- بررسی درست از تکنولوژی: تجارتهای موفق از پیشرفت تکنولوژی آگاه هستند و از آنها که باعث پیشرفتشان می‌شود، استفاده می‌کنند.

۹- توسعه‌ی آگاهی اجتماعی: شرکتهایی که افرادی مسئول در اطراف خود دارند، تصویر مثبتی برای دیگران ایجاد می‌کنند.

۱۰- خدمات مشتریان عالی ارائه دهید. مهم نیست که شرکت شما چه تعداد ویژگیهای برجسته دارد، اگر خدمات عالی ارائه ندهید؛ نمی‌توانید پایگاه مشتریان خود را حفظ کنید.

چهارمین بُعد، موفقیت در سطح روابط است. بدین معنی که یک نفر در اطراف خود چه روابط محکمی دارد، چه دوستانی دارد و تا چه اندازه در این روابط موفق است. جیم ران می‌گوید: نمره‌ی خوشبختی، نگرش و درآمد شما میانگین نمره‌ی خوشبختی و نگرش و درآمد ۵ نفر اطرافیان شما است.

پنجمین سطح، موفقیت در سطح جامعه و بشریت است. لویی پاستور می‌گوید:

در هر حرفه‌ای که هستید، نه اجازه دهید که به بدبینی‌های بی‌حاصل آلوده شوید، و نه بگذارید که بعضی لحظات تأسف‌بار که برای هر ملتی پیش می‌آید، شما را به یأس و ناامیدی بکشاند. در آرامش حاکم بر آزمایشگاهها و کتابخانه‌هایتان زندگی کنید. نخست از خود بپرسید برای یادگیری و خودآموزی چه کرده‌ام؟ سپس همچنان‌که پیشتر می‌روید، بپرسید برای کشورم چه کرده‌ام؟ و این پرسش را آنقدر ادامه دهید تا به این احساس شادی‌بخش و هیجان‌انگیز برسید که شاید سهم کوچکی در پیشرفت و اعتلای بشریت داشته‌اید. اما هر پاداشی که زندگی به تلاشهایمان بدهد یا ندهد، هنگامی که به پایان تلاشهایمان نزدیک می‌شویم، هر کدام‌مان باید حق آن را داشته باشیم که با صدای بلند بگوییم: من آنچه در توان داشته‌ام، انجام داده‌ام.

درواقع همه‌ی این ابعاد زیرمجموعه‌ای از موفقیت در سطح فردی و موفقیت بر خود هستند.

همان‌طور که گفتم مدیریت بر خود و موفقیت فردی و مدیریت برند شخصی به‌تنهایی پنجاه درصد اهمیت را دارند و سایر ابعاد مدیریت و ابعاد موفقیت روی هم پنجاه درصد دیگر را شامل می‌شوند. پس فونداسیون و زیربنای همه‌ی برندهای هلدینگ، سازمان، کارفرمایان، کارکنان، محصول و... برند شخصیِ فرد بنیانگذار است. این را جدی بگیرید. بنیانگذاران و مدیران، فرهنگ‌سازان سازمان هستند.

اهمیت و جایگاه هوش در خودگردانی و مدیریت برند شخصی

فرمول هوش مدیریتی را می‌توانیم به شرح زیر در نظر بگیریم:

$$MQ = IQ + EQ + PQ + BQ + SQ + CQ$$

همان‌طور که در صفحات قبلی خواندیم، زیربنای مدیریت و سنگ اول، مدیریت برخود است. خودگردانی یا به تعبیری خودمدیریتی Self-Management نقش بنیادین در استحکام بخشیدن به پایه‌های موفقیت فردی و سازمانی ایفا می‌کند. و نقش و نحوه‌ی بهره‌گیری از هوش در این مسیر حائز اهمیت است. هوش مدیریتی حاصل و برآیند هوش عقلی، هوش عاطفی (یا هوش هیجانی)، هوش تدبیری، هوش جسمی (هوش بدنی)، هوش معنوی و هوش فرهنگی است. جامعیت‌نگری بین ابعاد مختلف ذکرشده در مدیریت برخود و موفقیت در برند شخصی بسیار مهم و مورد تأکید است.

بالغ بر یک قرن، بهره‌ی هوشی یا آی‌کیو به‌عنوان اصلی‌ترین معیار برای سنجش هوش و بلکه توانمندیهای فردی در نظر گرفته می‌شد. و به همین ترتیب آزمون بهره‌ی هوشی تنها شاخصی بود که نمایانگر توانایی یادگیری افراد محسوب می‌شد، هوش عقلی ارثی بوده و همان هوش است که در حل یک مسأله‌ی ریاضی، در طرح و اجرای یک پروژه‌ی عظیم، در اختراع و اکتشافات علمی و به‌طورکلی در کلاس درس زندگی به ما کمک می‌کند.

غافل از اینکه در سالهای اخیر تحقیقات علمی نشان داده که تنها داشتن هوش سرشار عقلانی (یا شناختی یا آی‌کیو) برای کسب موفقیت بویژه در حوزه‌ی تجارت کافی نیست و علاوه بر آی‌کیو، کیفیات دیگری نیز لازم است که بهره‌مندی از هوش عاطفی (یا هیجانی) از آن جمله است. هرچند که همچنان نظام ارزیابی دانش‌آموزان، بیشتر بر اساس هوش عقلی است. اما تجربه‌ی بشر نیز اثبات

کرده که فقط با یک عامل نمی‌توان میزان موفقیت را سنجید و چه بسیار دانش‌آموزانی با معدل بالا در زمان بلوغ، انسان معمولی جامعه بوده و نتوانسته‌اند به درجات بالای موفقیت برسند. علت را باید در عوامل دیگری جستجو کرد که یکی هوش هیجانی یا همان توان مدیریت کردن هیجانات خویش و دیگران است، حال می‌خواهد این هیجانات مثبت یا منفی باشد. چه بسیار فرصتهای ارزشمندی را از دست داده‌ایم؛ چون از هوش هیجانی بهره نگرفته‌ایم، هرچند که خوشبختانه اکتسابی هم هست.

در اصل، هوش هیجانی به توانایی افراد در شناخت و کنترل احساسات شخصی خود و دیگران و همچنین استفاده از این توانایی برای تصمیم گیری بهتر، تفکر خلاقانه، انگیزه بخشیدن به خود و دیگران، لذت بردن از سلامتی و روابط بهتر و زندگی شادتر، گفته می‌شود. پس اگر عواطف شخصی و احساسات مثبت و منفی خود و دیگران را بخوبی بشناسیم و کنترل خشم و شادی و به‌طورکلی عواطف خود را با توجه به موقعیتهای مختلف در دست داشته و بخوبی بتوانیم با دیگران ارتباط برقرار کنیم، مسلّماً آدم باهوشتری هستیم.

متخصصان بر اهمیت بهره‌ی هوش هیجانی و نقش آن بویژه در کمک به کودکان برای افزایش سطح اعتمادبه‌نفس و مسئولیت‌پذیری و نهایتاً تبدیل شدن آنها به بزرگسالانی که بتوانند با مهارت با دیگر افراد جامعه ارتباط برقرار کنند، تأکید می‌کنند. درواقع، تحقیقات نشان می‌دهد که هوش هیجانی، بهترین پیشگوی دستاوردهای آینده‌ی کودک و عیاری برای موفقیت او بویژه در زمینه‌ی کاروکسب است. هوش هیجانی موضوعی مهم در مدیریت برند شخصی و کاروکسب است، در اصل هوش هیجانی می‌تواند شکل تکامل‌یافته‌ای از توجه به انسان در سازمانها باشد و ابزاری نوین و شایسته در دستان مدیران تجاری و نظریه‌پردازان بازار برای هدایت افراد درون سازمان و مشتریان برون سازمان و تأمین رضایت آنها باشد.

قطعاً با ملاحظه‌ی عوامل تشکیل‌دهنده‌ی هوش هیجانی می‌توانیم دریابیم افرادی که در این ویژگی نمرات قابل ملاحظه‌ای به‌دست می‌آورند، می‌توانند کامیابیهای وسیعی در حوزه‌ی مدیریت خود بیافرینند، همچنین کارکنان را همچون یاران همراه خود ارزیابی می‌کنند که همگی بخوبی و با رضایت برای کسب موفقیتهای شخصی و سازمانی می‌کوشند.

آیا آدمها هوش عمومی دارند؟

مفهوم سن عقلی و بهره‌ی هوشی بر این ایده متکی است که هوش یک توانایی عمومی است. چارلز اسپیرمن، معتقد بود آدمها هوش عمومی و هوش اختصاصی دارند. به نظر اسپیرمن، عملکرد اشخاص در آزمونهای هوش به این دو عامل برمی‌گردد.

اسپیرمن نظریه‌اش را با استفاده از فن تحلیل عاملی آزمونهای هوش، تدوین کرد. تحلیل عاملی، روشی آماری است که همبستگی نمرات آزمون را تعیین کرده و خوشه‌ها یا عواملی که توانایی خاصی

مثل استدلال کلامی یا ریاضی را اندازه می‌گیرند، مشخص می‌کند. فرض کنید یک نفر مهارتهای موسیقایی بالایی دارد ولی در ریاضی یا زبان انگلیسی عملکرد خوبی ندارد. لودویگ فون بتهوون آهنگساز مشهور، چنین آدمی بود. آیا بتهوون آدم "کم‌هوشی" بود؟ هرگز!

به این ترتیب، هاوارد گاردنر دامنه‌ی مؤلفه‌های هوش را گسترش داد تا مهارتهای موسیقایی را نیز در بر گیرد.

ده شکل مختلف هوش بر اساس تحقیقات هوارد گارنر و چارلز هندی به این قرار است:

۱- **هوش گفتاری**: توانایی برای صحبت کردن و فرمان زبانی ما است.

۲- **هوش ریاضیاتی**: هوشی است که برای اندازه‌گیری بهره‌ی هوشی استفاده می‌شود و توانایی استفاده‌ی ماهرانه از اعداد (چهار عمل اصلی) ما است.

۳- **هوش فیزیکی**: توانایی کاربرد زمانبندی و هماهنگ در حرکات بدنی است.

۴- **هوش موسیقی**: توانایی خلق موزیک در سطوح برجسته می‌باشد.

۵- **هوش بصری - فضایی**: توانایی دیدن و به‌وجود آوردن شکلها، فرمها و الگوهاست.

۶- **هوش میان‌فردی**: توانایی برای ارتباط، مذاکره، تأثیر و متقاعد کردن افراد دیگر است.

۷- **هوش درون‌فردی**: توانایی آگاهی یافتن از خود: که هستید، که نیستید، چه می‌خواهید، چه نمی‌خواهید و... می‌باشد.

۸- **هوش کارآفرینی**: توانایی دیدن فرصتهای دادوستد می‌باشد.

۹- **هوش درون یافتنی**: توانایی برای حس درستی یا نادرستی یک موقعیت، قضاوت کردن مردم به‌طور سریع و صحیح است.

۱۰- **هوش انتزاعی**: به‌دست آوردن ایده یا تصویر ناگهانی که به شکل یک ترکیب جدید از چند عامل است.

هوش هیجانی چیست؟

به چند نفر از موفق‌ترین افراد در زندگیتان فکر کنید و به خصیصه‌های مشترکی که آنها با یکدیگر دارند. بی‌شک، دایره‌ی دوستان این افراد بزرگ و متنوع است. ارتباطات شخصی‌شان قوی و زندگی خانوادگی‌شان مملو از افتخار و کامیابی است. آنها نسبت به دیگران، حتی نسبت به کسانی که تازه ملاقات می‌کنند، علاقه نشان می‌دهند.

آنها رضایت بیشتری از شغل خود دارند، احترام همسالانشان را برمی‌انگیزند و به‌خاطر خوب انجام دادن مسئولیت شغلی‌شان، از سرپرست خود امتیاز و ترفیع می‌گیرند. آنها عواطفشان بدون ریاکاری، احساساتشان بدون نخوت، و اعتمادبه‌نفس‌شان عاری از هر خودنمایی است. تفاوت بین این دو گروه، تفاوت نه در میزان آی‌کیو یا ضریب هوشی بلکه، چیزی است که EQ یا هوش هیجانی

نامیده می‌شود. هوش هیجانی، شیوه‌ای پذیرفته‌شده برای ارزیابی موفقیت یک فرد است. شیوه‌ای که امروزه در کشورهای توسعه‌یافته رو به گسترش است. هوش هیجانی ابزاری مؤثر و پرکاربرد در ارتقای مدیریت برند شخصی (برندسازی و برندداری) است.

هوش هیجانی (EQ) و تفاوت آن با بهره‌ی هوشی (IQ)

تفاوت بین معلومات کتابی و مهارت در زندگی روزمره و ارتباطات افراد، در واقع همان تفاوت بین آی‌کیو یا بهره‌ی هوشی و EQ یا هوش هیجانی آنهاست. از اواسط سالهای ۱۹۸۰ مطالعات روزافزونی در این مورد انجام می‌شود که هیجانات ما، و واکنش بعدی ما نسبت به آنها، چه مقدار در سلامت عمومی و موفقیت ما در زندگی نقش دارند، و بخصوص در سالهای اخیر این مطالعات بشدت مورد توجه قرار گرفته است. در واقع، مطالعات وسیعی انجام شده تا نشان دهد ضریب هوشی بالا به‌تنهایی لازمه‌ی موفقیت نیست.

دکتر ریچارد بویاتسیز، استاد دانشکده‌ی مدیریت ودرهد (Weatherhead) در دانشگاه کیس وسترن ریزرو (Case Western Reserve) در کلیولند، هوش هیجانی را مجموعه‌ای از شایستگیها و تواناییهایی می‌داند که ما را قادر می‌سازد تا کنترل خود را به‌دست بگیریم و در مورد دیگران نیز آگاه باشیم. به بیان ساده، هوش هیجانی استفاده‌ی هوشمندانه از هیجانها است، و در زمینه‌ی حرفه‌ای به این معناست که احساسات و ارزشهای خود را نادیده نگیریم و تأثیرشان را بر رفتارمان بشناسیم. دکتر بویاتسیز می‌گوید که برای پی بردن به شدت میزان هوش هیجانی، باید توجه کنیم که چقدر نسبت به دیگران دلسوز و حساس هستیم، و همیشه در نظر داشته باشیم که بالاترین درجه‌ی همدلی، درک کردن افرادی است که مثل ما نیستند.

هوش هیجانی مشتمل بر شناخت احساسات خود و دیگران و استفاده از آن برای اتخاذ تصمیمات مناسب در زندگی است.

به عبارتی، عاملی است که هنگام شکست و بحران، در فرد ایجاد انگیزه می‌کند و به‌واسطه‌ی داشتن مهارت اجتماعی بالا منجر به برقراری رابطه‌ی خوب با مردم می‌شود.

دنیل گلمن، در تشریح هوش هیجانی جایگاه نسبتاً وسیعتری برای این نوع هوش قائل شده و معتقد است که هوش هیجانی از ۵ عامل تشکیل شده است:

- شناخت عواطف شخصی
- مدیریت عواطف و احساسات
- خودانگیختگی
- شناخت عواطف و احساسات دیگران
- مدیریت ارتباطات

۱- شناخت عواطف شخصی:

خودآگاهی، یعنی تشخیص هر احساس به همان صورتی که بروز می‌کند، سنگ بنای هوش هیجانی است. توانایی نظارت بر احساسات در هر لحظه برای به‌دست آوردن بینش روانشناختی و ادراک خویشتن نقشی تعیین‌کننده دارد.

ناتوانی در تشخیص احساسات راستین، ما را به سردرگمی دچار می‌کند. افرادی که نسبت به احساسات خود اطمینان بیشتری دارند، بهتر می‌توانند زندگی خویش را هدایت کنند. این افراد درباره‌ی احساسات واقعی خود در زمینه‌ی اتخاذ تصمیمات زندگی، از انتخاب همسر گرفته تا شغلی که برمی‌گزینند، احساس اطمینان بیشتری دارند.

بعضی از افراد واقعاً در زمینه‌ی شناخت عواطف شخصی خود فاقد خودآگاهی‌اند. این عده وقتی از لحاظ عاطفی و هیجانی به‌هم می‌ریزند، نمی‌دانند که آیا خشمگین‌اند یا غمگین؟ خوشحال هستند یا صرفاً پرانرژی؟ این افراد بهای "بی‌سوادی هیجانی" خود را در روابط بین‌فردی می‌پردازند.

۲- مدیریت عواطف و احساسات

قدرت تنظیم احساسات خود، توانایی‌ای است که بر حس خودآگاهی متکی باشد و به ظرفیت شخص برای تسکین دادن خود، دور کردن اضطرابها، افسردگیها یا بی‌حوصلگیهای متداول اشاره دارد. افرادی که به لحاظ این توانایی ضعیف هستند، به‌صورت مرتب با احساس نومیدی، خشم مزمن و افسردگی دست به گریبان هستند، درحالی‌که افرادی که در آن مهارت زیادی دارند با سرعت بسیار بیشتری می‌توانند ناملایمات زندگی را پشت‌سر بگذارند.

برای مثال بیرون ریختن غضب را برخی افراد به‌عنوان روشی برای مقابله با عصبانیت به‌کار می‌گیرند؛ چرا که این باور در میان عموم مردم رواج دارد که "انجام این کار باعث می‌شود احساس بهتری پیدا کنند". از دهه‌ی ۱۹۵۰ روانشناسان با این روش مخالفت کردند؛ چرا که دریافتند برون‌ریزی خشم یکی از بدترین راههای خاموش کردن آن است؛ زیرا انفجار غضب عموماً برانگیختگی مغز هیجانی را تقویت می‌کند و باعث می‌شود افراد در عوض احساس خشم کمتر، عصبانیت بیشتری احساس کنند.

به همین‌ترتیب بسیاری از افراد در زمینه‌ی مدیریت اضطراب و نگرانیهای خود دچار مشکل هستند. ذهن نگران در زنجیره‌ی بی‌پایانی از ناراحتیهای جزئی گرفتار می‌شود، از یک موضوع به موضوع دیگر می‌رود و به عقب بازمی‌گردد.

نگرانیهای مزمن و مکرر، شبیه چرخش به دور خود است که هیچ‌گاه به راه‌حل مثبتی منجر نمی‌شوند. توانایی تنظیم هیجانات مختلف - خشم، نگرانی، افسردگی و... - از مؤلفه‌های هوش هیجانی است و عامل تأثیرگذاری در خدمت بهداشت روان محسوب می‌شود.

۳- برانگیختن خود:

برانگیختن خود به زبان ساده؛ یعنی کنترل تکانه‌ها (تکانه‌هایی مثل خشم، میل جنسی و...) تسلط بر نفس، تأخیر در ارضای فوری خواسته‌ها و امیال، رهبری هیجانها و توان قرار گرفتن در یک وضعیت روانی مطلوب.

خویشتن‌داری عاطفی یا همان به تأخیر انداختن کامرواسازی و فرونشاندن تکانه‌ها یکی از مؤلفه‌های اساسی هوش هیجانی است. افراد دارای این مهارت در هر کاری که به‌عهده می‌گیرند، بسیار مولد و اثربخش خواهند بود.

۴- شناخت عواطف و احساسات دیگران:

همدلی، توانایی دیگری است که بر خودآگاهی عاطفی متکی می‌باشد و اساس مهارت رابطه با مردم است. افرادی که از همدلی بیشتری برخوردارند، به علائم اجتماعی ظریفی که نشان‌دهنده‌ی نیازها یا خواسته‌های دیگران است، توجه بیشتری نشان می‌دهند.

این توانایی آنان را در حرفه‌هایی که مستلزم مراقبت از دیگرانند، نظیر تدریس، فروش و مدیریت، موفقتر می‌سازد. انسانهایی که در شناخت عواطف دیگران مهارت دارند، به راحتی و گاهی بدون دیدن چهره‌ی طرف مقابل مثلاً از پشت تلفن قادرند حالت روحی دیگران را حدس بزنند. شناخت عواطف دیگران بویژه در روابط بین زوجین اهمیت دارد.

به دو دلیل مهم می‌بایست توانایی شناخت عواطف دیگران را در خود بالا ببریم: اول اینکه چون ما هرگز نمی‌توانیم مستقیماً وارد تجربه‌ی دیگران شویم، هیچ‌گاه نمی‌توانیم کاملاً بدانیم که طرف مقابل ما چه چیزی را می‌خواهد به ما برساند. وقتی پی می‌بریم که هر قدر تلاش کنیم نمی‌توانیم چنان با هوش یا حساس باشیم که بفهمیم دیگری چه تجربه‌ای می‌کند، احساس گناه می‌تواند ما را یاری دهد که از روی اصالت، متواضع باشیم. در این بین هر چقدر قدرت و مهارت شناخت و عواطف دیگران در ما بالاتر باشد، بیشتر می‌توانیم در دنیای خصوصی و گاهی درد دیگران سهیم شویم و تنهایی و انزوای آنها را کاهش دهیم. دوم اینکه، "زبان" نمی‌تواند تجربه را بخوبی منتقل کند؛ زیرا تجربه‌های نهفته در دل تجارب عمیق انسانی غنی‌تر از آنند که کلمات توان بازگو کردن آنها را داشته باشند...

۵- مدیریت ارتباطات:

بخش عمده‌ای از هنر برقراری ارتباط، مهارت کنترل عواطف در دیگران است. افرادی که در این زمینه مهارت دارند، بخوبی و عمیقاً به دیگران گوش می‌دهند، دیگران را می‌پذیرند و دست به قضاوت نمی‌زنند، در دیگران احساس ارزش و عزت ایجاد می‌کنند، نه احساس گناه و در هر آنچه که به کنش

متقابل آرام با دیگران بازمی‌گردد بخوبی عمل می‌کنند. آنان ستاره‌های اجتماعی هستند، ستاره‌هایی که حتی در روز نیز درخشان‌اند!

البته افراد از نظر توانایی‌های خود در هر یک از این حیطه‌ها با یکدیگر تفاوت دارند و ممکن است بعضی از ما مثلاً در کنار آمدن با اضطراب‌های خود کاملاً موفق باشیم، اما در تسکین دادن ناآرامی‌های دیگران چندان کارآمد نباشیم. بدون شک زیربنای اصلی سطح توانایی ما، زیستی و عصبی است، اما مغز به طرز چشمگیری شکل‌پذیر است و همواره در حال یادگیری. سستی افراد را در مهارت‌های عاطفی می‌توان جبران کرد، هر کدام از این حیطه‌ها تا حد زیادی نشانگر مجموعه‌ای از عادات و واکنش‌هاست که با تلاش صحیح می‌توان آنها را بهبود بخشید.

نقش دو هوش عقلی و هیجانی در موفقیت انسان چیست؟

شاید تاکنون در مورد هوش عقلی بسیار شنیده باشید و در مورد مزایای آن زیاد گفته باشند. ولی درواقع، این هوش هیجانی است که می‌تواند هوش عقلی را به‌کار گیرد و در جهت مقصودش به پیش ببرد. بدون شک تعداد زیادی از تیزهوشان و افراد دارای بهره‌ی هوشی بالا هستند که زندگی موفقی دارند، اما عده‌ای از آنها هم هستند که با مشکلات بزرگی دست‌وپنجه نرم می‌کنند یا کارمندانی را دیده‌ایم که باهوشند، اما در محیط کار نمی‌توانیم با آنها کنار بیاییم یا آنها توان برقراری ارتباط سودمند با مدیر ارشد خود یا دیگر کارکنان را ندارند.

با دقت در نمونه‌هایی از اینگونه افراد مطمئن می‌شویم این افسانه که: ضریب هوشی بالا به‌تنهایی تضمین‌کننده‌ی سعادت فرد است، کم‌کم رنگ می‌بازد. دنیل گلمن، روانشناس معروف اینگونه استدلال می‌کند که موفقیت در کار و رسیدن به هدف‌های با ارزش زندگی نه با بهره‌ی هوشی بلکه، بیشتر با هوش هیجانی؛ یعنی توانایی شناخت و اداره‌ی هیجان‌های شخصی و سایر افراد مهمی که شخص با آنها در ارتباط است، بستگی دارد.

هنگامی که احساس خوبی داریم، دنیا را با عینک خوشبینی می‌بینیم و برعکس. عملکرد عاطفی بر کارکرد عصبی- روانشناختی فرد نیز تأثیر می‌گذارد. وقتی خوش‌خلق هستیم، خاطرات خوب را به‌یاد می‌آوریم و وقتی افسرده هستیم، خاطرات بد اتوماتیک‌وار به ذهن وارد می‌شوند.

هر چقدر هوش هیجانی فردی بالاتر باشد، به نقش و تأثیر عواطف بر کنش‌ها و رفتارهایش آگاه‌تر است و سعی می‌کند متناسب با موقعیت، بهترین عاطفه را در خود ایجاد کند تا بهترین نوع تفکر و حل مسأله را انجام دهد. فردی که EQ بالا دارد، می‌داند که چگونه تأثیر منفی هیجانات را بر تفکر خود اصلاح کند.

با توجه به اهمیت بسیار زیاد هوش عاطفی یا هوش هیجانی در خودمدیریتی و مدیریت برند شخصی بیشتر به آن پرداختم. اما هوش بعدی طبق فرمول هوش مدیریتی، هوش تدبیری است،

من نمی‌خواهم از ترجمه‌ی Political یا سیاسی استفاده کنم که با سیاست به معنای عام اشتباه نشود. در حقیقت هوش تدبیری، کیاست داشتن است.

کیاست به معنای هر سخن جایی و هر نکته مکانی دارد، می‌باشد. کسی که هوش تدبیری بالایی دارد، می‌داند که اینکه می‌گوییم در هر شرایطی حرف حق را باید گفت، غلط است. گاهی یک نصیحت درست وقتی در جمع به فردی گفته می‌شود، سبب خرد کردن فرد می‌شود.

حتی شعف بیجا نشان دادن در معامله گاهی سبب می‌شود که امتیازات لازم برای قدرت چانه‌زنی را از دست بدهیم، وقتی با شور و علاقه در همان ابتدا از اینکه آن ملک یا اتومبیل و... را پسندیده‌ایم و می‌گوییم حتماً این را می‌خواهم، در عمل کفه‌ی ترازو را به سمت طرف مقابل سنگین کرده‌ایم.

هوش بعدی، هوش جسمی یا هوش فیزیکی است که تأکید دارد مواظب سلامت جسمتان باشید. تأکید می‌کنم که ظاهر بدنی مناسب و خوش‌هیکلی خیلی در تصویر ساخته‌شده‌ی ما در روح و روان مخاطبان هدف مؤثر است، همان‌قدر که آراستگی لباس مهم است، خوش‌فرمی و فیزیک بدن هم مهم است.

ضمن اینکه یادمان باشد جسم ظرف است و روح مظروف، هرچقدر ظرف شکیل‌تر و زیباتر و روفرم‌تر باشد، روح که مظروف آن است شادابتر خواهد بود. پس مواظب سلامت جسم خود باشید. هر شش‌ماه یک بار از پزشکتان بخواهید که آزمایش‌های معمول نظیر قند، تری‌گلیسیرید، اوره و... را برایتان بنویسد. ورزش کنید تا شاداب باشید.

البته ممکن است افراد دارای معلولیت یا برخی ناتوانی‌های جسمی باشند، اما معلولیت محدودیت نیست بلکه، می‌تواند تجسم اراده باشد. "معلولیت"، واژه‌ای است که بیشتر در ذهن ما به معنای یک ناتوانی معنی می‌شود و می‌تواند مشکلاتی را برای فرد معلول ایجاد کند، اما معلولان سرتاسر دنیا، بارها این را به اثبات رسانده‌اند که معلولیت، محدودیت نیست. به‌طور مثال، بتهوون یکی از بزرگترین آهنگسازان تاریخ است. او اولین اجرای عمومی‌اش را به‌عنوان پیانیست در ۸ سالگی انجام داد! او در وین تحت نظارت و راهنمایی موتزارت تحصیل کرد و در اواسط دهه‌ی دوم زندگی‌اش، به‌عنوان پیانیستی با بداهه‌پردازی‌های پیش‌بینی‌ناپذیر و خارق‌العاده، برای خودش نام و نشانی دست‌وپا کرد.

در سال ۱۷۹۶ شنوایی بتهوون کم‌کم تحلیل رفت، اما او به‌رغم بیماری، خود را غرق در کارش کرد و چند شاهکار موسیقایی خلق نمود. بهترین آثار بتهوون که به‌نوبه‌ی خود بهترین آثار موسیقایی در تاریخ نیز هستند، در ۲۵ سال پایان زندگی‌اش و در ناشنوایی کامل ساخته شده‌اند. در تاریخ خودمان نیز نویسندگان و شاعران و بزرگان زیادی زیسته‌اند که تأثیر بسزایی را از خود به جای گذاشته‌اند. به‌طور مثال، رودکی یکی از شاعرانی است که با توجه به اینکه نابینا بوده است، به نحوی با زبان هنری خویش شعر را می‌سروده است که هر خواننده‌ی بینایی می‌توانسته محیط شاعر را تخیل کند.

هر فرد معلولی حق دارد که مساوی با دیگران به موجودیت فردی، جسمی و ذهنی‌اش احترام گذاشته

شود، موارد زیادی داشته‌ایم که افراد معلول جسمی الگوی زمان خویش می‌شوند.

برای خودسازی در راستای مدیریت برند شخصی باید مواظب باشیم با کار بیش از اندازه، بدن خود را فرسوده نکنیم (اعتراف می‌کنم در این زمینه من تا حدی عالم بی‌عمل بوده‌ام). یک تکنیک ایتالیایی به‌نام پومودور می‌گوید؛ برای مدیریت زمان به ازای هر بیست‌وپنج دقیقه کار، پنج دقیقه استراحت کنید، تا جسمتان فرسوده نشود. بر طبق این روش، بهترین تکه‌ی زمانی برای کار کردن بیست‌وپنج دقیقه است که برابر است با مدت‌زمان لازم برای درست کردن سس پومودور که یک سس گوجه‌فرنگی سنتی ایتالیایی است، فرد پس از بیست‌وپنج دقیقه کار باید برای مدت کوتاهی بین سه تا پنج دقیقه استراحت کند.

در این فن، هر بازه‌ی زمانی بیست‌وپنج دقیقه‌ای یک پومودور نامیده می‌شود و پس از چهار پومودور یک استراحت طولانی‌تر حدود پانزده تا بیست دقیقه وجود دارد.

پومودور پنج مرحله‌ی ساده دارد که عبارتند از:

- تصمیم‌گیری برای کاری که می‌خواهید انجام دهید.
- تنظیم زمان پومودور (حدود بیست‌وپنج دقیقه)
- شروع به انجام کار تا زمان سرآمدن زمان تعیین‌شده.
- یک استراحت کوتاه پنج‌دقیقه‌ای حداکثر
- طی کردن این چرخه تا به اتمام رسیدن کار (بعد از هر چهار دور، یک استراحت بلندمدت حدود پانزده تا بیست دقیقه).

هوش بعدی، هوش معنوی است که حاکی از صداقت، امانتداری، دست‌پاکی، دل‌پاکی، چشم‌پاکی و نظایر آن است. این هوش در میزان ساخت و مدیریت اعتماد دیگران بر فرد نقش اساسی دارد.

هوش معنوی، به عبارتی هوش شایسته‌ی کاری از ابعاد فطرت پاک انسانی است. هوش انسان بودن، هوش دزدی نکردن، هوش کم‌فروشی نکردن.

عصاره و جوهره‌ی برند، نیکی است. و معنویت با نیکی نسبت مستقیم دارد، فردی که هوش معنوی بالایی دارد کم‌کاری نمی‌کند، کم‌فروشی نمی‌کند، کار دیگران را همانند کار خودش می‌داند، چنان فعالیت و دلسوزی می‌کند که انگار برای شخص خودش در تکاپو است. بدیهی است صدای رفتار از صدای گفتار بلندتر است. دیگران اینها را می‌بینند و ثمراتش به خود فرد برمی‌گردد؛ چون با هر عمل نیک، آجری بر آجرهای دیوار بنای برند خود می‌گذارد.

و در نهایت هوش فرهنگی است که به شناخت ما از فرهنگ افراد مختلف و اقدام به آنها حکایت دارد. فرهنگ، خصوصیات و رفتارهای مشترک در بین یک قوم یا جامعه است، یادمان باشد همه‌ی فرهنگها قابل احترام هستند. احترام به خرده‌فرهنگها برای حس خوب آنها از شما مورد تأیید است.

کسی که می‌خواهد برند شخصی بزرگی شود، اهمیت هوش فرهنگی را درک می‌کند. چه‌بسا فردی در یکی از خرده‌فرهنگهای کشورمان انسان موفقی بوده است، اما برای زندگی و کاروکسب به استان دیگری رفته است که فرهنگ متفاوتی دارند و ایشان با همان آموزه‌هایی که موفقیت گذشته‌اش را رقم زده است، خواسته است در فضای جدید و فرهنگ جدید عمل کند که متأسفانه جواب خوبی نگرفته است. هر چقدر وسعت عمل شما وسیعتر می‌شود، اهمیت درک و پذیرش تفاوتهای فرهنگی بیشتر می‌شود.

هیچ‌وقت سعی نکنید که به دیگران اثبات کنید فرهنگ غنی‌تر و سطح بالاتری نسبت به آنها دارید ما باید فرهنگها را بپذیریم، به آنها احترام بگذاریم و با منش و عملکرد خودمان الگوی رفتاری دیگران باشیم.

جامعیت‌نگری بین ابعاد مختلفِ هوش مدیریتی شامل هوش عقلی، هوش عاطفی (هیجانی)، هوش تدبیری، هوش جسمی، هوش معنوی و هوش فرهنگی لازمه‌ی موفقیت فرد و پذیرش و مقبولیت شخصیت او در نزد دیگران و در نتیجه شکل‌گیری برند شخصی اوست. هوش مدیریتی، در حقیقت هوش زندگی است که اجزای مختلف دارد و هرکس که از آنها به‌درستی و با جامعیت‌نگری بهره بگیرد، مسیر برندسازی شخصی خود را هموار می‌سازد.

تکنیک خودآگاهی در مدیریت برند شخصی

تکنیک خودآگاهی در رابطه با شناخت خود است. بنابراین، باید به این نکته توجه داشت که چقدر خود را می‌شناسم، تیپ شخصیتی من چیست؟ نقاط قوت و ضعف من چیست؟

برای شناخت تیپهای شخصیتی، مدلها و الگوهای بسیاری وجود دارد، که مدل تیپهای شخصیتی MBTI، ۳۴ تم شخصیتی، تیپهای شخصیتی درونگرا و برونگرا، مدل دیسک و مدل انیاگرام در زمره‌ی این الگوها قرار دارند.

مدل انیاگرام در خودآگاهی

روند زندگی آدمی با این فکر (یا توهم) می‌گذرد که می‌تواند تمامی افکار، عواطف و رفتارهایش را انتخاب کند. واقعیت این است که ذهن ما در اکثر مواقع، بدون توجه به خواسته‌ی درونی‌ای که داریم به‌صورت پایلوت عمل می‌کند و رفتاری تکراری را بارها و بارها انجام می‌دهد.

انیاگرام پنجره‌ای به سوی عادات فکری، رفتاری و احساسی فرد باز می‌کند. نتیجه این است که هرچه بیشتر بدانیم، کمتر دچار روند تکراری ذهن خود می‌شویم.

در ادامه ۵ دلیل برای ضرورت یادگیری انیاگرام را با هم مطالعه می‌کنیم:

۱- می‌توانید خود را از تله رها سازید

مقدار زیادی از چیزهایی که ما به‌عنوان نقاط ضعف، قوت یا ویژگیهای شخصیتی خود می‌شناسیم، نتیجه‌ی تجارب شخصی نیستند؛ مواردی مانند بی‌انگیزگی، یکدنده بودن و... مثالهایی از این قبیل هستند. ما اینگونه برنامه‌ریزی شده‌ایم. این مطلب بدین‌معنا است که ما نیازی نداریم تا وقت و انرژی خود را صرف چرایی رفتارهای خود و اصلاح آنها کنیم. انیاگرام میان‌بری به خودآگاهی ما است.

میان‌بری اثرگذار و قوی.

۲- افراد دیگر کمتر موجب اعصاب‌خوردی شما می‌شوند

حتی اگر نوع تیپ شخصیتی فردی را نتوانید تشخیص دهید، دانستن این امر که دیدگاه و رفتارهای هر نوع از افراد با دیگری بسیار متفاوت است، بسیار کارآمد خواهد بود. آگاهی از انیاگرام باعث می‌شود تا انتظار عوض شدن از فردی را نداشته باشیم. بدانیم که هر فرد با دیگری متفاوت است. اگر بتوانیم تیپ شخصیتی افراد را تشخیص دهیم، دارای مزیت آشنایی با نوع افکار آنها خواهیم بود. ارتباط برقرار کردن با افراد از طریق دانش انیاگرام بسیار ساده‌تر خواهد بود.

۳- بالاخره از تقلا می توانید دست بکشید

تا به حال حس کرده‌اید که نیرویی منفی و ناشناخته کنترل زندگی‌تان را در اختیار گرفته و بارها باعث شکست یا به‌دست آوردن نتایج تکراری برایتان شده است؟ اگر اینطور است، انیاگرام راه‌حل شما خواهد بود. انیاگرام توضیح می‌دهد که آدمی از ریشه چطور رفتار می‌کند و راه‌حلهای بسیاری برای رفتار در موقعیتهای مختلف ارائه می‌کند. اگر سعی بر بهبود یا اصلاح رفتارهای شخصیتی خود دارید، دانستن تیپ شخصیتی انیاگرام خود ضروری خواهد بود.

۴- شما باهوشتر عمل می کنید و حافظه‌ی قویتری خواهید داشت، در نتیجه مغزتان سالمتر خواهد ماند

یادگیری انیاگرام به درصد بهره‌ی هوش شما ممکن است اضافه نکند، اما مغز شما در چالشها و شرایط سخت انعطاف‌پذیرتر و راحت‌تر عمل خواهد کرد.

یادگیری یک مطلب جدید درواقع از نظر فیزیکی نه تنها بر ارتباطات عصبی مغز شما اثر می‌گذارد بلکه، راههای ارتباطی جدیدی تولید می‌کند. مهم نیست چندساله هستید، این یکی از اصلی‌ترین راهها برای تقویت حافظه است. این ارتباطات عصبی در مغز ما می‌تواند بر رفتار، افکار و احساسات ما تأثیر بگذارد. شما قطعاً با یادگیری انیاگرام می‌توانید بر این عصبها تأثیر بگذارید.

۵- این همان چیزی است که به دنبالش هستید

در یک سطح از روانشناختی، انیاگرام ابزاری کارآمد و عالی برای کسی است که تصمیم به تغییر الگوی رفتاری قدیم خود دارد.

در سطوح بین‌فردی، انیاگرام می‌تواند به بهبود روابط احساسی یا خانوادگی و حتی دوستانه‌ی شما کمک کند. در کار نیز موجب می‌شود روابط بهتری با همکاران خود داشته باشید و خواسته‌های

مدیرتان را بهتر درک کنید.

با مطالعه‌ی انیاگرام شما نه‌تنها بر رفتار و اخلاقیات خود کنترل بیشتری دارید بلکه، در بازاریابی و برای تأثیرگذاری برروی مشتریان نیز می‌توانید از آن استفاده کنید. با بررسی رفتارها و تمایلات مشتریان به‌راحتی می‌توان از این مبحث استفاده کرد.

بسیاری از ما تمایل داریم آگاهی خود را بالا ببریم، اما نمی‌توانیم در ارتباط با همه‌چیز آگاهانه عمل کنیم. انیاگرام ما را در مسیری پیش می‌برد که این امکان را به ما می‌دهد تا تصمیم بگیریم چطور عمل کنیم.

در نهایت، می‌توان گفت از آنجا که مدل‌های ذهنی انسان‌ها پیچیده عمل می‌کنند، انیاگرام راهی کوتاه برای شناخت و آگاهی از خود است.

می‌توان گفت مدل انیاگرام در طی پانزده سال گذشته جزو بهترین و دقیق‌ترین سنجش‌ها بوده است که انتشارات بازاریابی نیز در زمره‌ی پیش‌قراولان انتشار نوشتارها و کتاب‌های تحقیقی در زمینه‌ی انیاگرام در ایران به‌شمار می‌رود، اما نحوه‌ی آشنایی من با انیاگرام، فکر می‌کنم حدود سال ۱۳۸۳ یا ۱۳۸۴ بود. برایان تریسی برای اولین بار به ایران آمده بود و استقبال بسیار خوبی از این سخنران بزرگ انگیزشی در مجتمع اریکه ایرانیان (محل برگزاری سخنرانی‌های ایشان) شده بود. آن‌موقع هنوز انتشارات بازاریابی متولد نشده بود، اما با سرمایه‌گذاری TMBA، کتاب‌های من از سوی انتشارات وزین رسا با مدیریت استاد ناجیان عزیز چاپ می‌شد.

همکاران‌م غرفه‌ای در جلوی در ورودی سالن سخنرانی برایان تریسی داشتند و کتاب‌ها و مجله‌ی توسعه مهندسی بازار را به شیفتگان مباحث مدیریت و بازاریابی معرفی می‌کردند. وقتی برای سرکشی به غرفه رفتم، گفتند خانمی دوسه بار مراجعه کرده‌اند و می‌خواهند شما را ببینند. در حین گپ و گفت‌وگو بودیم که مجدداً آمدند. اولین بار خانم دکتر دلبر نیروشک را آنجا دیدم. گفتند انیاگرام تدریس می‌کنند. اولین بار این واژه را در آنجا شنیدم.

دکتر نیروشک آمدند و یک سخنرانی حدوداً دوساعته در جمع هیأت‌علمی آموزشی TMBA داشتند که بسیار عالی بود. در آن جلسه آقایان دکتر رضا اکبری اصل، دکترعلیرضا شریفی، دکتر محمدحسین غوثی، و جمع دیگری از اساتید حضور داشتند. سپس با واسطه‌ی دکتر اکبری اصل با دکتر کوروش معدلی آشنا شدیم.

شخصاً خیلی از ایشان یاد گرفتم و در حوزه‌ی انیاگرام خودم را شاگرد ایشان می‌دانم. با فراگیری این مبحث جذاب و کاربردی و زدن تست‌های مربوطه خصوصاً تست ریزو-هادسون متوجه شدم من یک تیپ هشتی با بال‌های هفت و نه هستم که به آن مستقل می‌گویند. من چالشگر، متکی به خود، قاطع، سلطه‌گر و جنگجو هستم، پس باید نقاط قوت خودم را پرورش دهم و کاستی‌ها و نقاط ضعف خودم را مدیریت کنم. من در کنار پی بردن به تیپ شخصیتی خودم می‌بایست با یادگیری رفتاری،

خودم را مدیریت کنم. من تیپ هشتی‌ام، پرورش‌دهنده و کمک‌رسان که آسایش دیگران هم مورد علاقه‌ام هست. من احساسات خودم را به‌راحتی ابراز می‌کنم و محبت و صمیمت را از دیگران دریافت می‌کنم. استعداد خشم بسیار بالایی دارم و اگر مواظب نباشم سریع جوش می‌آورم. فهمیدم اگر مواظب نباشم، از ترس متکی بودن به دیگران، روابطم را با آنها خدشه‌دار می‌کنم. پس یاد گرفتم اعتماد بیشتری بکنم و به جای یک محیط پر از تنش، محیطی تعاملی و مناسب برای همکاری در خانواده‌ی کاری‌ام فراهم کنم.

من با یادگیری انیاگرام، سه نقطه‌ضعف اساسی خودم را پیدا کردم و در این سالها سعی کرده‌ام آنها را با رفتار مدیریت کنم. اولی همان‌طور که گفتم این است که استعداد خشم و درجه‌ی عصبانی شدنم بالاست. من بسیار مسئولیت‌پذیر و مسئولیت‌خواه هستم؛ بدین‌رو اگر اطرافیانم اینطور نباشند، بشدت ناراحت شده و آن را بروز می‌دهم. موارد بسیاری بوده است که کارفرما بموقع پرداختهایش را در قرارداد مشاوره انجام می‌داده است، اما چون در اجرای تصمیمات تعلل می‌کرده یا ملاحظاتی را رعایت می‌کرده است که من قبول نداشته‌ام، قرارداد را فسخ کرده‌ام. الان هم در راستای برند شخصی‌ام وقتی می‌بینم جایی نتیجه نمی‌گیریم و علت اساسی و مانع بزرگ شخص مالک و مدیریت ارشد است، آنجا را ترک می‌کنم. اما نسبت به قبل کنترلم بر خودم بسیار بیشتر شده است و عصبانیت و خشم خودم را کنترل می‌کنم.

کاستی دوم، این است که من بیش از حد کارشیفته هستم، گاهی در کار و پرداختن به آن آنقدر افراط کرده‌ام که می‌دانم خانواده‌ام با بزرگی تمام آن را تحمل کرده‌اند. خیلی از موارد در مراسمها و میهمانیها کنارشان نبوده‌ام، بسیاری از سفرها همراهی‌شان نکرده‌ام. اعتراف می‌کنم در کار، برند شخصی بزرگی شدم، اما هزینه‌ی بسیاری از آن را خانواده‌ام دارند. به شما پیشنهاد می‌کنم توصیه‌ی بلانچارد در مورد تعادل بین کار و زندگی شخصی یا همان ترازوی زندگی را جدی بگیرید. الان چند سالی است که بیشتر مراعات می‌کنم، ولی هنوز برای نقطه‌ی مطلوب تعادل باید بیشتر تأمل و دقت کنم. اما کاستی سوم که خیلی در رفع آن تلاش کرده‌ام، این است که از همکارانم انتظار داشتم مثل من کار کنند، مثل من وقت بگذارند و مثل من مسئولیت‌پذیر باشند، این اشتباه ما است، باید انتظاراتمان از دیگران را معقول کنیم تا آرامش بیشتری داشته باشیم.

من کارآفرین هستم و خوشحال می‌شوم از اینکه به کارآفرینهای دیگر که تمایل به رشد و پیشرفت داشته باشند، کمک کنم. فهمیدم برای همین از شغل مشاوره‌ی کاروکسب خیلی لذت می‌برم و وقتی شرکتی موفق می‌شود، این احساس را دارم که شرکت خودم موفق شده است. از رقابت لذت می‌برم و مواظب هستم که حتماً نوع رقابت جوانمردانه باشد. از آموزش و یاد گرفتن دیگران لذت می‌برم، خصوصا مباحث انیاگرام که سبب می‌شود انسانها خودشان را بهتر و بیشتر بشناسند و می‌دانم خودشناسی و دگرشناسی سبب تعامل بیشتر و تعارض کمتری می‌شود و زمینه‌سازی چگونگی بهتر

با هم بودن و ساختن تیم و خانواده‌ی کاری، مهیا می‌شود.

من می‌دانم هشت‌ها به این دلیل اینجا هستند که همه‌چیز را در مورد قدرت و سرزندگی به ما یاد می‌دهند. هشت‌ها متکی به خود و تصمیم‌گیر هستند و تمایل دارند نیازهای خودشان را با جسور بودن به‌دست بیاورند. هشت‌ها با اتکا به انرژی شکمی خود می‌خواهند احساس کنند به چه کسی و چه چیزی می‌توانند به‌صورت واقعی اعتماد کنند.

هشت‌ها زمانی که باور می‌کنند آنها باید فشار بیاورند و تقلا کنند تا باعث اتفاق افتادن امور بشوند و زندگی یک کارزار دائمی است، به مشکل می‌افتند. یادگیری کنار آمدن با موقعیتها بدون اقتدار افراطی موضوع سترگی برای هشت‌ها محسوب می‌شود. هشت‌ها می‌توانند همیشه به حس خود از فهم اینکه آنها خیلی دور افتاده‌اند و چه زمانی آنها باید عقب‌نشینی کنند، اعتماد کنند و اجازه دهند چیزها همان‌طور که هستند، باشند.

آنها زمانی که در تماس با آسیب‌پذیری خودشان باشند و عشق و لطافتی را که همیشه در قلب قدرت واقعی وجود دارد، لمس کنند و توسعه پیدا می‌کنند. تیپ هشت بخشی از انسانیت من است که به سمتی جهت‌گیری شده است که من را قوی بار می‌آورد و در زندگی قدرتمندم می‌کند.

آن، جایی است که انرژی از آن ساطع شده و باعث می‌شود که من زندگی را قدرتمندانه به پیش ببرم. تیپ هشت فردی است که برای او این چیزها مرکزیت و محوریت دارد. آنها افرادی هستند که اقدام‌محور و عملگرا هستند و باعث می‌شوند کارها اتفاق بیفتند. هشت‌ها حس قوی از خودشان دارند، باورهای قدرتمندی دارند، خواسته‌هایشان را در حد و اندازه‌های بزرگ دوست دارند. جنبه‌های چالش‌برانگیز هشت‌ها این است که به خودمان اجازه می‌دهیم آسیب‌پذیری را تجربه کنیم. در حقیقت هشت‌ها قلبهای بزرگی دارند، اما سخت به کسی اطمینان می‌کنند که قلبشان را تسخیر کند.

من می‌دانم هیچ تیپ شخصیتی بر تیپ دیگر ارجحیت ندارد و ما برای داشتن سازمانهای موفق و جامعه‌ای بالنده‌تر نیاز به تمام تیپهای شخصیتی داریم؛ چون هر یک ویژگیهای مثبتی دارند که با مدیریت کردن کاستیهای خودشان می‌توانند بخشی از پازل توسعه‌یافتگی را کامل کنند.

من فهمیدم تیپ شخصیتی با انسان خوب بودن یا بد بودن رابطه‌ای ندارد. هر تیپی می‌تواند یک انسان به سمت فرشته بودن باشد یا یک انسان به سمت شیطان بودن باشد، من می‌دانم بشر ترکیبی است از خیر و شر.

نه خیر مطلق داریم که در این‌صورت فرد معصوم است و نه شر مطلق بلکه، همه‌ی انسانها ترکیبی از خیر و شر هستند، مهم این است که تلاش کنیم برای خود، خانواده و جامعه خیر بیشتری داشته باشیم. یاد گرفتم هیچ دو تیپ شخصیتی نیستند که شبیه به هم باشند بلکه، با عنایت به بال‌شان و اینکه در کدام یک از لایه‌های سالم، متوسط و ناسالم باشند، می‌توانند حالات مختلفی را بروز دهند.

پس همان‌طور که با هفت نت موسیقی می‌توانیم بی‌نهایت آهنگ بسازیم یا با ۳۲ حرف الفبا بی‌نهایت

کلمه بنویسیم، با همین نُه الگو می‌توانیم تیپهای شخصیتی زیادی داشته باشیم. اما اگر از ۹ تیپ صحبت می‌کنیم، در واقع با یک دسته‌بندی می‌توانیم مشترکات و دسته‌بندیهایی را برای زندگی بهتر داشته باشیم. به شما توصیه می‌کنم کتابهای انیاگرام خصوصاً کتابهای منتشرشده در انتشارات بازاریابی را بخوانید و به تیپ شخصیتی خودتان پی ببرید، خودشناسی گام اول در مدیریت برند شخصی است.

البته به دلیل نوع کارم در مشاوره‌ی کاروکسب به این نتیجه رسیدم که بازاریابی کبوتری است که دو بال دارد به نامهای "ارتباطات"، و "روانشناسی". از این رو، در این حوزه‌ها نیز مطالعات خودم را پیش بردم و می‌توانم بگویم کتابهایی چون "نوروماركتینگ؛ نظریه و کاربرد"، و "مهارتهای ارتباط با مشتریان شاکی" که نگاهی بین‌رشته‌ای دارند، حاصل این مطالعات است و تقریباً در تمام کتابهایم شما ادویه و چاشنی روانشناسی و ارتباطات را در دستپخت بازاریابی می‌بینید.

در یکی از روزهای خوب خدا در همان سالها آقای جعفری از شرکت سبلان پارت ایرانیان (برند الدورا) تماس گرفتند و اظهار داشتند هیأت‌مدیره‌ی ما تمایل دارند جلسه‌ای با شما داشته باشند برای مشاوره‌ی بازاریابی و فروش. عرض کردم تا شش‌ماه آینده امکان پذیرش هیچ دستوری را ندارم و فعلاً خیلی گرفتار هستم و البته اصرار ایشان برای زمان زودتر بی‌فایده بود. من دیگر این تماس و نام این شرکت از ذهنم خارج شده بود که روزی تماسی برقرار شد و آقایی خودش را جعفری معرفی کرد و گفت امروز دقیقاً از تماس قبلی من شش‌ماه می‌گذرد. از دقت ایشان خوشم آمد و برای همان هفته جلسه‌ای با هیأت‌مدیره‌ی شرکتشان گذاشتیم. از اینکه چند مغازه‌دار فروشنده‌ی قطعات یدکی به این بصیرت رسیده‌اند که شرکتی در حوزه‌ی توزیع قطعات یدکی خودرو دایر کنند، خیلی خوشحال شدم و خیلی سریع توافقات صورت گرفت و جلسات هفتگی مشاوره به هیأت‌مدیره، سازمان فروش، آموزش، و... شروع شد و در ادامه‌ی کار مشاوره مقرر شد مدیر توسعه‌بازار استخدام کنیم. آقای عباسیان را خودم مصاحبه کردم و انصافاً ایشان نقش بسیار زیادی در توسعه‌بازار الدورا و برندهای دیگر گروه سبلان پارت ایرانیان داشتند. اولین همایش را در اهواز گذاشتیم و این رابطه که دیگر از باب مشاوره به دوستی عمیق رسیده است، سالهاست که ادامه دارد.

خوشبختانه دوستان هیأت‌مدیره که خود اساتید دانشگاه بازار هستند، به مباحث آموزش بازاریابی و فروش خیلی علاقه‌مند شدند و در یکی از دوره‌های مدیریت توسعه‌بازار که حدود دویست‌وپنجاه ساعت بود و آن موقع از سوی TMBA در مؤسسه‌ی آموزشی کشتیرانی برگزار می‌شد (آن زمان هنوز آموزشگاه بازارسازان شکل نگرفته بود)، آقای واعظی (مدیرعامل سبلان پارت ایرانیان) هم حضور پیدا کردند و البته در کنار سایر مباحث بازاریابی با انیاگرام هم بیشتر آشنا شدند. خوشحالی‌ام از این بود که آقای واعظی به‌صورت جدی این موضوع را پیگیری می‌کردند و از سطح دانش به مهارت سطح بالایی در این حوزه رسیدند.

به‌واقع اگر کسی انیاگرام را بخوبی یاد بگیرد، از بسیاری از محدودیتها خلاص می‌شود. همان‌طور

که در آموزش زبان بدن می‌گوییم ما زبان بدن را یاد می‌گیریم تا پیش و بیش از آنکه زبان بدن دیگران را تفسیر کنیم، بتوانیم زبان بدن خودمان را مدیریت کنیم. با یادگیری انیاگرام و پی بردن به تیپ شخصیتی اصلی خویش، و بالهای آن و لایه‌های نُه‌گانه، به دانایی دست می‌یابیم که ارتباطمان با خود و دیگران به نحو شایسته‌ای شکل می‌گیرد.

روزی آقای واعظی گفتند قصد دارند در این حوزه پژوهش داشته باشند و کتابی ارائه کنند. با شناختی که از این دانش‌آموخته‌ی زبان و ادبیات فارسی و مسلط به انگلیسی و دیدگاه مدیریتی ایشان داشتم، خیلی خوشحال شدم. جعفر واعظی که شاگرد دکتر شفیعی کدکنی است، با یک پیشینه‌ی پژوهشی قابل تحسین به گردآوری مطالب در حوزه‌ی انیاگرام پرداخته است و با ترجمه و تألیف چند کتاب ارزشمند خدمتی ارزنده در این حوزه کرده است.

با مطالعه‌ی کتابهای ایشان با تیپهای شخصیتی آشنا می‌شوید و شناخت بهتری از خود پیدا می‌کنید. در لاتین "انیا" به معنای عدد "نه" است و "گرام"، "شخصیت". در انیاگرام بیان می‌شود انسانها از نظر شخصیتی به نه دسته تقسیم می‌شوند که تحت عنوان تیپهای نه‌گانه بیان می‌شود.

این تیپها عبارتند از تیپهای: عالی‌طلب، مهرطلب، موفقیت‌طلب، هنرطلب، دانش‌طلب، عدالت‌طلب، تنوع‌طلب، قدرت‌طلب (یا رهبر) و صلح‌طلب است.

جدول ذیل خلاصه‌ای از ویژگیهای هر تیپ شخصیتی را نشان می‌دهد و سپس به بررسی مشخصات اصلی و مفاهیم ضمنی این تیپ‌شناسی در بازاریابی می‌پردازد.

تیپ شخصیتی	ویژگیها	گرایش مدیریتی	نقاط قوت	نقاط ضعف
تیپ ۱: کمال‌گرا، عالی‌طلب	واقع‌گرا، منطقی، معلمی مبادی اصول و مایل به انضباط شخصی، استقلال‌طلب، عدم بروز احساسات ظاهری	مدیریت کتابی، رعایت استانداردهای بالا، دقیق و نکته‌بین، تمایل به ساختارها و قوانین پیش‌بینی‌شده	واقع‌بین و عینی، آرمان‌گرا، معقول، پرکار و سختکوش، از نظر اخلاق بسیار قوی‌اند، افرادی وقت‌شناس و خوش‌قول	بی‌تاب و کم‌تحمل، وسواس در عمل، ترس از اشتباه، تفکر صفر و یک (فکر می‌کنند که فقط یک راه صحیح وجود دارد)، تنبیه‌گر
تیپ ۲: مهرطلب، یاری‌گر، ایثارگر، ناصح، مغرور	بی‌چشمداشت خدمت می‌کند، نوع‌دوست، تسلی بخش	مبلّغی خوب، مدیریت با تشویق و تحسین، رهبری دلسوزانه، جذب افراد قدرتمند می‌شوند و مایلند یار نزدیک یک فرد صاحب قدرت باشند	همدل، دارای هنر خوب گوش کردن، آرامش‌بخش، مهربان، مشوّقی خوب	برای تأیید دیگران نیازهای خود را نادیده می‌گیرد، احساس قربانی شدن دارد، نیاز به دیده شدن و تأیید دارد، از طرد شدن می‌ترسد، بسیار حساس است، عدم توانایی "نه" گفتن

تیپ۳: موفقیت‌طلب انگیزش‌گر، اهل عمل، فریبکار و بازیگر	دقیق و موشکاف، معیار و نمونه‌ای تمام‌عیار، از خود مطمئن	افراط در مدیریت و تنش‌آفرین، جاه‌طلب، وظیفه‌محور، معتقد به شایسته‌سالاری، مستبد و مستقل، ریاست‌طلب، هویتش را با سازمانش می‌شناسد، همواره به فکر برنده شدن در موقعیتهای رقابتی، و پول، پرستیژ و رفاه است، از شکست بیزار است و مدیریت در سایه می‌کند.	روابط‌عمومی عالی امتیازگیری قوی، سازگارپذیری و انعطاف، بلندهمت و جاه‌طلب، عمل‌گرا	کم‌وفا، نباید کسی بهتر از آنها باشد، دورو و فریبکار به ویژه در مسائل احساسی، فرصت‌طلب و حزب بادی، کینه‌جو، خود را همه‌چیزدان و عقل‌کل می‌داند.
تیپ ۴: هنرمند، فردگرا، رمانتیک، نوآور، افسرده	درونگرا، خلاق و الهام‌بخش، خودآگاه، حساس و باهوش، زیبایی‌شناسی قهار	وظیفه‌محور، معتقد به شایسته‌سالاری، مستقل، توجه زیاد به همدردی و تشویق و نیازمند توجه، آنچه در دسترس است را بی‌ارزش می‌داند و آنچه به‌دست آوردنش سخت است را می‌خواهد.	خلاقیت و سلیقه‌ی بالا، شنونده‌ای خوب، توانا در کاهش آلام دیگران	افسرده‌مزاج و منفی‌باف، اغراق در احساسات، حسود، دمدمی، خودآزار
تیپ ۵: دانش‌طلب، کنجکاو متفکر، مشاهده‌گر، محقق و خردمند، گوشه‌گیر	در مشاهده سرآمد است، حساس و باهوش، بسیار درونگرا، بسیار مطلع	فلسفه‌گرا، بسیار مطلع و دانا، ایزوله و منفعل از سایرین، بیزار از محیطهای کاری توأم با رقابت و چالش، از تحمیل متنفر است	متفکر و کم‌حرف، اهل مشارکت، عالی گوش می‌دهد، کتابخوانی حرفه‌ای، دوستدار یادگیری، کم‌توقع	گوشه‌گیر و کناره‌گیر از جمع، خطر فقدان اعتمادبه‌نفس، بسیار محافظه‌کار، خسیس در بروز اطلاعات و در مسائل مالی
تیپ ۶: عدالت‌طلب، وفادار، شریک، امنیت‌خواه، شکاک	کارآمد در موقعیتهای اجتماعی، میل به عدالت، حامی مظلومان، وفاخو	تمایل به داشتن کاری مشخص و سیستم سلسله‌مراتبی، بیزار از جنگ و جدل و رقابت، حمایتگر و شریک، ترس از پست و فعالیت و تمایل به کارمندی، افرادی وظیفه‌شناس، ترس از خطر، به‌جای عمل، بیشتر فکر می‌کند	مشارکت و همکاری با سایرین، قابل اطمینان و وفادار، گروه‌گرایی و پرهیز از تکروی	مشکوک، زودرنج، بشدت ریسک‌گریز، منفی‌باف، ترسو

تکنیک خودآگاهی در مدیریت برند شخصی ۷۳

تیپ ۷: خوشگذران تنوع‌طلب، آینده‌گرا، شهودی، بی‌ثبات و شکم‌پرست	مشوق، دلسوز، خلاق، خوش‌مشرب، اما دارای غم پنهان، پیوسته در حال برنامه‌ریزی برای آینده، روحیه‌ی ابدی جوانی	چالش‌طلب، بیزاری از شکست، ریسک‌پذیر، بیزار از کارهای روتین، برنامه‌ریز، تمایل به اشتراک اطلاعات، خواهان اختیارات نامحدود، چندکاره، مدیریت شبکه‌ای	شاد و دارای روحیه‌ی طنز، پرتحرک، توانایی بالای ذهنی، پرکار، نمک‌شناس و قدردان، مشتاق	اهل افراط و تفریط، بی‌تعهد و بیزار از قید و بند، انکار نکات منفی، پرخور، اهل مکررکاری، اهل اسراف و زیاده‌خواهی
تیپ ۸: قدرت‌طلب،مبارز، رهبر، رئیس، سلطه‌گر، خشمگین	قدرت‌طلب، دارای اعتمادبه‌نفس بالا، سازنده، قهرمانی بلندنظر، با شهامت	مستقل و گاهی مستبد، رک و بی‌پرده، ریسک‌پذیر، تقابل‌گرا، اهل مشاجره، تمایل به مطلع شدن از عقاید دیگران، تمایل به کاروکسب مستقل، سلطه‌گر، مسئولیت‌پذیر و قاطع، قدرت اجرایی بالا، آنها می‌اندیشند که قدرتمندان صاحب همه‌چیز و لایق احترامند و ضعفا ناتوان هستند	شجاع و پردل و جرأت، تلاش در جهت احقاق حقوق دیگران، ظاهر سخت ولی درون نرم، تاب‌آوری بالا	بیزاری از اصول و قانون شکن، بسیار سخت عذرخواهی می‌کند، خشن و گاهی ظالم، به‌سختی به دیگران اعتماد می‌کند، شهوت‌ران، عدم توجه به نیازهای عاطفی و ضعیف شمردن آنها
تیپ ۹: صلح آفرین، میانجی، دیپلمات، تنبل	صلح‌آفرین، پشتیبان، پذیرنده و شنوا، نیازهای دیگران را بهتر از نیازهای خود می‌شناسند	یک مشاور و میانجی خوب، گرایش به اشتراک و همکاری جمعی، بیزار از جنگ و جدل، میانه‌ای با تغییر ندارد، در تصمیم‌گیری خوب عمل نمی‌کند	حفظ‌کننده‌ی آرامش به هر قیمتی، خوش‌بیان، دید آسان به زندگی، همدرد، قانع، روابط‌عمومی بالا	موافقت در همه‌چیز و همه‌حال، عدم قطعیت در تصمیم‌گیری، تنبل، نه گفتن برایش دشوار است، وسواس فکری دارد، انتخابگری نمی‌داند، به امور جزئی و حاشیه‌ای بیش از امور مهم می‌پردازند

در کتابهای انیاگرام تستهای سنجش تیپ شخصیتی آمده‌اند، اما از آنجایی که پر کردن این تستها زمانبر است و منطقی نیست برای ارتباط با هر مشتری یا هر کدام از کارکنان خود از آنها استفاده کنید، متخصصین انیاگرام تیپهای شخصیتی را به سه دسته‌ی کلی تقسیم کرده اند: تیپهای حرکتی، ذهنی، و احساسی. اگر بر این مدلها مسلط باشیم، تجربه‌ی خوبی برای ارتباط با افراد و تشخیص تیپ شخصیتی خواهیم داشت.

تیپهای حرکتی شامل سه تیپ ۸، ۹ و ۱ (تیپهای صلح‌طلب، قدرت‌طلب و عالی‌طلب) می‌شوند. کسانی که تیپ حرکتی هستند، ویژگیهای تقریباً مشترکی دارند. هرچند با هم تفاوتهایی دارند، اما ویژگیهای مشترکی دارند. این دسته از افراد به‌طورکلی عجول هستند، جدی و پرکار هستند، فرمانده هستند، نتیجه‌گرا هستند، به زمان مقید هستند، مستعد خشم هستند، مسئولیت‌پذیر و مسئولیت‌خواه هستند، به این معنی که تمایل دارند مسئولیتی را برعهده بگیرند تا به نحو احسن انجام دهند. ناظم و نظم‌دهنده‌های ماهری هستند.

در واقع هرکدام از تیپهای شخصیتی در کنار هم ویژگیهای مثبتی دارند که اصطلاحاً به آنها نقاط قابل بهبود می‌گویند. نقاط قابل بهبود با یادگیریهای رفتاری مدیریت خواهند شد و با رفتار می‌توان ایرادات تیپهای حرکتی را اصلاح کرد. برای مثال، از ایرادات تیپهای حرکتی می‌توان به کار زیاد اشاره کرد. کار زیاد تا زمانی مناسب است که فرد برای سازمان شما در تعادل کار می‌کند، اما این مسأله ممکن است منجر به اعتیاد در کار شود، در این‌صورت روابط فرد با پرسنل، افراد خانواده و دوستانش دچار مشکل می‌شود؛ زیرا تمرکز او تنها بر کار خود است و حد تعادلی را رعایت نمی‌کند. پس اولین توصیه این است که فرد باید مواظب ترازوی زندگی خود باشد. یک‌طرف این ترازو کار و طرف دیگر روابط شما و مسئولیتهای اجتماعی است. دومین توصیه نیز این است که بدانند مقداری که از کار خود لذت می‌برند، ملاکی برای مقایسه‌ی خود با دیگران نیست. به عبارتی، انتظار نداشته باشند از نظر کارشیفتگی دیگران هم شبیه آنها باشند. سومین نکته نیز که بسیار هم مهم است، مدیریت خشم است. به دلیل اینکه خشم تیپهای حرکتی می‌تواند بسیار باشد، پرخاش بیجا ممکن است مشکلاتی ایجاد کند.

تیپهای احساسی شامل تیپهای ۲، ۳ و ۴ هستند. این تیپ معمولاً افرادی مهربان، صمیمی و بااستعداد غم هستند که به دلیل احساساتی بودن، زودرنج هستند. این افراد معمولاً برای پستهای اجتماعی مانند فروش مددکارانه مناسب هستند. اما ضعف آنها در چیست؟ در مرحله‌ی اول این دسته از افراد می‌بایست غم و احساسات خود را کنترل کنند. برای مثال، اگر همکار یا خانواده‌ی او در قبال کاری قدردانی نکردند، حمل بر بی‌توجهی یا بی‌اهمیتی آنها نیست بلکه، ممکن است به‌سادگی فراموش کرده باشند. دوم اینکه، ایثار خود را مدیریت کنند و سوم اینکه "نه" گفتن بسته به شرایط را یاد بگیرند. تیپهای احساسی ممکن است گاهی کارهایی را برعهده بگیرند که از پس آن برنمی‌آیند و ممکن است به هنگام انجام، فشار و استرس زیادی متحمل شوند.

تیپهای احساسی و حرکتی، برونگرا هستند. نوع سوم، تیپهای ذهنی هستند. تیپهای ذهنی که معمولاً درونگرا هم هستند، به کارهای فردی علاقه دارند و معمولاً روابط عمومی‌شان عالی نیست. عموماً آنها تمایل به کارهای حسابرسی، علوم آزمایشگاهی و بازرسی و امثالهم دارند؛ زیرا تمرکز و دقت بالایی دارند. همان‌طور که صفت مشخصه‌ی تیپهای حرکتی، خشم، و صفت مشخصه‌ی تیپهای

احساسی، غم است، صفت مشخصه‌ی تیپهای ذهنی هم ترس می‌باشد. آنها نسبت به آینده نگران هستند، برای همین درجه‌ی احتیاطشان در تصمیم‌گیری بالا و سرعت تصمیم‌گیریشان پایین است. این افراد باید احساس ترس را رفته‌رفته در خود کم کنند، اما نه در حدی که بی‌مهابا بتوانند ریسک کنند.

دومین مسأله‌ای که باید به آن پرداخته شود، روابط اجتماعی است و لازم است تمرین برونگرایی و ایجاد روابط اجتماعی داشته باشند. سومین توصیه نیز این است که در کارهای تیمی فعالیت بیشتری داشته باشند.

حال این شناختها چگونه بر کاروکسب ما تأثیر خواهد گذاشت؟ برای مثال، تیپهای حرکتی در جلسات تمایل به بررسی موضوع اصلی دارند و کمتر برای حاشیه‌ها زمان می‌گذارند، اما تیپهای احساسی تمایل به گپ‌وگفت اولیه‌ای دارند. از طرفی تیپهای ذهنی محافظه‌کار هستند و نیاز به مدارک و اسناد برای معرفی و اعتماد دارند. در ادامه بررسی دقیقتری از تیپهای نه‌گانه در انیاگرام خواهیم داشت.

مدل درونگرایی- برونگرایی در مدیریت برند شخصی

از نظر یونگ، چیزی که این دو گروه را از هم متمایز می‌کند، این است که درونگراها از تعاملات اجتماعی خسته می‌شوند، درحالی‌که برونگراها وقتی تنها می‌مانند، مضطرب می‌شوند. درونگراها برای شارژ شدن مجدد به‌تنهایی نیاز دارند، درحالی‌که برونگراها از بودن در جمع است که انرژی می‌گیرند. درونگراها از زمانی که به اندیشه و تأمل در خلوت و آرامش می‌پردازند انرژی می‌گیرند، و برونگراها از فعل و انفعالات با دیگران، درحالی‌که میان‌گراها انعطاف‌پذیرترند.

	درونگرایی	برونگرایی
حل مسأله	تمایل به پردازش درونی اطلاعات، خطور کردن بهترین راه‌حلها به هنگام سکوت و تنهایی، نیاز به افزایش دانش و آگاهی قبل از بحث درباره‌ی مشکل موردنظر	تمایل به با صدای بلند فکر کردن، خطور کردن بهترین راه‌حلها به ذهن در هنگام حرف زدن، نادیده گرفتن نظرات دیگران، علاقه به شرکت در بحثهای گروهی به‌منظور حل مشکل
ارتباطات	ترجیح دادن ایمیل و پیامهای صوتی، اجتناب از تعاملات غیرضروری، عدم علاقه به هدر دادن وقت با بحث و گفت‌وگو، تمایل به فکر کردن قبل از عمل، عدم علاقه به جلسات و ملاقاتهای طولانی‌مدت، جستجو برای یافتن فرصتهایی برای تنهایی و سکوت	ترجیح ارتباط رودررو در صورت امکان، تمایل به دیدن واکنشها و رفتارهای غیرکلامی، نیاز به بازخورد فوری، عدم علاقه به نوشتن خاطرات روزانه یا ایمیلهای طولانی، جستجو برای یافتن فرصتهایی به‌منظور گفت‌وگو و فعالیتهای اجتماعی
تصمیم‌گیری	تصمیم‌گیری مستقل و بدون دخالت دیگران برایشان خوشایندتر است، نیاز داشتن به زمان قبل از شروع فعالیت	دریافت اطلاعات از دیگران قبل از تصمیم‌گیری تمایل به سریع عمل کردن در موقع بحرانی

	درونگرایی	برونگرایی
تعاملات بین‌فردی	احساس تخلیه‌ی انرژی به‌واسطه‌ی تعاملات زیادی، اجتماعی و نیاز به‌تنهایی برای نیرو گرفتن دوباره، بودجه‌بندی دقیق، زمان مخصوص به دیگران	انرژی گرفتن از تعامل با دیگران و احساس تخلیه‌ی انرژی به‌واسطه‌ی تحمل تنهایی به‌مدت طولانی، داشتن دوستان و آشنایان زیاد
توجه و تمرکز	تمرکز زیاد روی افکار و نظرات درونی، اغلب مشغول گفت‌وگوی درونی بودن، لذت بردن از تمرکز در سکوت بر یک موضوع، ناراحت شدن از عوامل مزاحم	تمرکز زیاد روی افراد و اشیای دور و بر، ناتوانی در تمرکز به هنگام سکوت، خسته شدن از اجبار به نشستن و توجه طولانی‌مدت به یک شیء یا موضوع، اهمیت ندادن به عوامل مزاحم
نقاط قوت طبیعی	آرام کردن افراد و گروهها، ارزیابی موقعیت قبل از عمل کردن، گوش کردن به نظرات دیگران، مستقل عمل کردن	انرژی دادن به افراد و گروهها، توانایی سریع عکس‌العمل نشان دادن، به‌وجود آمدن احساس شور و هیجان، آشنا کردن افراد به یکدیگر
نقاط ضعف طبیعی	ناتوانی از درمیان گذاشتن افکارشان با دیگران، مشورت نگرفتن از دیگران، تأکید بیش از حد بر نوشتن، فکر کردن خیلی زیاد قبل از اقدام به عمل	ندادن فضا به دیگران برای صحبت کردن، توجه نکردن به اطلاعات دیگران، ننوشتن درباره‌ی مشکلات، واکنش نشان دادن قبل از فکر کردن
چگونه باعث آزار دیگران می‌شوند	با ناتوانی در ابراز عقاید، شرکت نکردن در بحثها یا واکنش نشان ندادن نسبت به حرفهای دیگران	با صحبت کردن و جلب‌توجه زیاد و اجازه ندادن به دیگران برای مطرح کردن خود در جمع
سوءتعبیر دیگران در مورد آنها	ممکن است دیگران به اشتباه آنها را افرادی کناره‌گیر، خجالتی و غیرصمیمی تلقی کنند.	شاید دیگران آنها را افرادی خودخواه که برای دیگران ارزشی قائل نیستند، تصور کنند.

در مجموع، آدمی از ویژگیهای شخصیتی گوناگونی برخوردار است، که همین تفاوت در خصوصیات و خلق‌وخوی افراد موجب می‌شود که آنها در موقعیتی مشابه رفتارهای متفاوتی از خود بروز دهند. "درونگرایی" و "برونگرایی"، از جمله خصوصیات شخصیتی بشر هستند که بر جنبه‌های مختلف حیات او تأثیرگذارند. البته شخصیت انسان را می‌توان از ابعاد مختلف مورد توجه و دسته‌بندی قرار داد، اما درونگرایی و برونگرایی برحسب شیوه‌ی ارتباط با سایرین مشخص می‌شود. به‌طور مشخص درونگرایی رفتاری توأم با دیدگاه ذهنی است و افراد درونگرا بیشتر از برونگرایان می‌توانند بر خود مسلط باشند و زمان خود را صرف فعالیتهای ذهنی کنند.

گاه به غلط چنین تصور می‌شود که افراد درونگرا جایی در دنیای پرهیاهو و پویای کاروکسب ندارند. حال آنکه درونگرایان قادرند به مهارتها و نقاط قوتی دست یابند که احتمالاً دیگران از آن بی‌بهره باشند. بسیاری از مدیران کارآمد اعتراف می‌کنند که درونگرا هستند، هرچند که در ظاهر این گفته موجب حیرت شود. افرادی مثل وارن بافت، سرمایه‌گذار مطرح، بیل‌گیتس، و کاترین گراهام از

جمله مدیران درونگرای برجسته هستند که توانسته‌اند جوهره‌ی درونگرایانه‌ی خویش را در راستای اهداف برونگرایانه‌ی خود شکوفا کنند.

سوزان کین، نویسنده‌ی کتاب "سکوت: قدرت درونگرایان در دنیایی که از حرف زدن بازنمی‌ایستد"، در یکی از سخنرانیهای جالب‌توجه خود می‌گوید، "فرهنگ عمومی کاروکسب معمولاً طرفدار کارکنانی است که بلندبلند صحبت می‌کنند، و اغلب قدرت درونگراهایی را که البته در جامعه هم بسیارند، دست‌کم می‌گیریم. حال آنکه این گروه از افراد تمام تصمیماتی که می‌گیرند، با دقت سبک و سنگین می‌کنند و به جوانب مختلف آن فکر می‌کنند. و همین ویژگیها می‌تواند مدیری شایسته از آنها بسازد. در واقع آنها انسانهایی خوش‌قلب هستند و مغزی متفکر دارند، به قول نلسون ماندلا، "یک مغز خوب و یک قلب خوب، همواره ترکیبی شکست‌ناپذیرند". به درونگرایی به‌عنوان یک دارایی ارزشمند نگاه کنید؛ زیرا درونگرایان افردای خود-اتکا هستند و این بزرگترین دارایی آنها بویژه در عرصه‌ی کاروکسب است. درونگرایان افردی هستند که منبع قدرتشان بیرونی نیست و انسانهایی خود ساخته‌اند. چنین ویژگیهایی اهمیت آنها را به اثبات می‌رساند.

بسیاری از ما به غلط فکر می‌کنیم که درونگرایان الزاماً افرادی کم‌حرف، مردم‌هراس ،گوشه‌گیر و خجالتی هستند، حال آنکه این تصورات افسانه‌ای بیش نیستند. شالوده‌ی موفقیت افراد درونگرا به موارد بسیاری از جمله ژرف‌نگری، مثبت‌اندیشی، آرامش‌پراکنی و قدرت زبان بدن آنها متکی است.

با این‌حال روانشناسان می‌گویند بیشتر افراد میان‌گرا (امبی‌ورت) هستند؛ یعنی رفتارهای هر دو شخصیت را از خود بروز می‌دهند. میخاییل سزیکسنت، روانشناس روسی گزارش داده بود که آن دسته از بیمارانش که هنرمند بودند، در زندگی‌شان بین دو حالت برونگرایی و درونگرایی نوسان می‌کنند، زمانی دوست دارند در میان انبوه جمعیت باشند و زمانی هم در هنگام برگزاری یک مراسم، بیشتر ترجیح می‌دهند در گوشه‌ای بنشینند و از دور مراسم را ببینند:

- آنها در تنهایی و در موقعیتهای اجتماعی به یک اندازه احساس راحتی می‌کنند.
- آنها نه بیش از حد بیانگرند و نه زیاد تودار و محتاط.
- آنها می‌دانند چه زمانی گوش دهند و چه زمانی حرف بزنند.

وقتی زندگی آدمهای خیلی خلاق را ورق می‌زنیم، آنها رگه‌هایی از برونگرایی و درونگرایی را در کنار هم دارند. برونگراهایی را می‌بینیم که تنهایی جزئی جدایی‌ناپذیر از زندگی‌شان است. داروین تنها در جنگل پیاده‌رویهای طولانی می‌کرد و دعوتهای شام را قویاً رد می‌کرد. تیودور گیسل، معروف به دکتر سوس، بسیاری از دستاوردهای شگفت‌انگیزش را در اتاقی تنها در برجی در پشت خانه‌اش در لهولای کالیفرنیا خلق کرد.

استیو وزنیاک، اولین کامپیوتر اپل را اختراع کرد، درحالی‌که در چهاردیواری خودش در هیولت‌پکارد،

جایی که آن زمان در آن کار می‌کرد، نشسته بود، او گفته است که هرگز چنین متخصصی در زمینه‌ی کارش نمی‌شد، اگر او اینقدر درونگرا نبود که یا وقتی که داشت بزرگ می‌شد، خانه را ترک می‌کرد.

درونگرایی و برونگرایی شکلی از بروز شخصیت هستند. بسیاری از امور مرتبط با ما در گذر زمان تغییر می‌کنند، اما شخصیت ما ثابت است.

بروس‌لی، زمانی گفت که "همواره خودت باش، خود را ابراز کن، به خود ایمان داشته باش، و به دنبال شخصیت موفقی در بیرون از خود نباش که دنبالش بروی و از او تقلید کنی".

همه‌ی ما در یک نقطه‌ای از طیف درونگرا/برونگرا قرار داریم، کارل یونگ، روانشناسی که اولین بار این اصطلاح را وضع کرد، گفت که چیزی مثل یک درونگرای کامل یا یک برونگرای کامل وجود ندارد، بعضی آدمها سرراست، وسط طیف درونگرا/برونگرا هستند، و ما به این آدمها میانه‌رو می‌گوییم و من اغلب فکر می‌کنم که آنها بهترین وضعیت روحی در دنیا را دارند، ولی خیلی از ما خودمان را درونگرا یا برونگرا می‌دانیم.

آدام گرنت در تحقیق خود دریافت که به دوسوم افراد نمی‌توان برچسب صددرصدی درونگرا یا برونگرا زد. این افراد یا بهتر بگوییم اغلب ما در میانه‌ی طیف هستیم و به قول روانشناسان امبی‌ورت هستیم. امبی‌ورت‌ها آدمهای خوشبخت‌تری هستند؛ چرا که بسته به شرایط عمل می‌کنند. آنها با سهولت بیشتر، عمق بیشتر و با گستره‌ی متنوعتری از سایرین با دیگران ارتباط می‌گیرند.

تحقیقات گرنت همچنین نشان داد که به‌رغم باور رایج، فروشندگان موفق برونگرا نیستند. او دریافت که انعطاف‌پذیری اجتماعی بالاتر امبی‌ورت‌ها آنها را بر دیگران مسلط می‌کند و مهمتر آنکه از آنها فروشنده‌ای بهتر می‌سازد.

گرنت، یافته‌های خود را اینگونه تشریح می‌کند:

"از آنجا که امبی‌ورت‌ها به شکل طبیعی و ماهوی در الگویی انعطاف‌پذیر از گفت‌وشنود شراکت دارند، اشتیاق و پشتکار بیشتری در اقناع مخاطبان و خاتمه‌ی فروش از خود به خرج می‌دهند، به‌علاوه بیشتر و بهتر می‌توانند علایق مشتری را بشنوند و کمتر هیجان‌زده می‌شوند".

در مغز امبی‌ورت‌ها چه می‌گذرد

اجتماعی بودن ما به میزان ترشح دوپامین وابسته است. دوپامین در هسته‌ی تمایلات جنسی و نیازهای حیاتی است و دوپامین است که انگیزه‌ی لازم را برای انجام هر کاری در ما ایجاد می‌کند. حتی به اعتقاد بسیاری، دوپامین مسئول عشق و احساسات است. این مکانیزم در مرکز پاداش مغز بدوی، میلیونها سال است که آنجا قرار گرفته و تغییر نکرده است.

دوپامین هورمون احساس خوب است. گفته می‌شود افراد برونگرا نسبت به درونگرایان دارای دوپامین فعالتری هستند، اما تمام ما دارای سطوح متفاوتی از تحریک توسط دوپامین را در قسمت

نئوکورتکس مغز خود تجربه می‌کنیم. بخشی از مغز که جایگاه عملکردهای ذهنی نظیر زبان و تفکر آگاه است. افرادی که بیشتر تحریک می‌شوند، درون‌گراترند چرا که آنها سعی دارند تا از هر گونه محرک اجتماعی بیش از حد که ممکن است احساس ناخوشایند و اضطراب نصیبشان کند، دوری می‌کنند و در مقابل افرادی که سطوح پایین‌تری از محرک دارند، برون‌گرا هستند. تحریک پایین موجب ایجاد حس کسالت در برون‌گرایان می‌شود و به همین دلیل آنها به دنبال محرک‌های اجتماعی برای تجربه‌ی احساس خوب هستند.

آیا شما هم میانه‌رو هستید؟

یک تحقیق معروف و فراگیر در سال ۲۰۱۳ نشان داد در میان نمایندگی‌های مراکز تماس برون‌مرزی، میان‌گراها موفق‌ترین فروشنده‌ها بوده‌اند. در یک تست شخصیتی، آنهایی که امتیازشان دقیقاً بین برون‌گرایی و درون‌گرایی بود، در مقایسه با درآمد متوسط در تمام گروه‌ها، درآمد بیشتری کسب کرده بودند.

درست مثل این است که این افراد دوزبانه‌اند، آنها طیف گسترده‌تری از مهارت‌ها را دارا هستند و با طیف بیشتری از اشخاص می‌توانند ارتباط برقرار کنند، درست مانند کسی که می‌تواند به انگلیسی و اسپانیایی صحبت کند. با افزایش آگاهی خود در خصوص تیپ شخصیتی‌تان می‌توانید تمایلات خود را شناسایی کنید و روی نقاط قوت‌تان مانور دهید. اگر در مورد میانه‌رو بودنتان تردید دارید، در خصوص جملات زیر بیندیشید. اگر بیشتر آنها را در زندگی روزمره‌ی خود احساس می‌کنید، پس شما نیز در زمره‌ی امبی‌ورت‌ها هستید:

۱- من می‌توانم وظایف را به‌صورت فردی یا گروهی انجام دهم. و هیچ‌کدام را بر دیگری ترجیح نمی‌دهم.

۲- شرایط اجتماعی آرامش من را بهم نمی‌ریزد، اما از اینکه مدام دور و بر دیگران باشم، خسته می‌شوم.

۳- در مرکز توجه بودن برایم جالب است، اما علاقه ندارم این شرایط ادامه یابد.

۴- از نظر برخی مردم من فرد آرامی هستم، حال آنکه دیگران فکر می‌کنند کاملاً اجتماعی هستم.

۵- همیشه نیاز به جنب‌وجوش ندارم، اما بی‌تحرکی بیش از حد موجب ایجاد کسالت در من می‌شود.

۶- می‌توانم به همان اندازه که در افکارم غرق می‌شوم، خود را در گپ‌وگفت‌ها درگیر سازم.

۷- صحبت‌های کوتاه آرامش من را به هم نمی‌زنند، اما حوصله‌ام را سر می‌برند.

۸- وقتی نوبت به اعتماد به دیگران می‌رسد، گاهی من شکاک هستم، اما گاه به دیگران باور

دارم.

۹- اگر مدت زیادی را در تنهایی به‌سر برم، کسل می‌شوم، اما شلوغی زیاد هم خسته‌ام می‌کند.

میانه‌روها شخصیت سازش‌پذیرتری دارند و به همین واسطه این عامل به آنها توانایی موفقیت بیشتر در زندگی شخصی و یا در محل کارشان را می‌دهد. بسته به شرایط و موقعیت، آنها قادرند محتاطانه‌تر یا خوش‌برخوردتر و بازتر رفتار کنند؛ به جای اینکه باور داشته باشند محدود به رفتارهای مشخصی هستند. درک نوع تیپ شخصیتی به ما کمک می‌کند تا به خودآگاهی بیشتری دست‌یافته و هوش هیجانی‌مان را ارتقا دهیم.

من هم یک امبی‌ورت هستم، در روی سن سخنرانی، از جمعیت انرژی می‌گیرم هر چقدر جمعیت سالن بیشتر باشد، شور و حرارت من برای سخنرانی کردن بیشتر می‌شود. در جلسات بسیار فعال هستم و خوب می‌شنوم، تجزیه‌وتحلیل می‌کنم و با زبان ساده و هماهنگ با سطح سواد مخاطبان هدف نظراتم را می‌گویم.

در رادیو و تلویزیون برنامه‌های زیادی دارم، در انجمنهای حرفه‌ای بسیار فعال هستم، اما در مقابل در اکثر اوقات از میهمانیهای فامیلی فراری هستم، نه به این دلیل که قیافه می‌گیرم و فخر می‌فروشم بلکه، به این دلیل که صحبت‌هایی که در این دورهمی‌ها می‌شود و حد آرزوهای افراد و نوع مشغله‌هایشان آزارم می‌دهد، در این زمانها ترجیح می‌دهم تنها باشم، کتاب بخوانم و مطلب بنویسم، گاهی ساعتها در غار تنهایی خودم می‌مانم و از یادگیری حاصل از آن زمانها لذت می‌برم. من سعی می‌کنم به تناسب شرایط، برونگرا یا درونگرا باشم. مهمترین دغدغه‌ام در پایان شب و هنگام خواب این است که امروز چه یاد گرفتم؟ چه یاد دادم؟ چقدر مفید بودم؟ و… و البته اینها گاهی آزارم می‌دهد، من یک امبی‌ورت هستم، اما می‌دانم برای داشتن برند شخصی مناسب می‌بایست به‌صورت پیوسته نقاط قوتم را پرورش دهم و از نقاط کاستی‌ام بکاهم.

مدل بیگ فایو در خودآگاهی برای مدیریت برند شخصی:

در روانشناسی، مدل پنج عاملی شخصیت (5M) یک آزمون تجربی برای اندازه‌گیری متغیرهای شخصیت است.

بر اساس این مدل، شخصیت از پنج بُعد اصلی تشکیل شده است که عبارتند از: روان‌رنجوری یا ثبات احساسی، برونگرایی، سازگاری یا توافق، استقبال از تجربه و وظیفه‌شناسی[1].

پال کاستا جونیور به همراه رابرت آر. مک‌کری در دهه‌ی ۸۰ میلادی آزمونی با نام NEO-I را

---

1. Https://fa.wikipedia.org

ابداع کردند که سه عامل از پنج عامل بزرگ شخصیت را می‌سنجید. سپس در ۱۹۸۵ میلادی، با اضافه کردن دو عامل دیگر، تست (NEO PI: NEO Personality Inventory) را برای سنجش پنج عاملی شخصیت منتشر کردند.

ارکان تست پنج عاملی

روان‌رنجوری و ثبات احساسی (N): این بعد به توانایی فرد در تحمل محرک‌های استرس و عوامل تنش‌زا اشاره دارد.

این عامل خود ۶ زیرمجموعه دارد که عبارتند از:

- **اضطراب:** این عامل میزان نگرانی را در هر فرد نشان می‌دهد که آیا همیشه مضطرب هستند یا آرامش خیال دارند.
- **خشم:** تجربه‌ی متعدد خشم و میزان خشمگین شدن عامل اصلی در این مورد می‌باشد.
- **افسردگی:** افرادی که به‌راحتی احساس تنهایی می‌کنند و غم و اندوه وجودشان را فرا می‌گیرد از این دسته هستند.
- **شرم:** دستپاچه بودن و احساس شرم از دیگران
- **تکانشگری:** واکنش در برابر رفتار دیگران چگونه است؟
- **آسیب‌پذیری به استرس:** کاهش توانایی‌ها در برابر شرایط پراسترس

برون‌گرایی (E)

- صمیمیت
- جمع‌گرایی
- قاطعیت
- فعالیت
- هیجان‌خواهی
- هیجان مثبت

گشودگی و استقبال از تجربه (O)

- تخیل
- زیباپسندی
- احساسات
- اعمال
- عقاید

- ارزشها

توافق و انعطاف‌پذیری

- اعتماد
- رک‌گویی
- نوع‌دوستی
- همراهی
- تواضع
- دل‌رحمی

وجدانی بودن و وظیفه‌شناسی (C)

- کفایت
- نظم و ترتیب
- وظیفه‌شناسی
- تلاش برای موفقیت
- خویشتنداری
- احتیاط در تصمیم‌گیری

مدل بیگ فایو در کتاب رفتار سازمانی رابینز نیز ارائه شده است. این مدل در مرحله‌ی اول بررسی می‌کند که فرد چقدر آمادگی پذیرش نظرات دیگران را دارد. دومین ویژگی این مدل، این است که قدرت برونگرایی خود را متوجه می‌شوید و درمی‌یابید که برای جایگاه مدیریت تا چه اندازه روابط برونگرایی دارید. سومین مساله، آگاهی است. آگاهی از خود و شرایط. چهارمین مساله، ثبات است. پنجمین مساله نیز قدرت انعطاف‌پذیری است. برای مثال، در شرایط کنونی و با توجه به بحرانهای پیش‌آمده، می‌توان راههای جدیدی برای ادامه دادن انتخاب کرد. قدرت انعطاف‌پذیری به همین معنی است. در هر شرایطی که هستید، بهترین کار ممکن را انجام دهید.

مدل باکینگهام و کلیفتون در خودآگاهی برای مدیریت برند شخصی

در کنار آزمونهای فوق، آزمون شناخت تواناییها[1] هم وجود دارد که در طول سالهای گذشته بخش مهمی از دوره‌های شناخت تواناییها بوده است.

1. Strengths Finder

این آزمون بر اساس تحقیق مؤسسه‌ی گالوپ شکل گرفته[1] و تم‌های توانایی "که گاهی با عنوان استعدادیاب کلیفتون شناخته می‌شود" هر فرد را در غالب ۳۴ تم معرفی می‌کند. تفاوت این آزمون نسبت به دیگر آزمونها این است که برمبنای رویکرد روانشناسی مثبت‌گرا تهیه شده است و بیشتر تمرکز آن بر شناخت نقاط قوت و استعدادها است.

این آزمون کمک می‌کند تا بتوانید درک بهتری از قابلیتهای خود داشته باشید و دلیل بسیاری از رفتارها و احساسهای تکراری در طول زندگی را دریابید. مدل باکینگهام و کلیفتون بیان می‌کند انسانها ۳۴ نقطه‌ی قوت باید داشته باشند.

۳۴ تم توانایی شامل موارد زیر است:

- تحلیلگر
- انعطاف‌پذیر
- فعال‌کننده
- برنامه‌ریزی
- ارتباط
- فرمان
- باور
- فراگیری
- زمینه
- عدالت
- متصل
- رقابت
- همدلی
- نظم
- پرورش دهنده
- دقیق و موشکاف
- ایده‌پرداز
- هماهنگی
- آینده‌گرایی
- تمرکز
- تفکر
- ورودی
- فردگرایی
- دربرگیرندگی
- رابط
- مثبت‌گرایی
- به حداکثر رساننده
- یادگیرنده
- اهمیت
- خودباوری
- احیاکننده
- مسئولیت‌پذیری
- دوست‌یاب
- راهبردی

موفقیت‌طلبی در هسته‌ی این مدل جا دارد. درست است که این مسائل تا حد زیادی بستگی به تیپهای شخصی دارد، اما در نهایت همه‌ی ما برای موفق بودن باید تلاش کنیم، چه یک آبدارچی، چه استاد، چه معلم. باید در هر زمینه‌ای که هستید موفق باشید.

فعال‌کنندگی یا آغازگری، دیگر عامل مهم در این مدل است. مبنی بر اینکه چه زمانی شروع کنیم. این مسأله دغدغه‌ی بیشتر افراد کارآفرین یا شروع‌کننده‌ی یک حرکت است که در نتیجه‌ی آن تعدادی از افراد را تحت تأثیر قرار می‌دهد، حال می‌خواهد یک مشتری باشد یا یک نوجو که با ارائه‌ی محصول جدید یا تغییر در شیوه‌ی عرضه شرایط محیطی جدیدی ایجاد می‌کند.

1. http://job.drtaftiyan.com/SC.php?type=component_sections&id=3&sid=3092

نقش مدیریت زمان در برندسازی و برندداری شخصی

زمان تنها دارایی تجدیدناپذیر بشریت است، مطالعه در احوالات انسانهایی که برند شخصی بزرگی شده‌اند، نشان می‌دهد که آنها برای زمان ارزش بالایی برخوردار بوده‌اند؛ چون آنها به کارشان و ارتباطاتشان عشق می‌ورزند؛ پس برای هر یک از ابعاد پنج‌گانه‌ی موفقیت برنامه‌ریزی زمانی می‌کنند. آنها نمی‌خواهند تک‌بعدی بالا بیایند. یکی از مهمترین تأکیدات من در این کتاب جامعیت‌نگری در ابعاد مختلف زندگی است؛ پس برای دستیابی به این مهم لازم است زمان را مدیریت کنیم. خوشبختانه در سالهای اخیر کتابهای ارزشمندی در حوزه‌ی مدیریت زمان منتشر شده است که توصیه می‌کنم مطالعه کنید، اما یکی از بهترین آموزه‌های مدیریت زمان، مدل آیزنهاور است.

می‌خواهیم بدانیم که: آیزنهاور خود چگونه فوریت و اهمیت امور را ارزیابی می‌کرده است؟ آیا حتی وقتی رئیس‌جمهور باشید نمی‌توان گفت که همه‌ی کارها برایتان فوری و مهم هستند؟ بله - اما درجاتی وجود دارد. ماری بوتزلوف، مسئول بایگانی در کتابخانه‌های ریاست‌جمهوری آیزنهاور و موزه‌ی ابیلین، تگزاس و کانزاس، به نوعی کارهای وی را تقسیم‌بندی کرده است:

- **فوری و مهم:** در سال ۱۹۵۷، آیزنهاور گارد ملی آرکانزاس را تشکیل داد و در بخشهایی از هوابرد ۱۰۱، به‌منظور تضمین ادغام دبیرستان آرکانزاس از آن استفاده کرد، بعد از اینکه فرماندار ایالتی brown v. board آموزش و پرورش را نقض کرد.
- **فوری اما بی‌اهمیت:** در سال ۱۹۵۳، آیزنهاور تصمیم به شکستن سنتها گرفت و از گذاشتن کلاه بلند در مراسم تحلیف خود خودداری کرد. بر طبق گفته‌ی بوتزلوف: "وی می‌بایست برای مراسم تحلیف تصمیماتی می‌گرفت، اما این امر در عین فوریت نسبتاً بی‌اهمیت بود".
- **مهم اما غیراضطراری:** در سال ۱۹۵۶، آیزنهاور لایحه‌ی قانون فدرال بزرگراهها را وارد قانون کرد. دوسال قبل از آن، او علناً "طرح بزرگ" برای ارتقای بزرگراههای امریکا را مطرح کرد. این ایده در سال ۱۹۱۹ به ذهن او خطور کرده بود، یعنی زمانی که به‌عنوان سرهنگ دوم در ارتش در مانور نظامی بین کشوری شرکت کرده بود. در طول آن سفر، او برای نخستین بار از نزدیک وضعیت بد جاده‌ها در ایالت متحده را مشاهده کرد.
- **نه مهم و نه اضطراری:** تصمیم‌گیری در رابطه با نامه‌ها و یادداشتهای واصله از سوی شهروندان نگران، در این دسته جای می‌گیرد. به گفته‌ی بوتزلوف "دهها هزار‌تا نامه به کاخ سفید ارسال می‌شد. کارکنان و زیردستان اغلب به اکثریت قریب‌به‌اتفاق آنها پاسخ می‌دادند، اما در مواردی یکی از آن نامه‌ها به دفتر وی می‌رفت و ممکن بود که او تصمیم بگیرد که پاسخ شخصی به آن نامه بدهد."

می‌توان با استفاده از ماتریس تصمیم‌گیری آیزنهاور، همه‌ی امور خود را بر اساس چهار احتمال از یکدیگر تفکیک کرد:

- فوری و مهم (کارهایی که باید فوراً و بی‌فوت‌وقت انجام شوند.)
- مهم اما غیراضطراری (کارهایی که می‌توان انجام یا تصمیم‌گیری در خصوص آنها را به بعد موکول کرد.)
- اضطراری، اما غیرمهم (کارهایی که می‌توان آنها را تفویض کرد)
- نه مهم، نه اضطراری (کارهایی که باید حذفشان کرد.)

درواقع افرادی که در خودسازی موفق هستند، انسانهایی سحرخیز و قدرتمند در مدیریت زمان هستند که هیچ‌گاه خودپاداش‌دهی را فراموش نمی‌کنند.

به‌نظر می‌رسد که زمانِ در اختیار، هیچ‌گاه کافی نباشد؛ چرا که در بسیاری اوقات انبوهی از کارها به دلیل کمبود زمان به وقت دیگری موکول می‌شوند. مدیریت زمان، شامل ابزارهای متعددی است که می‌توانند در تقویت این مهارت کلیدی سودمند باشد. به همین سبب آزمونی که در ادامه می‌بینیم

می‌کوشد تا با بهره‌گیری از شاخصها و ابزارهای مدیریت زمان، مهارت شما را در مدیریت زمان محک بزند. نتایج این آزمون و تفسیر آن، ضمن روشن کردن نقاط ضعف، تعدادی از ابزارهای مهم مدیریت زمان را تشریح می‌کند که این امر می‌تواند به بهره‌وری بیشینه در کار بینجامد.

مهارتهای مدیریت زمان خود را بسنجید

سؤالات ۱۵گانه‌ی آزمون مدیریت زمان	هرگز	بندرت	گاهی	اغلب	همیشه
۱- آیا وظایفی را که در طول روز انجام می‌دهید، پراهمیت‌ترین و نیز اولویت‌دارترین کارهایتان است؟					
۲- آیا کار را در دقیقه‌ی ۹۰ پایان می‌دهید و گاهی تقاضای وقت اضافه می‌کنید؟					
۳- آیا زمانی را برای برنامه‌ریزی و زمانبندی کنار می‌گذارید؟					
۴- آیا می‌دانید که چقدر زمان صرف کارهای مختلف می‌کنید؟					
۵- چقدر در کارتان وقفه می‌افتد؟					
۶- آیا برای تصمیم‌گیری در خصوص فعالیتهایتان هدفگذاری می‌کنید؟					
۷- آیا در برنامه‌ریزی خود زمانی را به امور پیش‌بینی‌نشده اختصاص می‌دهید؟					
۸- آیا در خصوص ارزش مواردی که روی آن کار می‌کنید (اعم از کم‌ارزش، ارزش متوسط، و پرارزش) مطلع هستید؟					
۹- آیا زمانی که کاری جدید به شما محول می‌شود، آن را به‌منظور شناسایی اهمیت و میزان اولویت تحلیل می‌کنید؟					
۱۰- آیا در خصوص مهلت اتمام یا تعهدات خود احساس تنش و فشار می‌کنید؟					
۱۱- آیا عوامل حواس‌پرتی اغلب شما را از انجام امور مهم و حیاتی بازمی‌دارند؟					
۱۲- آیا برای انجام امور محوله به خود، ناگزیر می‌شوید برای اتمام کار، آنها را با خود به منزل ببرید؟					
۱۳- آیا فهرست کارهایی که باید انجام دهید و یا برنامه‌ی عملیاتی خود را اولویت‌بندی می‌کنید؟					
۱۴- آیا مرتباً اولویتهای خود را با رئیستان تنظیم می‌کنید؟					
۱۵- آیا قبل از پذیرش یک کار، نسبت به ارزیابی هزینه - منفعت انجام آن کار به نسبت زمانی که صرف آن می‌کنید، اقدام می‌کنید؟					

مجموع نمرات:

برای محاسبه‌ی مجموع امتیازات خود، گزینه‌هایی را که علامت زده‌اید در چک‌لیست سایت https://www.mindtools.com/pages/article/newHTE_88.htm وارد کرده، و سپس با کلیک روی دکمه‌ی calculate my total امتیاز خود را محاسبه کنید.

تفسیر نمرات

نمره	تفسیر
۴۶-۷۵	اگر در این بازه نمره‌ای گرفته‌اید، نشان‌دهنده‌ی مهارت‌تان در مدیریت اثربخش زمان است.
۳۱-۴۵	در برخی ابزارهای مدیریت زمان مهارت خوبی دارید، اما همچنان جای پیشرفت وجود دارد. مواردی که در ادامه‌ی این جدول می‌خوانیم، می‌تواند به ما در مدیریت اثربخش‌تر زمان کمک شایانی کند.
۱۵-۳۰	هرچند نمره‌ی خوبی در زمینه‌ی مدیریت زمان نگرفته‌اید، اما دارای قابلیت‌ها و شایستگی‌های لازم برای پیشرفت در این زمینه هستید. مهارت در مدیریت زمان برابر است با موفقیت در امور شخصی و سازمانی؛ این مهم، ضرورت فراگیری ابزارهای مدیریت زمان را ایجاب می‌کند.

پس از تکمیل این آزمون، می‌توانید به نقاط قوت و نقاط ضعف خود در زمینه‌های مختلف مدیریت زمان واقف شوید. در ادامه، به مروری اجمالی پیرامون حوزه‌های کلیدی مدیریت زمان و ابزارهای متناسب آن می‌پردازیم.

● **هدف‌گذاری (سؤالات ۶، ۱۰، ۱۴، ۱۵)**

شروع یک مدیریت اثربخش روی منابع زمانی، نیازمند هدف‌گذاری دقیق است. زمانی که مقصد مشخص باشد، می‌توان ملزومات سفر را با دقت بیشتری انتخاب کرد و در نهایت به اهداف خود دست یافت. عدم هدف‌گذاری بویژه در بحث مدیریت زمان، موجب عارضه‌ی "سرگیجه‌ی اولویت‌ها" در افراد می‌شود. به این معنا که افراد در تعیین اولویت‌های خود به تناقضات فاحش می‌رسند. گاه متأسفانه به دلیل زمان‌بر بودن هدف‌گذاری، از این فرایند چشم‌پوشی می‌شود که صدمات جبران‌ناپذیری به‌بار خواهد آورد. حال آنکه هدف‌گذاری نوعی سرمایه‌گذاری زمانی است که موجب هم‌افزایی منابع می‌شود.

● **اولویت‌بندی (سؤالات ۱، ۴، ۸، ۹، ۱۳، ۱۴، ۱۵)**

عدم اولویت‌گذاری درست، موجب سخت‌کوشی بدون بهره‌وری لازم می‌شود و وقت و انرژی انسان را تلف می‌کند. از این رو، عدم اولویت‌بندی امور روزمره، ما را از رسیدن به نتایج مطلوب در زمان مناسب بازمی‌دارد.

به‌طور کلی، مدیریت زمان مبتنی بر سه اصل کلی هدف‌گذاری، تعیین اولویت‌ها، و رعایت این اولویت‌ها می‌شود. بنابراین، طبق یکی از نظریات، افراد باید تمام وقت خود را به‌عنوان زمان ازدست‌رفته محسوب

کنند، تا هر لحظه، بهره‌وری لازم را دریافت کنند. اولویت‌گذاری به نوعی، با مهارت تصمیم‌گیری و دورنگری افراد مرتبط است. از این رو، باید در این زمینه مهارت کسب کنیم.

چنانچه اولویت‌گذاری صحیحی صورت نپذیرد، زمان زیادی را صرف موضوعات کم‌اهمیت و جزئی می‌کنیم و این به معنای اتلاف‌وقت است. حال آنکه ارزش ثانیه‌ها حتی بیش از طلا و ثروت است. بهتر است یک فهرست بازبینی یا چک‌لیست با انعطاف بالا در خصوص امور روزمره‌ی خود تهیه کنید. و ترتیب آن را بر اساس اولویتهای کاری خود و شرایط موجود انجام دهید.

- **مدیریت بر وقفه‌ها (سؤالات ۵، ۹، ۱۱، ۱۲)**

مدیریت بر وقفه‌های کاری، از جمله اصول مدیریت اثربخش زمان است. کافی است برای چند روز کنترل کنید که چه کسانی بیشترین وقفه را در کار شما ایجاد می‌کنند و درخواست آنها تا چه حد ضروری بوده است. وقتی تعداد وقفه‌ها مثلاً در یک هفته را جمع‌آوری کردید، مؤدبانه اما محکم، همکارانتان را به مدیریت و کاهش وقفه‌ها دعوت کنید.

البته گاهی وقوع برخی کارهای ضروری و فوری، ایجاد وقفه را اجتناب‌ناپذیر می‌کند. بنابراین به جای تلاش به‌منظور انجام همزمان آن با کارهای دیگر، کاری را که در حال انجام آن هستید، متوقف کنید تا به این ترتیب هر دو کار را بخوبی به سرانجام رسانید. بدیهی است که نمی‌توان گفت که این وقفه‌ها چه موقع پیش می‌آیند، با این‌حال، با تعبیه‌ی فضاهای خالی در برنامه‌ی زمانبندی می‌توانید برنامه‌ی خود را منعطف کنید و به موضوعات مهم به‌طور موثر واکنش نشان دهید.

- **به تعویق اندازی (سؤالات ۳، ۷، ۱۲)**

"بعداً این کار را می‌کنم" جمله‌ای که بسیار آن را شنیده‌ایم؛ در حقیقت بیان چنین جملاتی نشانگر وجود عارضه‌ای به نام تعویق است که در رفتار و منش بسیاری از مدیران و نیز کارکنان به چشم می‌خورد. در حقیقت این بعداًها هرگز پیش نخواهد آمد و کارها همچنان روی هم تلنبار می‌شود، تا جایی که دیگر سخت بتوان از عهده‌ی آن برآمد. دلایل بسیاری برای بروز عارضه‌ی تعویق متصور است. از جمله ترس از شرکت و یا حتی ترس از موفقیت می‌تواند یکی از عوامل مهم به تعویق انداختن کارها تلقی شود. بهتر است که دلیل به تعویق انداختن کارهای خود را بدانیم و بعد به‌منظور ترک این عادت ناپسند اقدام کنیم. پاداش روانی حاصل از انجام بموقع کارها می‌تواند بهترین دلیل برای ترک این عادت باشد.

- **برنامه‌ریزی و زمانبندی (سؤالات ۳، ۷، ۱۲)**

بیشترین عامل موفقیت زمان وابسته به برنامه‌ریزی و زمانبندی اثربخشِ زمانِ در اختیار است. زمان، متغیری محدود بوده که بهره‌برداری بهینه از آن مستلزم اشراف بر اقتصاد زمان است. زمانی که

اهداف و اولویتها مشخص باشد، می‌توان نقشه راه را ترسیم و برای آن برنامه‌ریزی کرد و توشه‌ی لازم را برداشت. این امر به کاهش تنشهای کاری کمک می‌کند و درجه‌ی بهره‌وری را افزایش می‌دهد.

تأکید می‌کنم زمان کمیاب‌ترین و تجدیدنشدنی‌ترین منبع شما در مدیریت برند شخصی است؛ پس با بهره‌گیری از اقتصاد زمان، تخصیص بهینه‌ی وقت که منبع محدود شماست در راستای ارضای خواسته‌های نامحدود خودتان را در دنیای شلوغ رقابتی برنامه‌ریزی و اجرا کنید. با مدیریت زمان و دقیق بودن به دیگران اثبات کنید که می‌توانند روی قول شما حساب کنند. دیگران انسان منظم را دوست دارند و برای او اعتبار بیشتری قائل می‌شوند. برند، قول ارزشمند است به وعده‌هایی که می‌دهید کاملاً پایبند باشید، اگر به هر دلیلی کاری در زمانی که قول داده بودید انجام نشد، قبل از ساعت مقرر با فرد تماس بگیرید، صمیمانه عذرخواهی کنید و صادقانه دلیل عقب افتادن کار را توضیح دهید، نگذارید زمان بگذرد و خود فرد تماس بگیرد که در این حالت نشانه‌ی بی‌اهمیت بودن کار او از سوی شما تلقی خواهد شد. روزی یکی از مشتریانم گفت من ساعتم را با حضور شما تنظیم می‌کنم و این حس خوبی در من ایجاد کرد.

اهمیت و کارکرد تکنیک خودتنظیمی در مدیریت برند شخصی

تأکید می‌کنم ما لازم است ابتدا محتوای ارزشمند قابل عرضه‌ای داشته باشیم که سپس به زیبایی آراسته شده باشد و بعد با دقت و به‌نحو مطلوب به دیگران شناسانده شود؛ این رمز موفقیت در مدیریت برند شخصی است. پس فقط یک بسته‌بندی و آراستگی و زیبایی کفایت نمی‌کند، شاید برای جذب اولیه جواب دهد، اما بعد از اینکه محتوا نتواند فرد را راضی و خشنود کند، جواب معکوس گرفته می‌شود.

محتوای ارزشمند ⟵ آراستگی شایسته ⟵ شناساندن مطلوب

پس ابتدا باید روی مدیریت محتوای خود کار کنیم و برای همین به مبحث خودتنظیمی می‌رسیم. در این مبحث از مدیریت هوش عاطفی یا هیجانی استفاده می‌شود که در مقدمه‌ی کتاب بدان پرداخته شد. منظور از مدیریت هوش هیجانی یا کنترلی این است که فرد تا چه اندازه قادر به کنترل و مدیریت عواطف خود و دیگران است و از آنجایی که هوش عاطفی قابلیت اکتسابی دارد، در هر سنی افراد قادر هستند تا عواطف خود و دیگران را پرورش دهند و مدیریت کنند.

مغز ما به شکل ذاتی تمایل دارد که بخش زیادی از زندگی را برای خود سخت کند. این مورد زمانی که مغز با عدم قطعیت سروکار دارد، تشدید می‌شود و می‌تواند مسیر خودتنظیمی را مختل کند. خبر خوب این است که اگر تکنیک‌های درست را بدانیم، می‌توانیم بر تمایلات غیرمنطقی مغز غلبه کنیم.

زمانی که مغز ما با عدم قطعیت مواجه می‌شود، با ترس خود در برابر آن عکس‌العمل نشان می‌دهد. در پژوهشی که از طریق یک نورواکونومیست انجام شده، از افراد شرکت‌کننده خواسته شده بود که تصمیماتی با عدم قطعیت بسیار بالا بگیرند و هم‌زمان از مغز آنها تصویربرداری می‌شد. این

تصمیمات شباهت زیادی به تصمیماتی داشتند که ما هر روز، در کاروکسب خود با آنها مواجه هستیم.

هر چقدر اطلاعات کمتری در اختیار شرکت‌کنندگان قرار می‌گرفت، تصمیمات آنها غیرمنطقی‌تر و عجیب‌تر می‌شد. ممکن است فکر کنید که عکس این ماجرا باید اتفاق می‌افتاد؛ یعنی هر چقدر اطلاعاتمان کمتر باشد، ارزیابی ما از صحت آن اطلاعات دقیقتر و منطقی‌تر می‌شود. اما اینطور نیست؛ هر چقدر عدم قطعیت سناریوها افزایش یافت، مغز شرکت‌کنندگان به سمت سیستم کناره‌ای[1] تمایل پیدا می‌کرد، جایی که عواطفی همچون اضطراب و ترس تولید می‌شوند. در نقطه‌ی مقابل این بخش منطقی مغز[2] قرار دارد.

این ویژگی مغز سابقه‌ی دیرینه‌ای دارد، زمانی که غارنشین‌ها وارد منطقه‌ی جدیدی می‌شدند و نمی‌دانستند چه کسی یا چه چیزی پشت بوته‌ها انتظار آنها را می‌کشد. ترس و احتیاط باعث بقای آنها می‌شد. اما امروزه شرایط تغییر کرده است. این مکانیزم که تکامل پیدا نکرده است، مانعی برای دنیای مدیریت برند شخصی و موفقیت در کاروکسب به حساب می‌آید؛ زیرا هر روز مجبور هستیم با حداقل اطلاعات تصمیمات مهمی بگیریم.

زمانی که با عدم قطعیت مواجه می‌شویم، مغزمان ما را مجبور به عکس‌العملهای شدید می‌کند. افراد موفق قادر هستند تا بر این مکانیزم غلبه کنند و فکرشان را در جهت منطقی هدایت کنند. برای این کار به هوش هیجانی یا هوش عاطفی (EQ) نیاز است و جای تعجب نیست که از میان بیش از یک‌میلیون نفری که TalentSmart مورد بررسی قرار داد، ٪۹۰ افراد با عملکرد بالا دارای هوش عاطفی بالایی بودند. آنها سالانه به‌طور متوسط ۲۸ هزار دلار بیش از افرادی که هوش هیجانی پایینی دارند، درآمد کسب می‌کنند.

برای آنکه هوش هیجانی خود را بالا ببریم، باید بتوانیم هنگام مواجهه با عدم قطعیت تصمیمات مناسبی بگیریم، حتی اگر مغزمان با ما بجنگد. جای نگرانی نیست. استراتژیهای اثبات‌شده‌ای وجود دارد که می‌توانیم از آنها استفاده کنیم تا زمانی که احساسات روی منطق سایه افکنده‌اند، کیفیت تصمیماتمان را بالا ببریم. آنچه در ادامه می‌آید، تعدادی از استراتژیهایی است که افراد موفق در این موقعیتها از آنها استفاده می‌کنند.

آنها سیستمهای کناره‌ای‌شان را ساکت می‌کنند

سیستم کناره‌ای مغز در برابر عدم قطعیت با ترسیدن به‌سرعت عکس‌العمل نشان می‌دهد و ترس مانعی در برابر تصمیمات مناسب به حساب می‌آید. افرادی که در برخورد با عدم قطعیت خوب رفتار می‌کنند، از این ترس آگاه هستند و به‌سرعت آن را تشخیص می‌دهند و به سطح خودآگاهی می‌آورند.

---

1. Limbic system
2. Rational brain

بدین‌شکل می‌توان قبل از آنکه این ترس از کنترل خارج شود، آن را تحت تسلط خود درآورد. افرادی که هوش هیجانی بالایی دارند، با آگاهی از این ترس، به تفکرات غیرمنطقی اجازه نمی‌دهند که آن را نیز به‌صورت یک احساس غیرمنطقی درآورند. سپس آنها با دقت و منطق بیشتر روی اطلاعاتی که دارند تمرکز می‌کنند. از طریق این فرایند، آنها به خودشان یادآوری می‌کنند که یک بخش قدیمی از مغزشان می‌خواهد کنترل اوضاع را به‌دست بگیرد، اما بخشی که باید مسلط باشد، بخش منطقی است. به عبارت دیگر، آنها به سیستم کناره‌ای مغز خود می‌گویند که سرجایش بنشیند و صدایش درنیاید، مگر اینکه یک ببر گرسنه سروکله‌اش پیدا شود.

آنها مثبت اندیش می‌مانند

افکار مثبت از طریق متمرکز کردن توجه مغز به چیزهایی که عاری از هرگونه استرس هستند، ترس و تفکرات غیرمنطقی را از بین می‌برند. باید به مغز خود با انتخاب آگاهانه‌ی افکار مثبت در این راه کمک کنیم. به عبارت دیگر، باید خوراک مناسبی را برای مغزمان فراهم کنیم. وقتی اوضاع خوب و حالمان مساعد است، این کار نسبتاً ساده‌ای است، اما وقتی برای گرفتن تصمیم سختی استرس داریم و ذهن ما غرق تفکرات منفی شده است، می‌تواند به چالش بزرگی تبدیل شود. در این مواقع، به روزی که داشتید فکر کنید و اتفاق مثبتی را که در آن روز برایتان روی داده به‌یاد آورید، حتی اگر آن اتفاق خیلی‌خیلی کوچک باشد.

اگر نتوانستید در آن روز اتفاق مثبتی را کشف کنید، در روزها و حتی هفته‌ی گذشته به دنبال چنین اتفاقی باشید. حتی می‌توانید به اتفاق مثبتی فکر کنید که قرار است در چند روز آینده برایتان روی دهد. نکته اینجاست که باید چیز مثبتی داشته باشیم که بتوانیم در مواقع لزوم به‌سرعت از احساسات منفی فاصله بگیریم و به سمت احساسات مثبت حرکت کنیم.

آنها می‌دانند چه چیزی می‌دانند و چه چیزی نمی‌دانند

وقتی عدم قطعیت تصمیم‌گیری را دشوار می‌کند، احساس می‌کنیم که هیچ‌چیزی قطعی و مشخص نیست، اما بندرت شرایط اینگونه است. افرادی که مدیریت عدم قطعیت را بخوبی انجام می‌دهند، ابتدا بخوبی به این موضوع فکر می‌کنند که چه چیزهایی را می‌دانند و چه چیزهایی را نمی‌دانند و سپس برای هر کدام از آنها درجه‌ی اهمیتی را تعیین می‌کنند. آنها تمام اطلاعاتی را که دارند جمع‌آوری می‌کنند و فهرستی نیز از آنچه که نمی‌دانند، تهیه می‌کنند (برای مثال، اینکه تغییرات نرخ ارز چگونه خواهد بود یا اینکه رقیب از کدام استراتژی استفاده خواهد کرد). این افراد سعی می‌کنند بیشترین تعداد ممکن از این موارد را شناسایی کنند؛ زیرا عدم‌شناسایی هر کدام از آنها در مراحل بعدی انرژی زیادی از ما خواهد گرفت.

آنها آنچه را که نمی‌توانند کنترل کنند، نادیده نمی‌گیرند

همه‌ی ما دوست داریم که شرایط را در کنترل خود داشته باشیم. افرادی که همیشه این احساس را دارند، تحت تأثیر عوامل محیطی هستند و به نتایج خوبی دست نمی‌یابند. اما این تمایل به کنترل زمانی که ما نمی‌توانیم اوضاع را کنترل کنیم، می‌تواند به مانعی برایمان تبدیل شود. افرادی که عدم قطعیت را بخوبی مدیریت می‌کنند، از اینکه به دلایل ایجاد چنین شرایطی اذعان کنند، ترسی ندارند. به عبارت دیگر، افراد موفق در دنیای واقعی زندگی می‌کنند. آنها هیچ موقعیتی را بهتر یا بدتر از آنچه که هست، تصور نمی‌کنند. آنها می‌دانند که تنها چیزی که واقعاً تحت کنترلشان است، فرایندی است که از طریق آن به تصمیمات نهایی‌شان می‌رسند. این بهترین منطق برای مدیریت کردن شرایطی است که عدم قطعیت بالا و اطلاعات پایین است. بنابراین، بدون ترس می‌توانیم بگوییم: "اینها چیزهایی هستند که نمی‌دانیم، اما بر اساس چیزهایی که می‌دانیم، جلو می‌رویم و ممکن است اشتباهاتی نیز داشته باشیم، اما اشتباه کردن خیلی بهتر از ساکن ایستادن است".

آنها تنها روی چیزهایی که اهمیت دارند، تمرکز می‌کنند

برخی از تصمیمات هستند که می‌توانند ما را به عرش برسانند و برخی تصمیمات هم می‌توانند ما را همنشین فرش کنند. اما "اکثر" تصمیمات اینقدر مهم نیستند. افرادی که در شرایط عدم قطعیت، مدیریت بر خودِ خوبی دارند و بهترین تصمیمات را می‌گیرند، زمانشان را برای تصمیماتی که از ارزش و اهمیت بالایی برخوردار نیست، تلف نمی‌کنند. هر تصمیمی که گرفته می‌شود، حداقل درصدی از عدم قطعیت را به همراه دارد؛ این بخشی اجتناب‌ناپذیر در هر تصمیمی است. فراگرفتن نحوه‌ی درست ایجاد تعادل بین تصمیمات زیادی که به‌عهده‌ی ما هستند، این امکان را به ما می‌دهد که انرژی‌مان را صرف تصمیماتی کنیم که از اهمیت بیشتری برخوردار هستند. این کار همچنین فشار و اختلالات غیرضروری ناشی از اضطراب‌های کوچک را از بین می‌برد.

آنها جایی هم برای اشتباه و خطا می‌گذارند

افرادی که هوش هیجانی بالایی دارند، بخوبی می‌دانند که در شرایط عدم قطعیت چیزی تحت عنوان تصمیم بی‌عیب و نقص وجود ندارد. زمانی که یک تصمیم بی‌عیب و نقص هدف ما باشد، در پایان کار همیشه در حال گله و شکایت از نتیجه‌ای که به‌دست آمده خواهیم بود. درحالی‌که اگر جایی برای خطا و اشتباه بگذاریم در پایان از آنچه به‌دست آورده‌ایم، لذت خواهیم برد.

آنها روی مشکلات متوقف نمی‌شوند

نقطه‌ای که ما تمرکز خود را روی آن قرار می‌دهیم، وضعیت احساسی ما را تعیین می‌کند. وقتی که

به اصطلاح روی مشکلات قفل می‌کنیم، استرس و احساسات منفی را ایجاد و ادامه‌دار می‌کنیم که مانع مهمی برای عملکرد ما به‌شمار می‌آید. برعکس تمرکز کردن روی احساسات مثبت بهره‌وری شخصی‌مان را بالا می‌برد. افرادی که هوش عاطفی بالایی دارند، اجازه نمی‌دهند که عدم قطعیت آنها را احاطه کند. آنها توجه و تلاش خود را روی آنچه می‌توانند انجام دهند، قرار می‌دهند و به‌رغم تمام عدم‌اطمینانهایی که وجود دارد، سعی می‌کنند شرایط را بهتر کنند.

آنها می‌دانند چه زمانی به احساسشان اعتماد کنند

اجداد ما می‌دانستند که چگونه و چه‌وقت برای بقا به قوه‌ی شهود یا همان احساس خود اعتماد کنند. از آنجا که بیشتر ما معمولاً در شرایط مرگ و زندگی قرار نمی‌گیریم، باید یاد بگیریم که چگونه از این غریزه‌ی خود بیشترین نفع را ببریم. بعضی مواقع ما اصلاً حاضر نمی‌شویم به ندای درونمان گوش کنیم و بعضی مواقع هم آنقدر احساسی عمل می‌کنیم که نتیجه‌ای جز شکست در پی ندارد. افرادی که مدیریت شرایط عدم قطعیت را بخوبی انجام می‌دهند، بر اثر تجربه دریافته‌اند که چه زمانی باید به ندای احساسشان اعتماد کنند و چه زمانی باید به صدای عقلشان گوش دهند.

آنها برای شرایط مختلف سناریو دارند

غلبه کردن بر عدم قطعیت همان‌طور که نیازمند امید داشتن برای بهترینهاست، به برنامه‌ریزی برای عدم شکست نیز نیاز دارد. اگر شما برای موفقیت‌تان برنامه‌ریزی نکرده باشید، در حقیقت برای شکست‌تان برنامه‌ریزی کرده‌اید. متخصصان مدیریتِ عدم قطعیت از اینکه اعلام کنند ممکن است آنها نیز اشتباه کنند، نمی‌هراسند و این باعث می‌شود که همیشه قبل از آنکه دست به اقدام بزنند، برای شرایط مختلفی که ممکن است به وقوع بپیوندد، سناریوهایی را طراحی کنند. آنها می‌دانند که قرار نیست همیشه تصمیمات درستی بگیرند و به همین دلیل یکی از تواناییهای آنها این است که چگونه اشتباهاتشان را درک کنند و برای تصمیمات آینده از آنها درس بگیرند. آنها اجازه نمی‌دهند اشتباهات غافلگیرشان کنند.

... اما نمی‌پرسند "چه می‌شد اگر...؟"

"چه می‌شد اگر..." بنزینی است که روی آتش استرس و اضطراب ریخته می‌شود. اگر برنامه‌ها و سناریوهای مختلفی تعریف شده باشد، جایی برای این سؤال باقی نمی‌ماند. صدها و در بعضی مواقع هزاران اتفاق پیش‌بینی‌نشده انتظار ما را می‌کشند و هر چقدر بیشتر نگران گزینه‌های مختلف باشیم، کمتر می‌توانیم روی آرام کردن خودمان و بیرون آمدن از شرایط استرس‌زا تمرکز کنیم. افراد موفق در زمینه‌ی مدیریت عدم قطعیتها می‌دانند که سؤال "چه می‌شد اگر ...؟" آنها را به جایی می‌برد که

نمی‌خواهند بروند یا نیاز نیست بروند.

آنها می‌دانند چگونه نفس بکشند

وقتی با شرایطی مواجه می‌شویم که عدم قطعیت در آن زیاد است، برای اینکه تصمیمات مناسبی بگیریم باید آرامش خود را حفظ کنیم. یک راه آسان نفس کشیدن است که هر روز و هر لحظه انجام می‌دهیم: اما بهتر است نفس عمیق بکشیم. نفس عمیق باعث می‌شود که در لحظه بمانیم و تمرکزمان را روی کاری که در دست داریم حفظ کنیم و اجازه ندهیم تفکرات منفی حواسمان را پرت کنند.

زمانی که احساس می‌کنید کارهای مختلف شما را احاطه کرده‌اند، چند لحظه روی نفس کشیدنتان تمرکز کنید. درِ اتاقتان را ببندید، تمام عوامل اختلال‌زا را کنار بگذارید و فقط روی صندلی بنشینید و نفس بکشید. هدف این است که تمام زمان را صرف نفس کشیدن کنیم؛ زیرا این کار جلوی پرسه‌زدن بیهوده‌ی ذهن را می‌گیرد. این تمرین ساده می‌تواند آرامش بسیار زیادی را برای شما در پی داشته باشد.

توانایی مدیریت استراتژیک ابهام و عدم قطعیت، یکی از مهمترین مهارتهایی است که باید در محیط کاروکسب امروزی که عدم قطعیت بشدت پایین آمده، پرورش داد. با استفاده از راهکارهای ارائه‌شده می‌توانید قدم بزرگی به‌منظور مدیریت عدم قطعیت و تقویت مهارت خودتنظیمی بردارید.

سؤالاتی برای ارزیابی هوش عاطفی خود

به‌عنوان یک مدیر (از خودمدیریتی تا مدیریت سازمان) نه‌تنها درباره‌ی تصمیماتی که می‌گیریم از ما سؤال می‌شود بلکه، شخصیت ما نیز زیر ذره‌بین دیگران قرار دارد. بنابراین، بهتر است خودمان نیز بررسی درستی از شخصیت‌مان داشته باشیم و به‌طور منظم خود را مورد ارزیابی قرار دهیم.

یکی از مواردی که حتماً باید در بررسیهای درونی از شخصیت خود مورد توجه قرار دهیم، ارزیابی هوش عاطفی است. مدیران کمی هستند که ارزیابی درونی شخصیت خود را انجام دهند و از آن کمتر مدیرانی هستند که هوش عاطفی خود را می‌سنجند. یادمان باشد مدیریت برند شخصی یک فرایند زنده، پویا و مستمر است.

در این بخش از کتاب حاضر به سؤالاتی اشاره شده که مدیران می‌توانند با پرسیدن آنها از خود، ارزیابی دقیقی از هوش عاطفی‌شان داشته باشند.

- **من بدون جوایز و تقدیرنامه‌هایم چه کسی هستم؟**

زمانی که خود را با جوایز، لوحهای تقدیر و دستاوردهایمان می‌سنجیم، همه‌چیز خوب است و احتمالاً

ما یکی از بهترینها در کار و زندگی خود هستیم. اما وقتی تمام این عوامل بیرونی حذف شود و خبری از آنها نباشد، منِ مدیر واقعاً چه کسی هستم؟ پاسخ به این سؤال بسیار تعیین‌کننده است.

● **چه چیزی بیشترین اهمیت را برای من دارد؟**
به‌عنوان یک مدیر باید بدانیم که در سبک مدیریتی ما چه چیزی برایمان اولویت دارد. آگاهی از پاسخ این سؤال بویژه در زمانهایی که اوضاع سخت می‌شود و بحرانی پیش می‌آید، بسیار اهمیت دارد. دانستن اولویتها به ما کمک می‌کند که در چنین مواقعی دچار سرگشتگی نشویم و راه رسیدن به مقصد برایمان مه‌آلود نگردد.

● **کدام یک از عقاید گذشته‌مان را باید مورد بازنگری قرار دهیم؟**
مدیری که هوش عاطفی بالایی دارد، مدیری در حال تکامل است. برای اینکه همیشه در حال تکامل باشیم، باید بپذیریم که برخی از عقاید و تفکراتی که در گذشته به آنها پایبند بوده‌ایم نیاز به اصلاح و بازنگری دارند. یادگیری‌زدایی به معنای پاک کردن فراگرفته‌های غلط یا یادگیری‌هایی که روزی درست بوده‌اند، اما الان با توجه به شرایط جدید و محیط تغییرکرده دیگر جواب نمی‌دهند، یک ضرورت رشد و پیشرفت فردی است. بنابراین یکی از موارد ارزیابی هوش عاطفی برای یک مدیر این است که او چقدر می‌تواند از فضای پیرامون خود بیرون آید و نگاهی عینی و غیرسلیقه‌ای به سیستم ارزشی و اعتقادی خود داشته باشد. یادمان باشد مدیریت برند شخصی یک فرایند زنده، پویا، و مستمر است.

● **در خلوت خود، چه فرد یا چه چیزی را مسئول شکستهایمان می‌دانیم؟**
همه‌ی ما می‌دانیم که پاسخ واقعی به این سؤال این است که "من مسئول زندگی خودم هستم"، اما از ابراز این پاسخ پرهیز می‌کنیم. پرسیدن این سؤال باعث می‌شود که متوجه شویم چقدر خود را مسئول کارهای خود می‌دانیم و چقدر مسئولیت را به‌عهده‌ی دیگران می‌اندازیم.

● **اگر فردا بمیرم کسانی که مرا دوست ندارند، درباره‌ی من چه خواهند گفت؟**
این سؤال باعث می‌شود که از محرکهای عاطفی ناخودآگاه‌مان که ریشه در ترس دارند، آگاه شویم و آنها را به سطح خودآگاهی بیاوریم.

● **اگر فردا بمیرم، می‌خواهم چه میراثی از خود به جای بگذارم؟**
کسانی که در جایگاه مدیریتی دارای سابقه هستند، می‌توانند تمرکز خود را روی نتایج به‌دست آمده و اهداف محقق‌شده حفظ کنند. اما از میان این مدیران و برندهای شخصی شناخته‌شده تنها آنهایی

که هوش عاطفی بالایی دارند، می‌دانند که مهمتر از اینها، میراثی است که یک مدیر از خود به یادگار می‌گذارد؛ میراثی که باعث می‌شود سالها پس از او نیز از وی و سبک مدیریتی‌اش به نیکی یاد شود.

یک مدیر بااصالت به سطح بالایی از هوش عاطفی نیاز دارد و برای رسیدن به این سطح لازم است این سؤالات و سؤالات دیگری را از خود بپرسد که البته پرسیدنشان خیلی ساده نیست و به شهامت بالایی نیاز دارد.

چند توصیه‌ی کوتاه دیگر برای تقویت مهارت خودتنظیمی در ارتقای مدیریت برند شخصی:

- در روابط کاری با دیگران، آزردگیهای خود را بیان کنید. اگر در برابر این آزردگیها سکوت کنید، ممکن است ذره‌ذره جمع شوند تا در نهایت مانند یک کپسول منفجر شود.
- اگر از کسی ناراحت هستید، در همان ابتدا با او صحبت کنید. با خودتان صحبت کنید، با دیگران صحبت کنید و تعادلی بین روح و جسم خود که در نهایت همان خودتنظیمی است، انجام دهید.

همان‌طور که یک اتومبیل وقتی تنظیم نباشد درست کار نمی‌کند، برای مدیریت برند شخصی نیز نیاز به یک جامعیت‌نگری در تمام ابعاد است. خودتنظیمی به‌نوعی تعادل برقرار کردن و هماهنگ کردن اجزای مربوطه برای کارکرد بهره‌ور فرد در ابعاد مختلف موفقیت به‌منظور تبدیل شدن به یک برند شخصی معتبر است.

نقش خودآموزی در مدیریت برند شخصی

بر اساس این تکنیک، به‌عنوان یک انسان باید بدانیم که در هر مرحله از زندگی، دانش‌آموز و دانشجو باشیم. سرعت تولید و گسترش علم بسیار زیاد است و ایستایی و اتکا به دانایی گذشته مرگ برند شخصی و سازمان است.

از بهترین شیوه‌های آموزشی می‌توان به شیوه‌ی توصیفی اشاره کرد. آنجا که یک معلم می‌گوید فلان کار را انجام دهید، تجویزی است، اما زمانی که با یک داستان یا یک سرگذشت آموزش می‌دهد، آموزش توصیفی است. فرد با یادگیری نکات می‌تواند تصمیمات خود را بگیرد. مکالمات هدفمند، فیلمهای آموزشی، طرح سؤالات هدفمند و اتصال مباحث به یکدیگر و نتیجه‌گیری درست نیز کمک شایانی در این مورد به ما می‌کند.

از مسائلی که خیلی از ما با آن مواجه شده‌ایم، این است که نرم‌افزارهایی که استفاده می‌کردیم منقضی شده و حالا نرم‌افزارهای بهتری داریم، یا از مدلهای جامعتری می‌توان استفاده کرد و این روند همچنان ادامه دارد. پس نیاز به فنگ‌شویی ذهن داریم.

همان‌طور که گفتم درواقع مبحثی به نام یادگیری‌زدایی وجود دارد که در آن فرد مطالبی را به‌کار گرفته بوده که درست یا غلط بوده‌اند، اما کفاف وضعیت موجود را نمی‌دهد و نیاز است تا این اطلاعات جای خود را به یادگیریهای جدیدی دهد. پس خودمان را از داناییهای غلط یا داناییهای تاریخ‌مصرف گذشته خلاص کنیم.

نکته‌ی بعدی که یکی از عارضه‌های حیاتی بسیاری از انسانهاست این است که مطالبی که آموخته‌اند را به کس دیگری انتقال نمی‌دهند. یاددهی یکی از ابزارهای موفقیت و برند شخصی مشهور مقبول شدن است. در جایگاه مدیریت نیز از کارهای مهمی که یک مدیر ارشد یا مدیر میانی باید انجام دهد، مبحث جانشین‌پروری است و جانشین‌پروری تنها با یاددهی ممکن است. درواقع،

به هنگام یاددهی فرد مدام در معرض یادگیری قرار می‌گیرد. جانشین‌پروری و تربیت انسانهایی که بتوانند به جای شما کار کنند، نام نیک شما را ماندگار می‌کند.

نکته‌ی بعدی یادگیری‌گریزی است که متأسفانه از بیماریهای عصر امروزی است. این مسأله پس از ترویج شبکه‌های اجتماعی و کانالهای یادگیری باب شده است. برای مثال، شخص به سراغ کتاب نمی‌رود؛ زیرا عضو کانالهای فضای مجازی است. یادمان باشد شبکه‌های اجتماعی برای یادگیریهای کوتاه است و قابلیت یادگیری عمیق کتاب را، چه الکترونیکی چه کاغذی، ندارد.

به همین دلیل می‌گوییم در خودپروری، همان‌طور که بین آموزش و مهارت رابطه است، بین دانش و سواد نیز رابطه‌ای وجود دارد. آموزش و دانش، مهارت و سواد را افزایش می‌دهند. بنابراین نسل جدید نباید اهمیت شاگردی کردن را فراموش کند و نباید تصور کند بدون حل کردن مراحل موفقیت به پایان خوش منظره دست پیدا کند. درست است که برای موفقیت گاهی نیاز به میان‌بر داریم، اما باید به آن زمان هم بدهیم.

دریفوس، در خودپروری مدلی دارد که در این مدل انسانها را به پنج دسته تقسیم می‌کند. اولین دسته تازه‌واردان یا مبتدی‌ها هستند، کسانی که به تازگی فارغ‌التحصیل شده‌اند و تازه استخدام شده‌اند و هنوز اطلاعاتی از سازمان، محصول و روش کار ندارند. لازم است افراد باتجربه برای این دسته، قوانین و قواعد کار را گفته و کم‌کم آموزشهای لازم برای رشد فرد را بدهند. دسته‌ی دوم، تازه‌کارهای پیشرفته هستند. این افراد نیاز به توضیح گسترده و کامل مسائل ندارند و بر اساس آیین‌نامه‌ها و مدلها و چارچوبهایی که برای آنها طراحی شده است، پیشنهاداتی داده و خلاقیت خود را به‌کار می‌گیرند. این افراد از تازه‌کاری درآمده‌اند و درواقع تازه‌کار پیشرفته هستند.

دسته‌ی سوم کسانی هستند که شایسته‌ها نامیده می‌شوند. شایسته‌ها کسانی هستند که آیین‌نامه‌ها را می‌نویسند، ارزش خلق می‌کنند و می‌توانند مدیران میانی مناسبی باشند. آنها توانایی اداره دیگران را دارند، خوب فکر می‌کنند، پیشنهادات درستی می‌دهند و بخوبی مدیریت می‌کنند.

اما انتظارات از یک مدیرعامل، مدیر ارشد، عضو هیأت‌مدیره یا رئیس هیأت‌مدیره چیست؟ در اینجا به دسته‌ی چهارم می‌رسیم. که آنها را افراد حاذق می‌نامیم. افراد حاذق کسانی هستند که خوب دقت می‌کنند، بین آموخته‌های مختلف پیوند می‌زنند و مدلهای متفاوتی یاد می‌گیرند. به عبارتی، افراد حاذق افرادی هستند که به بصیرت در ارتباط بین دانایی‌های مختلف خود رسیده‌اند و در ادامه یک خروجی دارند که شاید به‌صورت واضح هیچ‌کدام از دانایی‌ها را مستقیماً حس نکنند، اما اثر آنها را بر بصیرت به‌وجود آمده، مشاهده می‌کنید. دسته‌ی پنجم این افراد، حرفه‌ای‌های متمایز هستند. حرفه‌ای‌های متمایز کسانی هستند که به درجه‌ی مشاور اصلح رسیده‌اند. بهتر است این افراد به جای اینکه مدیر یک سازمان باشند، چندین سازمان را راهنمایی کنند. درواقع یک مشاور واقعی و اصلح چهار مرحله‌ی قبلی را طی کرده، مطالعه انجام داده است و حیف است که به‌عنوان یک مدیر در یک

سازمان مشغول شود بلکه، بهتر است ایشان آزاد باشد که به چند سازمان کمک فکری و هدایتی کند. پس به من حق دهید که تعجب کنم چگونه می‌شود اشخاصی را دید که بدون طی کردن مدارج مختلف در سمتهای سازمانی و کسب تجربه، صرفاً با آموزش فردی مشاور شود.

مدل کسب مهارت پنج مرحله‌ای دریفوس

تازه‌واردها ⟵ تازه‌کارهای پیشرفته ⟵ شایسته‌ها ⟵ افراد حاذق ⟵ حرفه‌ای‌های متمایز

مدل کسب مهارت پنج مرحله‌ای، به دلایل مختلفی مفید است.

این مدل، به شما کمک می‌کند تا متوجه شوید که سطح آگاهی افراد در مهارتی خاص، چقدر است. هر کدام از پنج مرحله، رفتارهای خاصی را شامل می‌شوند که می‌توانید از آنها برای ارزیابی میزان پیشرفت افراد استفاده کنید.

این مدل به شما کمک می‌کند تا بتوانید سطح آگاهی و دانش افراد را محک بزنید و متوجه شوید که آیا نیازهای تکمیلی دیگری نیز دارند یا خیر.

زمانی که در سال ۱۳۶۳ شغل ویزیتوری را شروع کردم، فقط یک تازه‌وارد به این حرفه بودم، نه کتابی بود و نه کلاسی که بتوانم مهارت خودم را اضافه کنم. مجبور بودم با سعی و خطا پیش بروم، حالا که پشت‌سرم را نگاه می‌کنم، می‌بینم چه هزینه‌های سنگینی از نظر مالی، روانی، انرژی و زمانی پرداخت کردم و دلم نمی‌خواهد نیروهای فروش جوان ما حالا که این همه امکانات و بستر آموزشی برایشان فراهم است، همان خطاها را انجام دهند. بعد از چندسال متوجه شدم حالا تازه‌کار پیشرفته هستم، هنوز خیلی موارد برای یادگیری مانده بود، اما مسیرم را پیدا کرده بودم، از اساتید دانشگاه بازار بخوبی استفاده می‌کردم، از کسبه‌ی محترم می‌خواستم اشکالاتم را بگویند و راهنمایی‌ام کنند تا زمانی که خودِ بازار از من به‌عنوان یک فروشنده‌ی شایسته یاد کرد، این مرحله می‌تواند بسیار خطرناک باشد؛ چرا که خودم گاهی گرفتار آن می‌شدم و آن وارد شدن به دام غرور است که بسیار به برند شخصی ضربه می‌زند، به‌راستی که بزرگترین دام پیشرفت و موفقیت یک انسان غرور خودساخته‌ی خودش است که همچون تارهای عنکبوت تمام وجودش را فرا می‌گیرد، اما باز هم این بزرگان هستند که با نهیب بموقع ما را از خواب غفلت بیدار می‌کنند، به‌شرط آنکه شنونده‌ی خوبی باشیم. بازار من را دید؛ چون موفقیتهایم گویایی لازم را داشتند، رشد کردم به درجات بالای سِمتهای سازمانی با طی پله‌های سرپرستی، مدیریت میانی، معاونین مدیرعامل، مدیرعامل و مدیرکلی رسیدم. رسیدن به مرحله‌ی افراد حاذق فقط با حکم و پست نیست بلکه، لازم است محتوا و درونمایه‌اش را هم داشته باشیم، تا جایی که احساس کردم بعد از نزدیک به بیست‌سال شاگردی بازار در کلاسهای مختلفِ سمتی و طی مدارج تحصیلی در مقاطع عالی و رشته‌های مرتبط با مدیریت و بازار، حالا می‌توانم

به‌عنوان مشاورِ همواره دانشجو، یار و یاور سازمانهای مختلف باشم.

علاوه بر بهره‌گیری از مدل دریفوس در مدیریت برند شخصی، این مدل همچنین می‌تواند به شما کمک کند تا کارکنانتان را به بهترین شکل به "سطح بعدی" هدایت کنید. به‌عنوان مثال، اگر می‌دانید که یکی از اعضای تیم به محض اینکه به سطح تبحر برسد، خسته و از مقدار زیاد اطلاعات سردرگم خواهد شد، می‌توانید آموزشتان را طوری تغییر دهید که به او برای عبور از این مرحله کمک کنید. مثلاً می‌توانید او را بیشتر مورد تشویق قرار دهید.

همچنین این مدل برای تعیین میزان مهارت افراد تیمتان نیز به شما کمک می‌کند. به‌عنوان مثال، اگر تیمتان وظایف معمولی برعهده دارند، شاید تنها کافی باشد که به سطح تبحر دست پیدا کنند و هدایت آنها به سطوح بعدی احتمالاً فقط اتلاف‌وقت خواهد بود.[1] همچنین می‌توانید از مدل دریفوس یا نام دیگر آن مدل نردبان شایستگی آگاهانه برای هدایت افراد در مراحل مختلف آموزش استفاده کنید. این نردبان طرز فکری متفاوت و تکمیلی برای توسعه‌ی تخصصهای افراد را در اختیار شما قرار می‌دهد.

وقتی مهارتهای جدید یاد می‌گیریم، احساسات متفاوتی را در مراحل مختلف فرایند یادگیری تجربه می‌کنیم. به‌عنوان مثال، در ابتدا، شاید متوجه نشویم که چقدر به یاد گرفتن نیاز داریم. سپس، وقتی می‌فهمیم که چقدر حجم مطالبی که در مورد موضوع خاصی نمی‌دانیم زیاد است، ممکن است ناامید شویم و دست از یادگیری بکشیم.

به همین دلیل آشنایی با احساساتی که ممکن است در هر مرحله از فرایند یادگیری با آنها مواجه شویم مهم است؛ زیرا به ما کمک می‌کند تا فرازونشیبهای احساسی را کنترل کرده و فرایند یادگیری را متوقف نکنیم.

نردبان شایستگی آگاهانه، به شما در این راه کمک می‌کند.

نوئل بارچ[2] کارمندی که در شرکت بین‌المللی آموزشی گوردون "Gordon" کار می‌کرد، نردبان شایستگی آگاهانه "Conscious Competence Ladder" را در سال ۱۹۷۰ توسعه داد. این مدل به ما کمک می‌کند تا افکار و احساساتمان را در طول فرایند آموزش درک کنیم.

این مدل، بر دو عامل که در هنگام یادگیری مهارتی جدید بر افکار ما تأثیر می‌گذارند، تمرکز می‌کند: آگاهی و سطح مهارت یا شایستگی.

مطابق این مدل، در هنگام رسیدن به شایستگی در مهارتی جدید، مراحل زیر را طی می‌کنیم:

- **بی‌مهارت ناخودآگاه:** نمی‌دانیم که مهارتی را نداریم یا نیاز به یادگیری آن داریم.
- **بی‌مهارت آگاهانه:** می‌دانیم که مهارتی را نداریم.

---

1. https://www.Chetor.com
2. 4 Noel Burch

- **با مهارت آگاهانه:** می‌دانیم مهارتی را داریم.
- **با مهارت فراآگاهانه:** نمی‌دانیم که مهارتی را داریم؛ یعنی مهارت جزئی از وجودمان شده و بدون دقت و تمرکز هم قادر به انجامش هستیم (به نظرمان خیلی آسان می‌آید).

نردبان شایستگی آگاهانه به چند روش کاربرد دارد؛ اول اینکه، می‌توانید از آن برای شناخت احساساتی که در طول فرایند یادگیری تجربه می‌کنید، استفاده کنید. این امر باعث می‌شود تا وقتی که مطالب دشوار می‌شوند، انگیزه‌ی خود را از دست ندهید، انتظارات‌تان از موفقیت را مدیریت کنید و توقع نداشته باشید که خیلی زود همه‌چیز را یاد بگیرید.

به‌عنوان مثال، در طول مرحله‌ی بی‌مهارت ناآگاهانه، می‌توانید به خودتان اطمینان بدهید که با اینکه یادگیری این مهارت در حال حاضر، دشوار و دلسرد کننده است، در آینده بهتر خواهد شد. و زمانی که فراآگاهانه بامهارت هستید، این مدل به شما یادآوری می‌کند که قدر مهارتهایی را که به دست آورده‌اید، بدانید و با افرادی که هنوز آنها را کسب نکرده‌اند صبور باشید.

سطح ۱: بی‌مهارت ناآگاهانه

در این سطح، شما در جهل قرار دارید؛ در زمینه‌ی خاصی کاملاً بی‌اطلاع هستید و خودتان نیز این را نمی‌دانید، به همین دلیل اعتمادبه‌نفس شما بسیار فراتر از قابلیتهایتان است.

برای عبور از سطح یک، از ابزارهایی مانند تحلیل شخصی TOWS (چون تهدیدات و فرصتها از محیط می‌آیند به دلیل اهمیت تغییرات محیطی در شکل‌دهی استراتژی سازمان ابتدا آنها را آورده‌ایم) و سنجش نیازهای آموزشی برای شناسایی نقاط قوت و ضعف خود استفاده کنید تا متوجه شوید که برای یادگیری به چه مهارتهایی نیاز دارید. در این مرحله، می‌توانید از دیگران بخواهید که نظرشان را با شما در میان بگذارند تا بتوانید نقطه‌ضعفها و مهارتهای مورد نیازی که خودتان متوجه آنها نشده‌اید را پیدا کنید.

البته دقت کنید که انتقاد شنیدن هیچ‌گاه شیرین نخواهد بود و همواره تلخ است، اما اگر باور داشته باشیم که شاید این انتقاد درست باشد و شاید همان حفره‌ی نادیده و سیاهچال رفتاری من است که با شناسایی‌اش می‌توانم آن را با مهارت، سواد و دانایی پر کنم تا منظره‌ی زیبایی در برداشت دیگران ایجاد شود، آنگاه تحمل انتقاد راحت‌تر می‌شود.

سطح ۲: بی‌مهارت آگاهانه

در این مرحله، فهمیده‌اید که باید مهارتهای جدیدی را یاد بگیرید. در اینجا، متوجه شده‌اید که صلاحیتهای دیگران بیشتر از شماست و می‌توانند کارهایی را که شما به‌سختی انجام می‌دهید، خیلی

راحت انجام دهند.

در این مرحله ممکن است روحیه‌ی خود را ببازید و اعتمادبه‌نفس‌تان را از دست بدهید یا حتی کلاً تصمیم بگیرید که مهارتهای جدید را کنار بگذارید. در نتیجه، مثبت بودن در این مرحله خیلی اهمیت دارد.

برای مبارزه با افکار منفی تلاش کنید تا روزهایی که انرژیتان پایین است، بتوانید تمرکز خود را دوباره به‌دست آورید. به یاد داشته باشید، ممکن است یادگیری در زمان کوتاه دشوار باشد، اما در بلندمدت این مهارتها به شما کمک می‌کنند تا به اهداف خود برسید و زندگی بهتری داشته باشید.

سطح ۳: بامهارت آگاهانه

در این مرحله، می‌دانید که مهارتها و دانش موردنیاز را کسب کرده‌اید. آموزه‌های خود را به مرحله‌ی اجرا می‌گذارید و با این کار اعتمادبه‌نفستان از قبل هم بیشتر می‌شود.

البته، هنوز هم باید در هنگام اجرای این مهارتها کمی تمرکز کنید، اما با تمرین و کسب تجربه‌ی بیشتر، می‌توانید این فعالیتها را به صورت خودکار انجام دهید.

برای اینکه با موفقیت از مرحله‌ی سوم عبور کنید، تا آنجا که ممکن است به‌دنبال فرصتهایی برای استفاده از این مهارتها باشید. به‌عنوان مثال، می‌توانید در انجام پروژه‌هایی که نیازمند مهارتهای جدید هستند داوطلب شوید یا شغلتان را به‌گونه‌ای که می‌خواهید تغییر دهید تا بتوانید مهارتهای بیشتری در آن بگنجانید.

به تجربه دریافته‌ام که کارکنانی که برای کمک کردن به دیگران در سازمان داوطلب می‌شوند مسیر رشد و تعالی‌شان هموارتر می‌شود. اما کارکنانی که خیلی در چارچوب شرح وظایفشان هستند و به‌راحتی می‌گویند این مورد در شرح وظایف من نیست نه تنها رشد نمی‌کنند بلکه، اولین کاندیدای تعدیل خصوصاً در زمان بحران اقتصادی هستند که سازمانها به فکر کاهش هزینه می‌افتند. برند شخصی، یعنی فردی که برای کمک کردن به دیگران آمادگی داشته و داوطلب است؛ بدین‌رو، در نزد آنها محبوب می‌شود و بعدها آثار کاشته‌های خود را دریافت می‌کند.

سطح ۴: بامهارت فراآگاهانه

در این مرحله، آنقدر تمرین انجام داده‌اید که دیگر برای انتخاب و استفاده از مهارت لازم در موقعیتهای مختلف نیازی به مراجعه به خودآگاه خود ندارید. بدون زحمت از مهارتهای جدید خود استفاده می‌کنید و بدون تلاش آگاهانه فعالیتهای مربوط به آنها را انجام می‌دهید. شما کاملاً مطمئن هستید که موفق خواهید شد. رانندگی را در نظر بگیرید، چقدر روزهای اول برنامه‌ریزی و فکر می‌کردید که چطور رانندگی کنید و حالا بدون هیچ تفکری آن را انجام می‌دهید.

بعد از اینکه در یک‌سری از مهارت‌ها استاد شدید، اگر می‌خواهید به پیشرفت ادامه دهید، باید بیشتر بیاموزید.

یکی از بهترین روش‌ها برای این کار، آموزش مهارت جدیدتان به دیگران است. این کار باعث می‌شود تا اطلاعات در ذهن شما تازه بمانند و درک‌تان از حوزه‌ی موردنظر بیشتر شود. بارها پیش آمده است که در هنگام تدریس یا مشاوره نکته‌ای را گفته‌ام یا مدلی را ساخته‌ام که فی‌البداهه اتفاق افتاده است، تعجب نکنید اگر زیاد کتاب بخوانیم و یاد بگیریم و خودمان را در معرض مشاهده‌ی موارد مختلف و پدیده‌ای متفاوت قرار دهیم تمام این آموخته‌ها در انباره‌ی دانش مغز ما ذخیره می‌شوند و روزی با چیدمانی خاص مدلی جدید را می‌سازند یا عبارتی را به زبان شما می‌آورند که برای خودتان هم جالب است.

خودباوری لازمه‌ی موفقیت در مدیریت برند شخصی

اساتید حوزه‌ی روان‌شناسی و اعتمادبه‌نفس در ایران و جهان طی سال‌های گذشته در این موارد کارهای تأثیرگذاری انجام داده‌اند. توصیه می‌کنم حتماً کتاب‌های کاربردی در این حوزه را بخوانید. در دوره‌های اساتید باسواد حوزه‌ی روان‌شناسی شرکت کنید تا خودباوری‌تان افزایش یابد. خودباوری می‌تواند همان قدرت باور باشد. برای مثال سن چیزی است که در ذهن وجود دارد و یک فرد نودساله هم می‌تواند باورداشته باشد که می‌تواند همچون یک جوان بیست‌وپنج ساله حرکات ورزشی انجام دهد، به کوه برود و سلامت جسم داشته باشد.

حال چطور می‌توان اعتمادبه‌نفس را افزایش داد؟

از کتاب‌های خیلی خوبی که در این مبحث می‌توان پیشنهاد داد، کتاب "جادوی فکر بزرگ" اثر دکتر شوارتز است. جادوی فکر بزرگ یک کتاب فوق‌العاده و البته پرفروش است؛ چون تلاش می‌کند همه‌چیز را در مورد آنچه مردم را موفق می‌کند توصیف کند. میزان زیادی جزئیات و فهرست دارد که شامل روان‌شناسی، جاه‌طلبی، رفتار اجتماعی، هدف‌گذاری و رهبری است. بنابراین، کتاب جادوی فکر بزرگ، یک چک‌لیست مفید است تا بفهمید در کجا ضعیف هستید.

جادوی فکر بزرگ شامل دامنه‌ی وسیعی از موارد در خصوص عوامل مؤثر در موفقیت است. در سطح بالا، این موارد به دو دسته تقسیم می‌شوند: ۱- نگرش، و ۲- رفتار.

نگرش فکر بزرگ

موفقیت مستلزم اعتماد داشتن به خودتان است. موفقیت برای هر یک از ما معنایی متفاوت دارد. چون هر یک از ما اهدافی متفاوت داریم. با این حال صرف‌نظر از هدف، افراد موفق یک نقطه‌ی

مشترک دارند: آنها به خودشان اعتقاد دارند. عدم اعتماد به تواناییهای خودتان شما را در اثبات حقانیت با شکست مواجه می‌سازد. در مقایسه، اعتقاد به خودتان در شما نیرویی پدید می‌آورد تا به اهدافتان برسید و بر موانع غلبه کنید.

فکر بزرگ یعنی چه؟

"فکر بزرگ" به این معناست که امکانات‌تان را دست‌کم نگیرید. به عبارتی دانستن اینکه شما قادر به دستیابی به اهداف عالی و دستیابی به موفقیت هستید.

استراتژیهای کلیدی برای داشتن فکر بزرگ

۱- خودتان را ارزان نفروشید. به این پی ببرید که در حقیقت چقدر توانمند هستید.

۲- یک "واژه‌نامه در خصوص بزرگ فکر کردن" شامل عبارت مثبت ایجاد کنید. با استفاده از عبارات مثبت تأکیدی درباره‌ی خودتان و دیگران صحبت کنید. با عبارات منفی ارزش خودتان را پایین نیاورید.

۳- احتمالات و امکاناتی که برای شما وجود دارد را ببینید. نه اینکه فقط آنچه در پیش روی شماست را ببینید. آنچه را می‌تواند باشد تصور کنید. نه‌تنها آن چیزی که هست.

۴- به دنبال راههای ساده‌ای برای جلوگیری از بروز مشکلات جزئی و پیش‌پاافتاده‌ای باشید که باعث ناراحتی شما می‌شوند.

این کتاب نکات فراوانی دارد. دکتر شوارتز تأکید دارد که هر فردی از چند جهت ترس دارد. ترس به اشکال مختلفی وجود دارد. شامل نگرانی، استرس، خجالت، خشم و ترس شدید که می‌تواند فلج‌کننده باشد و مانع تحقق اهداف شما شود. افراد موفق می‌دانند که اعتماد، پادزهر ترس است و اعتماد عادتی است که هر فردی می‌تواند ایجاد کند. افراد دارای فکر بزرگ، اول ترس خاصشان را دور می‌کنند و دقیقاً روی آن چیزی که آنها را ترسانده متمرکز می‌شوند. سپس مجموعه اقداماتی را انجام می‌دهند که به ترس غلبه کنند. سایر تکنیکها برای غلبه بر ترس شامل فکر کردن به‌طور مثبت، دستیابی به شناخت افراد، انجام انتخابهای اخلاقی و نشان دادن اعتمادبه‌نفس حتی اگر واقعاً آن را احساس نکنید.

از راهکارهایی که برای اعتمادبه‌نفس پیشنهاد می‌شود این است که:

- در جلسات و سمینارها، همیشه در ردیفهای جلویی بنشینید. به عبارتی خود را در معرض دید قرار دهید، خود را در معرض توجه قرار دهید و برای جواب به سؤالات پیشتاز باشید.
- نگاه کردن به چشمان دیگران را تمرین کنید. کسانی که از خود مطمئن هستند، در چشمان

دیگران نگاه می‌کنند و طبق آموزه‌های مدیریت زبان بدن، کسانی که از خود مطمئن نیستند، نگاه خود را می‌دزدند.

- سرعت راه رفتن خود را در نظر بگیرید و ۲۵ درصد به آن بیفزایید. تند راه‌رفتن به افزایش اعتمادبه‌نفس کمک می‌کند.
- بلند و جدی صحبت‌کردن را تمرین کنید.
- لبخند بزنید و خندان باشید.
- افکار مثبت داشته باشید.
- اقدام کنید. اقدام ترس را از بین می‌برد. به سمت ترسهای خود روید و با آن روبه‌رو شوید.

در زمان کودکی بسیار خجالتی بودم تا آنکه تصمیم گرفتم خجالت خودم را کنار بگذارم و اعتمادبه‌نفس خودم را بالا ببرم. دوازده‌سال داشتم که انقلاب شد، خیلی تحت تأثیر سخنرانان پرشور آن زمان نظیر فخرالدین حجازی و دکتر بهشتی قرار گرفتم، بارها از رادیو به سخنان آنها گوش می‌کردم و خیلی از حرفهایشان را نمی‌فهمیدم، اما انرژی‌شان برایم جالب بود، تن صدایشان، بالا و پایین بردن شدت گفته‌هایشان و... همه‌ی اینها من را تشویق کرد که سخنرانی کنم. اولین بار که در روستای درگ وسط جمعیت رفتم تا نوحه بخوانم جفت پاهایم می‌لرزید، صدایم لرزش داشت اما ادامه دادم، شب بعد پله‌ی دوم منبر نشستم و برای اهالی روستا سخنرانی کردم، هم سن من و هم صحبتهای جدیدی که تا به حال نشنیده بودند، برایشان جالب بود. حالا برایم فرقی نمی‌کند که جمعیتی که قرار است برایشان صحبت کنم چندنفر باشند یا اصلاً مهم نیست برنامه‌ای که در رادیو و تلویزیون دارم یک برنامه‌ی زنده است، حالا من یک سخنران حرفه‌ای هستم.

یا زمانی که کودک بودم، از ارتفاع چندمتری از یک درخت به پایین افتادم، منطقی نگاه کنیم نباید زنده می‌ماندم، اما ماندم، شاید چون به قول دکتر فرانکل خالق اثر بی‌نظیر "انسان در جستجوی معنا"، کاری نیمه‌تمام در دنیا داشتم، به هر حال از آن‌موقع از ارتفاع می‌ترسم، اما وقتی در پرواز از آن ارتفاع به پایین نگاه می‌کنم، شیرینی غلبه بر ترس به من شوق پیشرفت می‌دهد. آری دکتر شوارتز درست گفت "از هر چه می‌ترسید به سمت آن بروید، اقدام کنید، اقدام، ترس را از بین می‌برد".

چگونه وقتی کسی باورمان ندارد اعتمادبه‌نفس خود را افزایش دهیم؟

شما اکنون در لحظه‌ای قرار گرفته‌اید که باید آماده‌ی ترک گفتن منطقه‌ی آسایش خود باشید و تابلوی رؤیاهای خود را رنگ حقیقت ببخشید. شما تشنه‌ی موفقیت هستید و شهامت لازم را برای سهیم کردن دیگران در اهداف بلندپروازانه و دست‌یافتی خود کسب کرده‌اید، اما در این حین به جای قرار گرفتن تحت حمایت دیگران ممکن است نزدیکانتان بذر شک و تردید را در توانمندیها و احتمالات

پیش‌رویتان بپاشند. بسیاری از ما ممکن است در برابر انتقادات افراد غریبه مقاومت کنیم، اما در برابر منفی‌بافیهای نزدیکان و عزیزانمان چه کنیم؟ اگر نتوانید حمایت و توجه آنان را داشته باشید، چطور می‌خواهید بر دیگران تأثیرگذار باشید؟

دنبال کردن رؤیاها زمانی که فاقد حمایت هستیم، می‌تواند بسیار دشوار باشد و اوضاع زمانی که خودمان بزرگترین منتقد خودمان باشیم، بدتر خواهد شد. برای آنکه به خودباوری برسیم، باید عزت‌نفس را تمرین کنیم و هر روز به آن پر و بال بدهیم.

تمرین خودباوری را با این سه گام ساده آغاز کنید:

۱- خود را با سلاح مثبت‌اندیشی مجهز کنید

برنامه‌نویسان کامپیوتر در بین خود اصطلاحی با این مضمون دارند که آشغال بدهید و آشغال تحویل بگیرید ("Garbage in. Garbage out."). انسانها نیز همانند برنامه‌های رایانه‌ای نمی‌توانند از داده‌ها و ورودیه‌های به‌دردنخور انتظار نتایج شگرف داشته باشند. به شک دیگران دامن بزنید تا همیشه عزت‌نفستان در پایین سطح خود باشد.

در عوض اگر می‌خواهید عزت‌نفستان را بالا ببرید، باید رادیوی درون خود را روی موج دیگری تنظیم کنید: موج مثبت.

- یک برنامه‌ی روزانه برای تمرین عادت افزایش اعتمادبه‌نفس تهیه کنید. روز خود را با مطالعه‌ی بخشی کوتاه از یک کتاب یا نشریه و یا مطالعه‌ی جملات زیبا و یا تصاویر آرامش‌بخش و توان‌افزا آغاز کنید. می‌توانید به جای گوش کردن به اخبار ناامیدکننده‌ی رادیو و تلویزیون در هنگام صبح یا خواندن اخبار حوادث روزنامه‌ها و سایتها و فضای مجازی، به بخشی از یک کتاب صوتی گوش کنید.
- بپذیرید که نمی‌توانید همکاران خود و یا خانواده‌ای که درآن متولد شده‌اید را تغییر دهید، اما می‌توانید انتخاب کنید که با افراد حمایتگر معاشرت بیشتری کنید. در کنفرانسها، سمینارها، کلاسها و محافل اجتماعی متناسب با تخصص و روحیات خود شرکت کنید تا افراد همفکر خود را یافته و به کمک آنها مأموریت خود در زندگی را بیش از پیش مورد تأکید قرار دهید، شبکه‌ی دوستان ترقی‌خواه در مدیریت برند شخصی یک ضرورت است. مشاوری را بیابید که در عین دلسوزی و صلاحیت بتوانند دیدگاهی واقع‌گرایانه و همچنین انگیزه‌ی پیشرفت به شما بدهند.
- به‌یاد داشته باشید که حلقه‌ی روابط شما محدود به کسانی که شخصاً می‌شناسید، نمی‌شود. از شبکه‌های اجتماعی، فروم‌ها و تالارهای هم‌اندیشی آنلاین، و دیگر ابزار بویژه اینترنتی به‌منظور ایجاد حلقه‌ای مجازی از افراد حمایتگر بهره ببرید.

۲- شکستهای دیگران را بزرگ بدارید

اسطوره‌ها و تاریخ‌سازان امروز، شکست‌خوردگان باتجربه‌ی دیروزند. بجز مطالعه در خصوص موفقیت، پیرامون شکستها هم مطالعه کنید تا علم مهندسی شکست را به‌دست آورید. قصه‌ی آدمهایی که یک‌شبه به موفقیت می‌رسند، قصه‌های جذابی هستند که ما همیشه دوست داریم بشنویم و از آنها انگیزه بگیریم.

اما موفقیت چیزی نیست که همیشه بشود در یک چشم برهم‌زدن به آن رسید. به نمونه‌هایی از برند شخصی مطرح در سطح جهانی توجه کنید:

- **بیل گیتس**: بیل گیتس الان یکی از ثروتمندترین افراد در جهان است، اما او ثروت و جایگاه خود را از طریق یک مسیر مستقیم به سوی موفقیت به‌دست نیاورد. گیتس با شرکتی تحت عنوان Traf-O-Data وارد دنیای کاروکسب شد که کار آن پردازش و تحلیل داده‌های نوارهای ترافیکی بود. او به همراه شریک تجاری‌اش پائول آلن تلاش زیادی به خرج داد تا ایده‌ی خود را بفروشد، اما محصول آنها با استقبال بسیار کمی روبه‌رو شد: یک شکست بزرگ. با وجود این، شکست نتوانست گیتس را از مسیری که می‌خواست دنبال کند، خارج کند و او چند سال بعد اولین محصول مایکروسافت را تولید کرد و گام در عرصه‌ی کاملاً جدیدی گذاشت.
- **والت‌دیزنی**: امروزه، دیزنی غول تفریح و سرگرمی است و آنقدر بزرگ است که حتی تصور آن نیز سخت به‌نظر می‌رسد. پشتِ موفقیت این شرکت، نابغه‌ای نوآور به نام والت‌دیزنی قرار دارد. خیلی‌ها به فیلمهای موفقی که او سالهای ابتدایی فعالیتش ساخته توجه می‌کنند و فقط تعداد کمی می‌دانند که او در ابتدا چه سختیهایی را متحمل شد. اولین استودیوی انیمیشن دیزنی به‌خاطر اینکه او نتوانست اجاره‌اش را بپردازد، تخلیه شد. حتی پس از اینکه انیمیشن موفق سفیدبرفی ساخته و اکران شد، فیلمهایی مانند پینوکیو شکست خوردند و مرزهای مالی سنگینی را به دیزنی و شرکتش وارد آوردند.
  - به والت‌دیزنی گفته شد که بهره‌ای از خلاقیت نبرده است!
  - آریانا هافینگتون ۳۶ بار از سوی انتشاراتی‌های مختلف رد شد.
  - جورج اشتیان برنر یک تیم را ورشکسته کرد.
  - استیو جابز افسانه‌ای از شرکت خودش بیرون انداخته شد.
  - اولین نوشته‌های من درباره‌ی بازاریابی و فروش که برای مجله‌ی بازاریابی فرستادم، مستقیم به سطل آشغال رفت.

و هزاران نمونه‌ی وطنی و خارجی که شکست خوردند و در نهایت، طعم شیرین پیروزی را چشیدند. هیچ‌کس کامل نیست. اگر اراده‌ی شکست نداشته باشید، پیروز نخواهید شد.

۳- منتقد درونتان را ساکت کنید

آیا هرگز به خودتان جملات تحقیرآمیزی مانند: "تو نمی‌توانی آن‌کار را انجام دهی"، "تو استحقاق هیچ چیز را نداری"، "تو خیلی گیجی"، گفته‌اید؟ منتقد درونی، همان صدایی است که در درونتان با شما صحبت می‌کند و معمولاً به شما حمله کرده و راجع به کارهایی که انجام می‌دهید از شما انتقاد می‌کند. صداهای منفی درون شما سر بلند می‌کنند و به شما می‌گویند که به اندازه‌ی کافی خوب نیستید.

دکتر برن براون، استاد پژوهش در دانشگاه هوستون کالج و فارغ‌التحصیل مددکاری اجتماعی و نویسنده‌ی کتاب "The Gifts Of Imperfection" می‌گوید: شاید کمی خنده‌دار باشد، اما وقتی منتقد درونی خود را نق‌نقو صدا کنید، دیگر زیاد جدی‌اش نمی‌گیرید. در واقع منتقد درونی حرفهایی می‌زند که نباید به آن توجه کنید، بنابراین:

- پیروزیهای پیشین و دستاوردهای قبلی‌تان را به‌یاد بیاورید.
- نقاط قوت‌تان را بشناسید.
- خود را مرتباً تحسین و تأیید کنید.
- از ذهنیت کمبود فرصتها خلاص شوید و ذهنیت فرصت‌یابتان را تقویت کنید.

اعتمادبه‌نفستان چقدر است؟

اعتمادبه‌نفس چیزی است که همه‌ی مردم، از سخنرانان انگیزشی گرفته تا فروشندگان ساده بدان نیاز داشته و آن را می‌ستایند؛ لذا اعتمادبه‌نفس را می‌توان بخش مهمی از زندگی تمام مردم و بویژه اهالی کاروکسب دانست. همان‌گونه که هنرمند شهیر و پیکرتراش ایتالیایی میکل‌آنژ می‌گوید، "بهترین دستور زندگی این است که اعتمادبه‌نفس داشته باشیم". اعتمادبه‌نفس بالا می‌تواند ما را شگفت‌انگیز و توانمند جلوه دهد، به‌علاوه جملگی متخصصین علوم روانشناسی حامی این نظریه هستند که افراد با اعتمادبه‌نفس بالا موفقتر و شادتر از دیگران هستند و به‌علاوه بهره‌وری بالاتری دارند. اما آیا تا به حال به پاسخ این سؤال فکر کرده‌اید که چقدر اعتمادبه‌نفس دارید؟ آیا از آن سرشارید یا فاقد آن هستید؟

افراد دارای اعتمادبه‌نفس بالا انسانهایی قاطع و اهل ریسک هستند که توانایی بالایی در دشوارترین نوع مدیریت؛ یعنی "مدیریت بر خود" دارند و قادرند تا با اشتیاق و انرژی بالا به مقابله با دشواریها اقدام کنند. به‌علاوه، عزت‌نفس مثل آهنربایی است که احترام سایرین را به ما جلب می‌کند. از دیگر سو، امروزه بخش عمده‌ای از فرایند فروش و دیگر حوزه‌های بازاریابی بر پایه‌ی اعتماد خریدار به فروشنده صورت می‌گیرد. به این معنا که اعتمادبه‌نفس یعنی باورداشتن به تواناییها و پیروزهای خود، درصورتی‌که اعتمادبه‌نفس، به معنای شناخت نقاط قوت و ضعف و باور به شایستگیهای خودمان بر اساس این شناخت است.

نقش و اهمیت خودکارآمدی در مدیریت برند شخصی

به‌خاطر دارم که مارتین رول، سخنران صاحبنظر در کنفرانس بین‌المللی برند، که چندسالی در پرآوازه‌سازی برند خطوط هوایی سنگاپور نقش موثری داشت، می‌گفت: مدیران کاروکسب‌ها، همچنین کارکنان اصلی آنان همواره باید به‌گونه‌ای وحشت‌زده از خواب بیدار شوند؛ چرا که این امکان وجود دارد تجارتی تازه، کاروکسب آنان را از صحنه‌ی رقابت خارج کرده باشد. او سفارش می‌کرد که اگر شما هراسان و عرق‌ریزان از خواب برخیزید؛ یعنی آنکه نگران کاروکسب‌تان هستید و این نشانه‌ی سلامت شما برای پابرجایی کاروکسب‌تان است. در غیراین‌صورت، در خواب خوش خرگوشی خواهید بود که به یکباره درمی‌یابید: چابکها از راه رسیده‌اند و از صحنه‌ی کاروکسب‌ها شما را حذف کرده‌اند.

وارن بنیس که آثارش در حوزه‌ی رهبری است، راه‌حل خود را در کارکنان می‌داند. وی می‌گوید: در عصر اطلاعات، کارکنان نه فقط به بزرگترین دارایی شرکت تبدیل شده‌اند بلکه، نقش یگانه منبع پایدار مزیت رقابتی را نیز پیدا کرده‌اند.

به نظرم کالینز از دیگران درباره‌ی کارکنان توضیح دقیقتری می‌دهد. او بر این باور است که منابع‌انسانی شایسته، بزرگترین منبع دارایی سازمانها هستند، نه هر منابع‌انسانی. با چنین رویکردی، به سراغ روانشناسی و نظریه‌ی خودکارآمدی آلبرت بندورا رفتم. بندورا، در زمره‌ی روانشناسان معاصر و برجسته است. در سال ۲۰۰۲، او را به‌عنوان یکی از چهار روانشناس برجسته‌ی جهانی معرفی کردند: که بیشترین تأثیر را در پیشرفت علم روانشناسی تا آن زمان داشته‌اند. فهرست روانشناسان برجسته این بود: فروید، اسکینر، پیاژه، و بندورا. بندورا به دلیل ارائه‌ی تئوریهای بدیع‌اش، برگزیده شد. به همین دلیل نیز جایزه‌ی ۲۰۰هزار دلاری تقدیم وی کردند. جالب است بدانید وقتی خبر جایزه‌ی موفقیت‌آمیزش را تلفنی به همسرش داد، همسرش از او خواست تا بار دیگر به‌دقت صفرهای جایزه را بشمارد! بندورا تحصیلاتش را در روستای آلبرتا، محل زادگاهش در کانادا به پایان برد. پس از

دیپلم، برای کار، شرایط سخت و دشواری را متحمل شد. در زمان جنگ جهانی قرار بود که عملیات ساخت بزرگراه آلاسکن راه‌اندازی شود که امریکا را به آلاسکا متصل می‌کرد. در دشواری کار همین بس که سایر کارگران، مردانی بودند که قدرت پرداخت جرایم، بدهیها و هزینه‌های قانونی پس از طلاق را نداشتند و مجبور بودند از چشم قانون بگریزند، بدهکارانی که تمایل داشتند تا از چنگ طلبکاران، فراری باشند، اینان برای زنده ماندن و گریز از قانون همگی حاضر شده بودند در این منطقه حضور یابند.

او در این زمان بیش از همیشه درمی‌یابد که این افراد فاقد کارآیی هستند و به همین دلیل حاضرند به‌عنوان کارگرانی معمولی در شرایط بشدت سخت کار کنند. و بعدها بندورا تئوری خودکارآمدی را پس از طی مراحل دانشگاهی و با دریافت مدارج عالی به جامعه‌ی بشری معرفی کرد.

خلاصه‌ی تئوری خودکارآمدی بندورا

خلاصه‌ی دیدگاه بندورا این است که خودکارآمدی اشاره به این موضوع دارد: باورها یا قضاوتهای فرد درباره‌ی تواناییهایش. هرچه این باورها و قضاوتها بیشتر باشد، فرد در انجام وظایف و فعالیتهایش توانمندتر است.

باورها و قضاوتها می‌توانند مهارتهای شناختی فرد را به‌کار اندازد، می‌تواند مهارتهای اجتماعی فرد را به‌راه اندازد، می‌تواند مهارتهای عاطفی وی را بسیج کند، می‌تواند رفتار آدمی را برای نیل به خواسته‌ها و تحقق هدفها به‌کار اندازد.

فراموش نشود که بندورا همچون سایر نظریه‌پردازان، صرفاً در دایره‌ی واژه‌ها و عبارتها، تئوری خود را توجیه نمی‌کند بلکه، او از مدلی استفاده می‌کند تا بتواند "خودکارآمدی" را در قالب یک نظام منسجم تبیین کند.

بندورا معتقد است که برای افزایش خودکارآمدی، چهار روش وجود دارد. این چهار روش عبارتند از:

- مهارت عملی
- مدل‌سازی غیرمستقیم
- ترغیب شفاهی
- انگیختگی

بندورا بر اساس آزمایشها درمی‌یابد که میزان خودکارآمدی آقایان بالاتر از خانمها است. شاید برخی با نظریه‌ی وی در ایران موافق نباشند.

وی تحقیقی در این باره انجام داد. او در جلسات و سمینارهای بزرگی که خانمها و آقایان حضور

داشتند، به خانمها گفت: فرض کنید رئیس شما قرار است با فردی جایگزین شود و رئیس هیأت‌مدیره از شما می‌پرسد با توجه به اینکه دو فرد کاملاً مشابه از نظر تحصیلی، مهارتی و تجربه در گزینه‌ها وجود دارد و تنها تفاوت در جنسیت آنها است، ترجیح می‌دهید رئیس شما یک خانم باشد یا آقا؟ متأسفانه در این تحقیقات ۹۵ درصد از خانمها ترجیح دادند رئیس آنها یک آقا باشد. همین باعث شد تحقیقی انجام دهیم که در آن مشخص شد در مرحله‌ی دیپلم، زمانی که افراد می‌خواهند وارد دانشگاه شوند، ۵۵ درصد از آنها دختر و ۴۵ درصد از آنها پسر هستند، اما چند سال بعد در جایگاه مدیریت سازمانها، ۹۵ درصد از مدیران آقایان و تنها ۵ درصد از مدیران خانم هستند.

البته خیلی از افراد در این مرحله بحثهایی مانند تئوری سقف شیشه‌ای را مطرح می‌کنند، اما زمانی که خود فرد در این جلسات ترجیح می‌دهد، رئیسش یک مرد باشد، دیگر این مباحث مطرح نیست.

برای مثال، در یکی از شرکتها که فروشگاههایی متعلق به خودش دارد من مشاور آنها هستم، خانم و آقایی برای خرید آمده بودند و من در حال تماشای رفتار فروشنده‌ها و مشتریان بودم. یکی از فروشندگان خانم بخوبی محصول را پرزنت کرد و به سؤالات مشتریان جوابهای کامل و واضحی داد، اما مشتری خانم ناگهان گفت نمی‌خواهیم و به همراه همسر خود فروشگاه را ترک کرد. من به دنبال آنها رفتم و از آنها خواهش کردم تا دلیل خرید نکردن خود را صادقانه به من بگویند تا من به‌عنوان مشاور این مشکل را برای دفعات بعد حل کنم. این خانم مقداری به فکر فرو رفت و گفت من به زیبایی این خانم حسودی کردم، و اینجا کاری بود که از دست من خارج بود. در واقع خودکارآمدی مربوط به همین مسائل است.

در دنیای امروزی مبحث مردسالاری یا زن‌سالاری دیگر از بین رفته است. دنیای امروزی، دنیای شایسته‌سالاری است. در خانواده‌ی کاری TMBA دقت کنید، متوجه می‌شوید بسیاری از مدیران ما خانم هستند. درواقع اینجا، جنسیت مطرح نیست بلکه، تنها و تنها شایسته‌سالاری مطرح است. پس مواظب باشیم جنسیت ما، مانعی برای خودکارآمدی خود و افرادی که در اطراف ما هستند، نباشد.

زمانی که شما فردی خودکارآمد هستید و هدف دارید، نوعی هم‌توان‌افزایی حاصل می‌شود که طبیعتاً در نتیجه‌ی آن شما فردی موفق خواهید شد. آلبرت بندورا بیان می‌کند برای اینکه فردی خودکارآمد باشید، باید از الگوهایی غیرمستقیم درس بگیرید. فیلم، کتاب، آموزشهای توصیفی و...

زمانی که بخواهید رشد کنید، همه‌ی این موارد به خودکارآمدی شما کمک می‌کند. کتاب "انسان در جستجوی معنا" نیز در همین مورد صحبت می‌کند. این کتاب درباره‌ی دکتر فرانکل در زندان نازی است که فرانکل در آن بیان می‌کند، تقریباً تمام کسانی که در زندان نازی بودند، بر مردن خود آگاه بودند، اما تعداد اندکی از آنها یک بینش، رؤیا یا کاری نیمه‌تمام داشتند و آنها زنده ماندند. مدیریت روحیه و مدیریت بر خود از هر دارویی مهمتر است. بیایید نگاهی به روشهای ارتقای خودکارآمدی بیندازیم:

۱- مهارت عملی

آلبرت بندورا، مهمترین منبع افزایش خودکارآمدی را مهارت عملی می‌داند و منظور وی از مهارت عملی نیز، کسب تجربه‌ی مرتبط با کار است. اگر بتوانید کاری را با چیرگی و تسلط در گذشته به انجام رسانید، در آینده هم با اطمینان بیشتر می‌توانید همان کار را انجام دهید. در ایران، تایپیست‌ها راحت‌تر کار پیدا می‌کنند تا دانش‌آموختگان دانشگاهی؛ چرا که دارای مهارتی هستند. در سالهای اخیر بخصوص پس از فراگیر شدن کرونا اقبال چند برابر شرکتها به حوزه‌ی فضای مجازی و دیجیتال مارکتینگ، کارشناسان حوزه‌ی فناوری اطلاعات به گوهرهای ارزشمند و کمیاب تبدیل شده‌اند.

نکته‌ی مهم دیگر اینکه در ایران در سالهای اخیر با عارضه‌ی بیکاری روبه‌فزونی روبه‌روییم. از آن‌سو مدیران همواره می‌گویند در جستجوی نیروهای کارآمد هستند و آنچه به‌عنوان رزومه دریافت می‌کنند، نیروهایی هستند که دارای مدرک تحصیلی هستند، اما مهارت لازم ندارند و از طرفی حس و حال کار کردن در بسیاری از آنها کم است. می‌دانیم سازمانها و بنگاهها در پی آنند که نیرویی پرتوان جذب کنند تا کار آنها را انجام دهد و به‌نظر می‌رسد در پرورش "نیروهای پرتوان عملی" همچنان کاستیهای فراوانی داریم.

سازمانها در گذشته به بعضی از مهارتهای عملی خاصی نیاز داشتند که اکنون آن مهارتها دیگر کارآیی ندارند. پس نیروهای ماهر قبلی از گردونه حذف می‌شوند؛ مگر آنکه به‌سرعت خود را با شرایط تازه و مهارت تازه آماده‌سازی کنند.

۲- مدل‌سازی غیرمستقیم

نیروهای با پردازش قوی، هم می‌توانند آموزش را در دستور کار خود قرار دهند، هم می‌توانند در هنگام مشاهده‌ی فرد متخصص، از او فرا بگیرند.

در این‌باره توضیحات ورزشی از سوی متخصصان داده شده است. اگر شما می‌خواهید بسکتبالیستی قوی شوید، کافی است یکی از بازیکنان در رده‌ی خود را مدل و الگوی خود در نظر بگیرید. با دیدن پرتابهای موفق او درون سبد، شما هم می‌توانید با تمرین، پرتابهای موفق داشته باشید. البته اگر به خودکارآمدی خودتان باور داشته باشید. مصطفی کارخانه، مربی صاحبنام والیبال ایران می‌گفت: از دوران جوانی عکس ولاسکو را در اتاقش چسبانده بود و پیوسته کارهایش را تعقیب می‌کرد و او را الگوی عملی خود قرار داده بود.

۳- ترغیب شفاهی

نقش مدیران در این باره فوق‌العاده حائز اهمیت است. به‌خاطر دارم که مدیری می‌گفت: پیام نیچه را سرلوحه‌ی کار خود قرار داده است، آنجا که نیچه بیان می‌کرد: آنچه مرا نکشد، حتماً نیرومندم

می‌سازد.

برای مثال، ظاهراً در مدیریت والت‌دیزنی، از این الگو استفاده می‌شود. مدیر وقتی از سوی کارکنان به‌عنوان فرد مقتدر ارزیابی شود، دستورات او نیز از سوی کارکنان فهیم، به‌منزله‌ی دستورات اصلی درک می‌شود که الزاماً باید اجرا شود.

در ورزش شنیده‌اید که یک بازیکن می‌گفت: اگر مربی‌ام بگوید از ساختمان چندطبقه خودت را پایین بینداز، حتماً این کار را خواهم کرد. وقتی از او پرسیدند که این با عقل تناسب ندارد. او ساده گفت: او مربی من است. سالها است که زیر نظر او پرورش یافته‌ام. این بار که همان مربی می‌گوید خودت را پرت کن، قطعاً فکر همه‌چیز را کرده است.

۴- انگیختگی

انگیختگی باعث افزایش خودکارآمدی می‌شود. انگیختگی سبب می‌شود که فرد در حالت تحریک‌شده قرار بگیرد و به این‌ترتیب، شخص در صدد برمی‌آید تا کار را به بهترین وجه تکمیل سازد.

پژوهشهای فراوانی درباره‌ی خودکارآمدی صورت گرفته است. پژوهشها نشان داده‌اند که افراد با خودکارآمدی بالا، هدفهای دقیقتری دارند، کوشش بیشتری انجام می‌دهند، برای رسیدن به هدف مقاومت بالاتری دارند، عملکرد بهتری از خودنشان می‌دهند، عملکرد تحصیلی خوبی دارند، از سلامت جسمانی مطلوبی بهره‌مندند.

آزمون زیر در راستای سنجش اعتمادبه‌نفس بر اساس تئوری خودکارآمدی آلبرت بندورا است. بیایید خودمان را بسنجیم و تحلیل بعد از آن را بخوانیم:

سؤالات ۱۴گانه‌ی سنجش اعتمادبه‌نفس	هرگز	بندرت	گاهی	اغلب	همیشه
۱- تمایل دارم به انجام کارهایی که تصور می‌کنم از من انتظار می‌رود مبادرت کنم تا کارهایی که به‌درستی آنها معتقدم.					
۲- موقعیتها و شرایط جدید را می‌توانم با آسودگی و سهولت نسبی مدیریت کنم.					
۳- احساسی سرشار از انرژی و مثبت‌اندیشانه نسبت به زندگی دارم.					
۴- چنانچه کاری دشوار به‌نظر برسد، از انجام آن سرباز می‌زنم.					
۵- حتی اگر دیگران دست از کار بکشند و تسلیم شوند، من باز به تلاش خود ادامه می‌دهم.					
۶- اگر سخت بکوشم تا مسأله‌ای را حل‌وفصل کنم، پاسخ و راهکار را خواهم یافت.					
۷- به اهدافی که برای خود تعیین می‌کنم؛ دست می‌یابم.					

سؤالات ۱۴گانه‌ی سنجش اعتمادبه‌نفس	هرگز	بندرت	گاهی	اغلب	همیشه
۸- زمانی که با سختی مواجه می‌شوم، ناامید شده و احساس یأس می‌کنم.					
۹- من ازآن دسته آدمهایی هستم که سخت تلاش می‌کنم، اما باز به اهدافم دست نمی‌یابم.					
۱۰- دیگران بازخوردی مثبت نسبت به اقدامات و دستاوردهای من می‌دهند.					
۱۱- باید در همان ابتدای کار طعم موفقیت را بچشم، وگرنه ادامه نخواهم داد.					
۱۲- زمانی که بر مانعی غلبه می‌کنم، در خصوص درسهایی که می‌توان از آن یاد گرفت، می‌اندیشم.					
۱۳- اعتقاد دارم که اگر سخت بکوشم، به اهدافم دست خواهم یافت.					
۱۴- من با افرادی که تجارب و مهارتهایی مشابه خودم را دارند و در کار خود موفق هستند، نشست‌وبرخاست و تماس دارم.					

مجموع نمرات:

برای محاسبه‌ی مجموع امتیازات خود، گزینه‌هایی را که علامت زده‌اید در چک‌لیست سایت https://www.mindtools.com/pages/article/newHTE_84.htm وارد کرده، و سپس با کلیک روی دکمه‌ی calculate my total امتیاز خود را محاسبه کنید.

تفسیر نمرات

نمره	تفسیر
۱۴-۳۲	احتمالاً دوست داشتید که اعتمادبه‌نفس بالایی داشتید؛ کافی است نگاهی دوباره به دستاوردهایی که در طول زندگی خود داشته‌اید، بیندازید. احتمالاً تمرکز عمده‌تان روی نیمه‌ی خالی لیوان و نداشته‌هایتان بوده است و به همین دلیل از شناسایی استعدادها و مهارتهای بالقوه‌ی خود غافل مانده‌اید، اما هیچ‌گاه برای پیشرفت دیر نیست.
۳۳-۵۱	به‌نظر می‌رسد که در شناسایی مهارتها و باور به تواناییهایتان عملکرد قابل قبولی دارید. اما شاید کمی به خود سختگیر باشید و این مسأله موجب می‌شود تا نتوانید آنچنان که باید از ظرفیتهای کامل خود بهره بگیرید.
۵۲-۷۰	نمره‌ی شما نشان‌دهنده‌ی اعتمادبه‌نفس تحسین‌آمیزتان است. به‌علاوه شما قابلیت فراوانی در یادگیری از تجارب دارید و اجازه نمی‌دهید که موانع در نوع دیدگاهتان نسبت به خود سستی ایجاد کند. هرچند که باز جای پیشرفت وجود دارد.

نقش و اهمیت خودکارآمدی در مدیریت برند شخصی

چندان اهمیتی ندارد که وضعیت فعلی اعتمادبه‌نفستان در چه سطحی است؛ چرا که می‌توانید در آن بهبود قابل‌توجهی ایجاد کنید. اما نیاز است تا قبل از هر کسی ابتدا خود به باورتان ایمان پیدا کنید. نظریه‌ی خودکارآمدی بندورا نقطه‌ی آغاز مناسبی در این زمینه به شمار می‌رود؛ منابع خودآگاهی از دیدگاه بندورا عبارتند از:

۱- **تجربه‌های موفق:** کارهایی که در گذشته با موفقیت از پس انجام آنها برآمده‌اید.
۲- **تجربه‌های جانشین:** الگوسازی و یا سرمشق‌گیری در اثر مشاهده‌ی رفتارهای افراد موفق
۳- **ترغیبهای کلامی یا اجتماعی:** شنیدن نقطه‌نظرات سایرین درمورد شایستگی در انجام رفتارهای معین
۴- **حالات هیجانی و فیزیولوژیک، مثبت‌نگری و مدیریت ریسک**

سه مورد از این منابع (مورد اول، دوم و چهارم) تحت کنترل خود فرد هستند، بنابراین، می‌توان مدیریت شایسته‌ای روی آن داشت. مورد دوم نیز باز به انتخاب شما، تصمیم شما و اقدام شما بازمی‌گردد.

در ادامه، تعدادی ابزار برای ارتقای اعتمادبه‌نفس معرفی شده‌اند.

● **پرورش تجارب موفق (سؤالات ۱، ۲، ۴، ۵، ۶، ۷، ۱۱، ۱۲ و ۱۳)**

هرچه تجارب موفق‌تری را پشت‌سر بگذارید، در آینده نیز از ثمرات و دستاوردهای ناشی از آن بهره‌مند خواهید بود. اما چنانچه موفقیت به آسانی حاصل شود، سهم چندانی در عزت‌نفس ما نخواهد داشت. تجارب موفق اشاره به موقعیت‌هایی دارد که از طریق سختکوشی به توفیق دست یافته‌اید. اگر می‌خواهید چنین تجاربی داشته باشید، باید به خود انگیزه‌ی لازم را داده و با مشقت دست‌وپنجه نرم کنید. انگیزه از منابع بسیاری سرچشمه می‌گیرد، از جمله:

- مثبت‌اندیشی
- ایجاد اهداف اثربخش
- ایجاد یک محیط انگیزاننده

اگر می‌خواهید تجارب موفق را پرورش و توسعه دهید، نکات زیر را مدنظر قرار دهید. سراغ مسئولیتهای چالشی بروید و در عین‌حال وظایفی را عهده‌دار شوید که موجبات رشد و پیشرفت‌تان را فراهم کند.

- توانایی‌ها و مهارت‌های خود را به کمک فرایندهای استعدادشناسی ارزیابی کنید.
- مهارتهای حل مسأله و تصمیم‌گیری را در خود بهبود بخشید.
- به توسعه‌ی فردی و حرفه‌ای خود متعهد باشید.

- **مشاهده‌ی دیگران و الگوبرداری آگاهانه (سؤالات ۹، ۱۰ و ۱۴)**

در نظریه‌ی بندورا می‌خوانیم که سرمشق‌گیری از موفقیتهای سایرین، سطح باورمندی به خود و عزت‌نفس را تقویت می‌کند. برای مثال، اگر شخصی در کار خود موفق است، با مشاهده‌ی رفتارهای او از وی الگوبرداری کنید.

می‌توانید تکنیکها و نکات زیر را به‌کار ببندید تا برند شخصی‌تان را ارتقا دهید:

- شبکه‌ی ارتباطی‌تان را با افراد موفقتر از خود تکمیل کنید.
- به دنبال راهنما و مشاور دلسوز و کارآزموده باشید.
- از دیگران و اطرافیان خود بیاموزید.
- مشاغلی را انتخاب کنید که محیطی فراگیر دارند.

- **مدیریت استرس (سؤالات ۳ و ۸)**

زمانی که استرس منفی در زندگی انسان غالب می‌شود، نتایج مخربی را بر جای خواهد گذاشت. افزون بر این مهارت در مدیریت و کنترل تنشهای روزمره می‌تواند سرچشمه‌ی اعتمادبه‌نفس باشد؛ چرا که اگر به توانایی خود در مدیریت ناملایمات باور داشته باشیم، احساس توانمندی و انرژی زایدالوصفی را تجربه خواهیم کرد.

برای مدیریت بهتر بر استرسها، نکات زیر را رعایت کنیم؛ در مرحله‌ی نخست، اینکه خوشبینی را بیاموزیم. تکنیکهای کلیدی مدیریت استرس مثل تخلیه‌ی انرژی منفی، مدیریت صحیح بر زمان، برنامه‌ریزی در حوزه‌های مختلف، سرگرمی، بهره‌گیری از نوشتن، خودشناسی، مهارت "نه" گفتن، پرهیز از چندوظیفه‌گری، احترام به احساس خستگی، تعهد به یادگیری مستمر و تمدد اعصاب را بیاموزیم.

خودکارآمدی از زوایای سلامت نیز مورد بررسی قرار گرفته است. کسانی که احساس خود کارآمدی بالا دارند، احتمال آنکه بتوانند وزن خود را کاهش دهند، بیشتر است. احتمال آنکه بتوانند سیگار را ترک کنند، بالاتر است. قدرت تحمل درد را بیشتر دارند، زودتر بهبودی می‌یابند.

ما در سازمانها و مؤسسات گاه با نیروهایی روبه‌روییم که بیشتر رفتار عجزگونه دارند تا بتوانند از امتیازاتی برای گرفتن وام، مرخصی، غیبت غیرموجه بهره‌مند شوند. آیا چنین نیروهایی، دارایی سازمان محسوب می‌شوند یا همان اشخاصی هستند که در بحران حوادث کاروکسب، به شکست سازمانها شتاب می‌بخشند.

تئوری خودکارآمدی بیان می‌کند فرد تا چه اندازه به خودی‌خود کارآمد است یا نیاز به یک انگیزه‌ی بیرونی، تحرک بیرونی یا نظارت بیرونی دارند و کسانی که خودکارآمدی بالا دارند، موتور روشن هستند و به‌خودی‌خود دانشمندسرباز هستند و متفاوت از یکدیگر هستند. طبیعتاً انسانهایی موفق هستند

که به‌خودی‌خود انگیزه دارند و خودکارآمد هستند. بعید می‌دانم کسی با تنبلی یا به‌صورت اتفاقی برند شخصی بزرگی شود، یادمان باشد برند شخصی بزرگ کسی است که مشهور مقبول محبوب برای یک جامعه‌ی هدف خاص است. بعضی از افراد در رسانه یک جمله‌ای را می‌گویند و مردم دنبال هیجان و شادی، آن را در فضای مجازی ویروسی می‌کنند، اما پس از مدتی این به ظاهر سلبریتی‌ها به میکروسلبریتی و سپس نانوسلبریتی تبدیل شده و از اذهان محو می‌شوند. برند شخصی شدن نیاز به نوآوری، همت و پشتکار دارد. کامیابی نتیجه‌ی کمال‌طلبی، وفاداری به هدف، سختکوشی، پشتکار و نهراسیدن از شکست است.

یادم می‌آید زمانی که اولین دوره‌ی انتخابات هیأت‌مدیره‌ی انجمن علمی بازاریابی ایران برگزار شد، به توصیه‌ی یکی از دوستان من هم کاندیدا شدم که البته اشتباه کردم؛ چون خیلی زود بود و برای هیأت مؤسس پذیرش نداشت، از بین تمام کاندیداها من نفر آخر شدم، اما همانجا به خودم قول دادم که چنان عضو فعال و پیگیری در انجمن باشم که روزی به ریاست آن برسم. این یک رؤیا بود که برای به‌دست‌آوردنش نیاز به تلاش آگاهانه داشت.

در دور دوم (انتخابات هر سه سال برگزار می‌شود) من به همراه دو نفر دیگر از دوستان رأی دوم را آوردیم، یعنی آرای ما یکسان شد و به عضویت هیأت‌مدیره درآمدم. در دور سوم هم نفر دوم شدم و در دور چهارم به ریاست انجمن علمی بازاریابی ایران منصوب شدم. بدیهی است خیلی از عزیزانی که طی این سالها هیچ فعالیتی در انجمن نداشتند و حتی حق عضویت خود را هم نداده بودند از این انتخاب راضی نبودند، اما فعالیتهای مثبت من سبب شد که در دوره‌ی چهارم گرید انجمن در وزارت علوم از F به B رسید و این موفقیت بسیار چشمگیر بود.

لازم است از تلاش همه‌ی عزیزان خصوصاً هیأت‌مدیره‌ی وقت تشکر کنم، اما سفرهای متعدد من به استانهای مختلف به‌منظور ایجاد و راه‌اندازی شعبه‌ها، برگزاری سمینارها و کنفرانسها، شرکت در جلسات مختلف دولتی و خصوصی و البته هزینه‌های مالی در کنار هزینه‌های زمان، هزینه‌های روانی و انرژی همه در رسیدن انجمن به این درجه تأثیر زیادی داشت، به‌طوری‌که اکنون انجمن یک برند قوی و صاحب‌نام است. تأکید می‌کنم هیچ موفقیتی و هیچ شکستی اتفاقی نیست.

خوددوستی در راستای مدیریت برند شخصی

از خود بپرسید: چقدر خود را دوست دارید؟

اغلب در دوره‌های روانشناسی ارتباط با مشتری سؤال می‌کنم: آیا اگر جنس مخالف بودی، حاضر بودی به خواستگاری خودت بروی؟ و جالب است که بعضی از افراد پس از تأمل، به این سؤال جواب منفی می‌دهند و دلیل آنها این است که می‌گویند اخلاقم خوب نیست، زود عصبانی می‌شوم و... درواقع این سؤال به افراد تلنگر می‌زند و آنها را به فکر فرو می‌برد که از خودشان چقدر خشنود و راضی هستند؟

از یک منظر انسانهای دنیا را می‌توان به دو دسته تقسیم‌بندی کرد: ۱-خودناپسندان، ۲- خوددوستان. خودناپسندان، خود را حقیرتر و ناچیزتر از چیزی می‌شمارند که در جامعه حضور فعال داشته باشند یا در نقطه‌ی مقابل به شکلی خودپسندانه و مثل بادکنکی توخالی هستند که نمایی نادرست از خود به نمایش می‌گذارند.

اما دسته‌ی دوم دارای سلامت روانی و حرمت‌نفس‌اند و توانایی عشق‌ورزی و عشق‌پذیری در آنها وجود دارد. می‌توان گفت که انسانها از ۴ مرحله عبور می‌کنند تا به دگردوستی برسند. از جلوه‌گری و شوآف، به خودخواهی، و سپس به خوددوستی و نهایت امر به دگردوستی.

مدل رسیدن به دگردوستی
جلوه‌گری ⟵ خودخواهی ⟵ خوددوستی ⟵ دگردوستی

انسانهای خوددوست علیه خود کار بدی نمی‌کنند و با پذیرفتن پیامد کار خود به مسئولیت خویش واقفند. آنها اهل تجاوز به حریم دیگران نیستند و به حدشناسی شهره‌اند. پیش‌زمینه‌ی خوددوستی، خودیابی و خودشناسی است. خوددوستی هنری است ناب؛ چرا که در فقدان عشق به خود، آدمی دچار

تصمیمات مضر و خودتخریبی می‌شود. افراد خودناپسند تأییدطلبند و وضعیت عاطفی پایداری ندارند.

اما خوددوستی را نمی‌توان در یک حباب و بدون وجود تأثیر نظر دیگران تولید کرد. ما باید بتوانیم آنقدر خود را توانمند سازیم که نگذاریم دیدگاه منفی دیگران در احساسات ما اثر تخریبی داشته باشند. ما می‌توانیم یاد بگیریم تا دیگران را دوست خود کنیم، و نیز بهترین دوست خود باشیم؛ چرا که در این‌صورت دوستی برای یک عمر خواهیم داشت.

تأکید می‌کنم روانشناسی علمی است که روی دو چیز مطالعه می‌کند، یکی رفتار که عینی است و دیگری که فرایندهای ذهنی هستند و قابل مشاهده نمی‌باشند.

یکی از راههای پی بردن به فرایندهای ذهنی طرف مقابل در مذاکرات و فهمیدن حس او نسبت به ما و فرایند مذاکره، شناخت مهارتهای تشخیص و تفسیر زبان بدن است. مدیریت بر زبان بدن یکی از روشهایی است که به کمک آن می‌توان هم خود را دوست داشت و هم دوست‌داشتنی‌تر شد. حرکات بدن انسانها بیانگر احساسات و افکار آنان است. حتی اگر با زبان سر و کلماتی که به زبان می‌آورند سعی در مخفی کردن احساسات و افکار خود داشته باشند، باز هم زبان بدنشان، دستشان را رو می‌کند. به‌طور مثال، یک سیاستمدار می‌تواند نقش و نیت واقعی خود را در پس واژه‌ها و جمله‌ها پنهان کند، اما قادر به نهان داشتن زبان بدن خود برای مدت‌طولانی نیست. زبان بدن در بین فرهنگها و کشورهای مختلف بجز اختلافات مختصری معنای مشترک و یکسانی دارد.

در واقع آن چیزی که بی‌قصدوغرض در برابر دیدگان مردم در خصوص خود آشکار می‌کنیم، می‌تواند بهت‌آور باشد. به‌طور مثال، نتایج تحقیقی که در سال ۲۰۱۶ انجام شد نشان داد، کسانی که در برقراری ارتباط غیرکلامی ناموفق بوده و یا تن گفتار آنها خشک و تهاجمی است، کمتر جلب‌توجه می‌کنند.

در واقع ما هر روز بی‌آنکه خودمان آگاه باشیم، سیگنالهایی به دیگران مخابره می‌کنیم. روشی که با دیگران دست می‌دهیم، شکل حرکت چشمانمان و لحن گفتارمان. در عین‌حال می‌توانیم با استفاده از زبان بدن، نشانه‌هایی ناخودآگاه به دیگران ارسال کرده و کاری کنیم که بیشتر موردعلاقه‌شان باشیم. البته هر زمان که درباره‌ی این شکل از تکنیکهای رفتاری صحبت می‌شود، عده‌ای از آن تعبیر منفی خواهند کرد و آن را روشی حیله‌گرانه توصیف می‌کنند که در ذهن افراد ایجاد فریب می‌کند. اما مدیریت برداشت دیگران یک مهارت در مهندسی اقناع و مدیریت مذاکره است. و اگر هدف ما رسیدن به برد طرفین باشد، این مهارت بسیار ارزنده است.

ذهن آدمی اهل قضاوت کردن است. این ویژگی موجب حفظ بقای ما در فرایند تکامل شده است. ما قادریم در چشم برهم‌زدنی قضاوت کنیم:

- آیا این فرد برای من تهدید است؟
- آیا این فرد جذاب است؟

- آیا این فرد برای بقای (اجتماعی) من سودی دارد؟
- و...

نگرش و زبان بدن

به این ویژگی فطری توجه کنید، اما هرگز بدون شناخت بهتر فرد، بر اساس آن اقدامی نکنید. توصیه‌هایی که در ادامه می‌خوانید به شما کمک خواهند کرد تا به شیوه‌ای رفتار کنید که تأثیر مثبتی روی برداشت دیگران از رفتار شما داشته باشد.

این نگرش‌ها به شکلی ناخودآگاه بر زبان بدن شما تأثیر خواهند گذاشت.

احساس امنیت کنید و از خود اطمینان نشان دهید

این مورد به‌قدری اهمیت دارد که کتاب‌ها و مقالات زیادی به آن اختصاص یافته است. هرچند هیچ‌کس نمی‌تواند در ۱۰۰٪ اوقات چنین نگرشی داشته باشد. به‌علاوه، گاهی عکس این مورد صحیح است؛ یعنی مواردی وجود دارد که عدم احساس ایمنی و مطمئن به‌نظر نرسیدن، به شما مزیت دوست‌داشتنی بودن را می‌دهد. با این حال در مجموع این نگرش صحیح است.

دو مورد در این‌خصوص حائز اهمیت است:

۱- بکوشید مسائلی را که موجب ناراحتی‌تان می‌شود، رفع کنید: مثلاً شنیده‌اید که فردی گفته است:

- پوست بد و ناصاف مسأله‌ای برای من بود که با مراجعه به متخصص آن را برطرف کردم.
- مسأله‌ی دیگر انتخاب لباس بود که آن را با به همراه بردن یکی از دوستان خوش‌سلیقه‌ام هنگام خرید، حل کردم.

۲- احساس امنیت را به خودتان بیاموزید:

- من از کتاب‌های صوتی خودآموزی که دانلود کردم چیزهای زیادی یاد گرفتم.
- تناسب‌اندام کمک شایانی برای من بود. در این زمینه کتاب‌ها و مطالب مفیدی وجود دارد.

همه دوست هستند، مگر غیر از این ثابت شود

چرا قبل از اینکه حتی پلی بسازید، آن را خراب می‌کنید؟ این امر کاملاً غیرمنطقی است:

- شما به دستاوردی نائل می‌شوید.
- شما هیچ‌چیزی برای از دست دادن ندارید.

در مورد دیگران پیشداوری نکنید و راه ورود افراد مثبت را به زندگی خودتان سد نکنید. به‌زودی

درخواهید یافت که آیا فرد جدیدی که وارد زندگی‌تان شده، می‌خواهد یا می‌تواند یک دوست خوب باشد یا نه.

همه شایسته‌ی احترام هستند، مگر غیر از این ثابت شود

در این مورد نیز، با احترام گذاشتن به دیگران یا چیزی به‌دست می‌آورید یا اصلاً چیزی را از دست نمی‌دهید. این نکته به معنای چاپلوسی و پابوسی دیگران نیست بلکه، به این معنا است که نباید به دیگران جسارت کنید و یا کاری کنید که احساس کم‌اهمیت بودن داشته باشند.

همه را دوست داشته باشید، مگر آنکه بی‌لیاقتی خود را نشان دهند

غریبه‌ها مستحق آن هستند که این فرصت را بیابند که خودشان را به شما ثابت کنند. در دنیای ما نمی‌توان بر اساس ظواهر، قضاوت درستی کرد. چه انسانهای به ظاهر نفرت‌انگیزی که همچون شخصیت کریه‌المنظر و بدهیبت داستان دیو و دلبر، دلی مهربان دارند. به قول غربیها: به جلد کتاب نگاهی بیندازید، اما پیش از قضاوت کردن حتماً چند ورق از آن را بخوانید.

همواره در این فکر باشید که چه کاری می‌توانید درحق دیگران انجام دهید

وقتی با کسی ملاقات می‌کنید، به این موضوع فکر نکنید که این آدم چه کاری می‌تواند برای من انجام دهد؟ بلکه، در این فکر باشید که من چه کاری می‌توانم برای او انجام دهم؟ این یکی از رموز اساسی محبوبیت در رشد و ارتقای برند شخصی است. کمک کردن به دیگران بهترین راهی است که آنها را برای کمک کردن به خود شما ترغیب می‌کند و این یعنی رابطه‌ی دوسر برد.

توجه داشته باشید که منظور این نیست که به هر نحوی شده سعی کنید با خودنمایی و کمک بیجا خودتان را باهوش جلوه دهید. تنها زمانی به مردم کمک کنید که واقعاً باور دارید زندگی آنها با آگاهی، کمک یا تماسی که شما به آنها پیشنهاد می‌کنید، بهتر خواهد شد. پیشنهاد کمک بدهید، اما روی آن اصرار نکنید. بعد تصمیم‌گیری را به آنها بسپارید.

وضعیت بدن[1]

بدن ما دائماً در حال ارسال سیگنال به افرادی است که با آنها ملاقات می‌کنیم. وضعیت بدن بر قضاوتها و برداشت آنی افراد درباره‌ی ما، و همچنین بر تصور ما از خودمان اثر می‌گذارد. به‌علاوه، حفظ وضعیت صحیح بدنی برای سلامتی اعضای بدن و ستون فقرات ما نیز مفید است. صاف اما

---

1. Posture

راحت بایستید.

برای یافتن یک وضعیت بدنی مناسب، موارد زیر را انجام دهید:

۱- پاهایتان را به اندازه‌ی عرض شانه و یا استخوانهای جانبی لگن خود باز کنید.

۲- به حالتی که انگار چیزی از ناحیه‌ی سر، شما را به بالا می‌کشد، تلاش کنید قد خود را بکشید.

۳- در این حالت ایستاده، شانه‌هایتان را شل کنید.

۴- عضلات گردنتان را کمی شل کنید و زاویه‌ی سرتان را به‌گونه‌ای تنظیم کنید که برای نگاه کردن در چشمان فردی با قد متوسط مجبور نباشید به بالا یا پایین نگاه کنید.

چند نکته‌ی مهم:

- درحالی‌که سعی دارید وضعیت درست بدنی خود را حفظ کنید، تا جای ممکن راحت و آرام باشید.
- سینه‌ی خود را به‌زور جلو نیاورید (حالت سینه‌کفتری). قفسه‌ی سینه باید صاف باشد، درست مانند وقتی که روی زمین دراز کشیده‌اید.
- به آرامی اندکی شانه‌هایتان را به عقب بکشید.

صاف بنشینید، اما نه عصا قورت‌داده

زمانی که صاف و صحیح روی صندلی می‌نشینیم، احساس بلندقامتی می‌کنیم که بار روانی مثبتی در پی دارد. پشت‌تان را صاف، اما تا جای ممکن راحت نگهدارید.

با ایجاد کشش در بخش میانی بدنتان کمی تنش مثبت ایجاد کنید

ماهیچه‌های شکم، کمر و به‌طورکلی بخش میانی بدنتان هرگز نباید هنگام ایستادن یا نشستن شل باشند. بنابراین آگاهانه در ماهیچه‌های شکم و مرکز بدنتان کمی ایجاد تنش کنید. این کار علاوه بر آنکه نشانگر وضعیت خوب بدنی شما است، راه رفتن موقر و صحیح را امکانپذیر می‌کند.

پاهایتان را به اندازه‌ی عرض شانه و یا استخوان لگن باز کنید

نحوه‌ی قرار گرفتن پاها نکات زیادی را در خصوص شما به دیگران منتقل می‌کند. هرچند این ادعا چندان علمی نیست، اما معمولاً نزدیک هم بودن پاها نشان‌دهنده‌ی عدم اطمینان است، درحالی‌که فاصله داشتن آنها از هم حاکی از اعتمادبه‌نفس است.

وانگهی نزدیک بودن و دور بودن بیش از اندازه‌ی پاها هم می‌تواند برداشت نامطلوبی را موجب شود

چگونگی ورود به یک اتاق

لحظه‌ای که به یک اتاق وارد می‌شوید، درست لحظه‌ای است که خودتان را در معرض قضاوت افرادی

قرار می‌دهید که در آن اتاق هستند. پس از این فرصت بهره‌برداری کنید.

شاید تکنیک‌هایی مثل خوش‌پوشی و پوشیدن لباس‌های شیک در مواردی توصیه شود، اما این توصیه شامل همه‌ی موقعیت‌ها نمی‌شود. تیپ شما می‌بایست متناسب با عرف و پوشش مخاطبان هدف باشد، مثلاً یک کت و شلوار مارک‌دار گران‌قیمت و کفش چرم طبیعی و کیف چرمی برند لوکس و... در بسیاری از جاها تأثیر مثبت بالایی دارد، اما در بسیاری از جاها هم خودش مانع ارتباط بوده و تمام زحمات را بر باد می‌دهد. روزی در یکی از سمینارها جوانی شیک‌پوش با موهای دم‌اسبی نزد من آمد و گفت من همه‌ی حرفهای شما را گوش می‌کنم، اما موفق نیستم. گفتم کاروکسب شما چیست؟ گفت من در منطقه‌ی بازار و به حجره‌داران بازار بیمه‌ی عمر می‌فروشم. گفتم خوب پسرم تو ابتدایی‌ترین نکته را رعایت نکرده‌ای، در منطقه‌ای که حاجی‌های بازار هستند، تیپ ظاهری شما نمی‌تواند اجازه دهد ارتباط بین طرفین برقرار شود، شما اول باید بتوانید خودتان را به مخاطب هدف بفروشید، سپس آنها به شما فرصت می‌دهند تا محصولتان را با سایر اجزای آمیزه‌ی بازاریابی نظیر قیمت، توزیع، ترویج و ارتباطات به آنها معرفی کنید. اما وقتی گام اول (از منظر آنان) درست برداشته نمی‌شود، تا ثریا می‌رود دیوار کج.

خوشحالی خودتان از بودن در آن جمع را به‌وسیله‌ی لبخندتان نمایش دهید

صرف‌نظر از اینکه واقعاً خوشحال هستید یا نه، زمانی که وارد اتاق می‌شوید لبخند بزنید. عزیزی می‌گفت چاله‌ها مانع پیشرفت هستند، فقط یک چاله است که سبب پیشرفت تو می‌شود آن هم چاله‌ی گونه‌هایت است وقتی که می‌خندی. طوری لبخند بزنید که انگار واقعاً از آنچه می‌بینید، لذت می‌برید. البته افراط هم به خرج ندهید و با صدای بلند نخندید. طوری لبخند بزنید که گویی پس از چندروز هوای آلوده و غبارآلود حالا می‌توانید کوه‌های زیبای اطراف شهر را تماشا کنید و از آسمان آبی لذت ببرید. این نکته‌ی تعادل در لبخند بسیار مهم است، اعصابم خرد می‌شود وقتی که بعضی از عزیزان فعال در حیطه‌ی فروش وقتی برای مصاحبه‌ی استخدام به اتاقم وارد می‌شوند و از بدو ورود چنان القابی را در مورد من به‌کار می‌برند و چنان سر من را به سقف آسمان می‌دوزند که نمره‌ی منفی بزرگی در بدو ورود برای خودشان ایجاد می‌کنند.

با جمع احوال‌پرسی و خوش‌وبش کنید

نباید با داد و فریاد و صدای بلند احوال‌پرسی کنید و توجهات را به‌طور آشکار به خود جلب کنید، مگر اینکه این نوع رفتار مورد پسند آنها باشد. افراط و تفریط در رفتار پسندیده نیست.

ارتباط چشمی برقرار کنید

به افراد حاضر بی‌تفاوت و سرسری نگاه نکنید. به چشمانشان بنگرید و اگر کسی چشم در چشم شما

دوخت، متقابلاً به او لبخند بزنید. کاری کنید که دیگران احساس خوشایند و مثبتی از ورودتان داشته باشند. نگاهتان را در جمع بچرخانید و با نگاهتان به همه احترام بگذارید، نگاه محکم، نرم و با اعتماد داشته باشید، بیش از هفتاد درصد زمان با شرایط فوق و با احترام به طرفهای مقابل نگاه کنید.

حوصله کنید و زمان بگذارید، این کار نه‌تنها نشان‌دهنده‌ی اعتمادبه‌نفس بلکه، نگرش باز ما را نیز نشان می‌دهد.

ساختار انسان به شکلی است که افرادی را که دوستان زیادی دارد، دوست داشته یا به او احترام بیشتری بگذارد. وقتی وارد اتاق یا فضایی می‌شوید با حضار سلام و احوالپرسی کنید، و به دنبال آن برای دوستانتان دست تکان دهید و جملاتی زیبا به‌کار ببرید نظیر:

"نگران چیزی نباشید و خیالتان از بابت انجام این کار راحت باشد". حتی می‌توانید در گردهماییها و مناسبتهای بزرگ هم دست به چنین کاری بزنید. یادتان باشد که آدم پشت‌سرش را نمی‌بیند و در واقع هیچ انسانی دید ۳۶۰ درجه‌ای ندارد.

شیوه‌ی دست دادن

هرچند در دوران پساکرونا متأثر از ترسهای دوران شیوع کرونا تقریباً دست دادن حذف شده است، ولی برای تکمیل مطلب زبان بدن به این بخش مهم توجه کنید.

آقایان بویژه در مورد نحوه‌ی دست دادن با ایشان حساس هستند. بخصوص دست دادن موسوم به ماهی مرده (بسیار شل و بی‌احساس) به‌سرعت میزان دوست‌داشتنی بودنتان را کاهش می‌دهد. به این نکات توجه کنید:

- در دست دادن پیشدستی نکنید. دست دادن یک کار گروهی است و منتظر شوید فرد بزرگتر (سنی، سمتی، جایگاه مشتری و...) ابتدا تمایل به دست دادن را نشان دهد.
- فشار دست‌تان به اندازه‌ای باشد که گویی می‌خواهید دسته‌ی یک تابه‌ی تقریباً سنگین را بگیرید (محکم، بااقتدار، اما نه فشار عصبی).
- اگر کسی مثل ماهی مرده و شل و وارفته با شما دست داد، دستش را سخت فشار ندهید.

هنگام دست دادن ارتباط چشمی برقرار کنید

دزدیدن نگاه و به این‌طرف و آن‌طرف نگریستن، ناخودآگاه احساسی منفی را در افراد مقابل تداعی می‌کند:

- اینکه شما به آن فرد توجه نمی‌کنید و یا برای او احترام قائل نیستید.
- و یا احیاناً چیزی برای مخفی کردن دارید.

تنها به‌قدری در چشمان فرد مقابلتان نگاه کنید که رنگ چشمان او را به‌خاطر بسپارید. نگاه خیره

نکنید و فقط لحظه‌ای به چشمان او نگاه کنید.

جوری لبخند بزنید انگار که روز خوبی را برایتان رقم زده‌اند
هنگام دست دادن و زمانی که به چشمان فرد مقابلتان نگاه می‌کنید، طوری لبخند بزنید که گویی چیزی در چشمان او می‌بینید که شما را خوشحال می‌کند.

با صدای بلند نخندید و فقط تبسمی به لب داشته باشید.
توصیه می‌کنم بخش مربوط به زبان بدن در کتاب "مهارتهای ارتباط با مشتریان شاکی" تألیف نگارنده را بخوانید.

موقعیت بدنی
نکاتی در خصوص موقعیت بدن در ادامه‌ی چگونگی مدیریت کردن زبان بدن برای تصویرسازی شایسته در نزد دیگران و در نتیجه مدیریت برندسازی و برندداری شخصی آورده می‌شود.

چگونگی تنظیم موضع بدنی، در چگونگی برداشت دیگران از شما اثر می‌گذارد. موضع‌گیری بدنی به همراه حالت بدن ابزارهای قدرتمندی هستند.

گارد خود را باز کنید
زمانی که مشغول گفت‌وگو با دیگران هستید، موقعیت بدنی خود را به شکلی قرار دهید که حالتی باز و پذیرنده را تداعی کند. ترجیحاً به‌گونه‌ای اعضای بدن خود را به شکلی آسیب‌پذیر در معرض قرار دهید، برای مثال با حالت دست‌به‌سینه‌ی خود قفسه‌ی سینه‌تان را نپوشانید و یا قوز نکنید و مواردی از این قبیل. این موارد اعتماد و راحتی ما با فرد مقابل را نشان می‌دهد.

بدن خود را به سمت فردی که با او صحبت می‌کنید، متمایل کنید
این یک تغییر جزئی است، اما اطمینان از اینکه زاویه‌ی بدن شما متمایل به فرد مقابلتان است، تفاوت زیادی ایجاد می‌کند. در نقطه‌ی مقابل اگر زاویه‌ی خود را از او دور کنیم، می‌توانیم احساس ترس، عدم‌امنیت و بدگمانی را در او تداعی کنیم.

به چیزی لم ندهید
لم دادن به چیزهایی از قبیل دیوار نشان‌دهنده‌ی بی‌تفاوتی و احتمالاً احساس ناامنی از سوی ما است. در هر صورت تلاش کنید حالت بدنی خوب و صافی داشته باشید (البته مثل عصا قورت‌داده‌ها هم نایستید) بلکه، تلاش کنید تا یک حالت بدنی خنثی و در عین حال آرام داشته باشید.

اگر به هر دلیلی ناچار بودید به چیزی تکیه کنید، حالت خوب بدنتان را حفظ کنید و قوز نکنید.

نکاتی در خصوص صورت

صورت عضوی از بدن است که نشانه‌ها و سیگنال‌های بسیاری از آن متصاعد می‌شود. در حقیقت، در زمینه‌ی حرکات ریز صورت که افراد به‌طور ناخودآگاه از خود بروز می‌دهند، تحقیقات بسیاری انجام شده است. ما بی‌آنکه خودمان بدانیم اطلاعات زیادی را به‌واسطه‌ی حالات چهره‌ی خود به دیگران منتقل می‌سازیم. بنابراین می‌توانیم با استفاده از حالات آگاهانه‌ی صورت خود، اطلاعات فراوانی درخصوص خودمان به مردم بدهیم.

چهره‌ی خنثی خود را به چهره‌ای شاد تبدیل کنید

آیا تاکنون در مورد پدیده‌ی جالبی به‌نام "سندروم صورت بی‌خیال" چیزی شنیده‌اید؟ برخی بر این باورند که صورت آنها در حالت استراحت (بی‌حالتی و یا حالت عادی)، ناراحت و عصبانی به‌نظر می‌رسد و به همین سبب دیگران آنها را به‌عنوان یک خطر اجتماعی تلقی می‌کنند. احتمالاً هیچ‌کدام از ما علاقه‌ای نداریم که با فردی که چهره‌ی او به این حالت است رودررو شویم و گپ‌وگفت کنیم.

هرچند که این حالت هیچ‌یک از ویژگی‌های فرد را مشخص نمی‌کند، اما این به ضرر او تمام خواهد شد.

اطمینان یابید که صورت شما در حالت عادی خود مثل زمانی که با لپ‌تاپ‌تان کار می‌کنید، دست‌کم اگر آثاری از شادابی در آن مشهود نیست، لااقل حالتی آرام داشته باشد.

به ناگهان تماس چشمی خود را با دیگران قطع نکنید

بسیاری از ما عادت داریم به محض آنکه با کسی چشم‌درچشم شدیم، نگاه خود را به نقطه‌ی دیگری جلب کنیم و به بیانی نگاهمان را به سوی دیگری بدوزیم. سعی کنید این کار را نکنید. تماس چشمی و تبسم خود را حفظ کنید. هرچند که مردم اغلب خودشان نگاهشان را برمی‌گردانند، با وجود این، برخی همچنان چشم‌درچشمتان باقی خواهند ماند.

حفظ تماس چشمی آثار متعددی دارد:

- مردم شما را فردی با افکار باز و بی‌غل‌وغش تلقی خواهند کرد.
- شما اعتمادبه‌نفس بیشتری احساس خواهید کرد.

توجه داشته باشید که وقتی تماس چشمی برقرار می‌کنید، حتماً لبخندی آرام و پیوسته (تبسم) روی لبانتان باشد. نگاه بی‌تفاوت می‌تواند آثار نامطلوبی داشته باشد.

چطور بخندیم

تکنیکی بسیار ساده برای لبخند زدن وجود دارد: تصور کنید در حال تماشای چیزی هستید که واقعاً

آن را دوست دارید. این تصور می‌تواند چهره‌ی مادر یا پدرتان، همسرتان، فرزندتان و یا هر چیز دیگری باشد. به‌علاوه می‌توانید از تکنیکهای دیگر مثل تکنیک یوگای خنده نیز بهره ببرید. یوگای خنده را دکتر مادان کاتاریا، پزشک هندی، در سال ۱۹۹۵ ابداع کرد. دکتر کاتاریا به دلیل آگاهی از فواید و مزایای متعدد خندیدن این روش را ایجاد کرد تا مردم با چند تکنیک ساده بخندند. کافی است به مغز خود دستور بدهید که شاد باشد. یکی از تکنیکهای یوگای خنده در منزل، تمرین لبخند زدن مقابل آیینه است. تا می‌توانید عضلات صورت را با لبخند زدن، شل کنید. با این کار عمل خون‌رسانی به مغز، بهتر انجام می‌شود. وقتی که اخم می‌کنید و یا عصبانی هستید، عضلات صورت شما فعالیت بیشتری دارند. ولی در حالت خنده، عضلات کمتری فعالیت می‌کنند.

لبخند زدن، به معنی حرکت دادن اجزای صورت در جهتی خاص و یا روشی آنچنانی نیست بلکه، به معنی احساس شادی و ابراز آن از طریق صورت است.

اهمیت مدیریت عادتها

در این بخش مواردی را مرور می‌کنیم که اغلب شامل به‌کارگیری اطلاعات محاوره‌ای و ارتباطی است.

وضعیت بدنی خود را قرینه‌سازی کنید

در کتاب "نورومارکتینگ: نظریه و کاربرد" به قلم نگارنده، مطالبی در خصوص نورونهای آیینه‌ای می‌خوانیم. در واقع مغز بشر شامل نورونهای آیینه‌ای است که تمایل به تقلید از فرایندهای رفتاری و افکاری دیگران دارد.

نورونهای آیینه‌ای، سلولهای پیچیده‌ای هستند که قادرند از نیات و احساسات دیگران تقلید کنند. مغز انسان حاوی تعداد زیادی از نورونهای آیینه‌ای است که نه‌تنها در درک و پیش‌بینی رفتار سایر افراد مؤثر هستند بلکه، به ما در فهم نیات و اهداف آنها، و نیز الهام‌بخشی به ایشان کمک می‌کنند. سیستم نورونهای آیینه‌ای به ما امکان می‌دهد که صرفاً با مشاهده‌ی رفتار دیگران، یاد بگیریم، مقاصد افراد را بفهمیم، پیامهای بدنی و اظهارات صورتی آنها را متوجه شویم و به‌طور خودکار و ناخودآگاه آنها را درک کرده و با آنها همدلی کنیم.

این یافته نشان می‌دهد که ما برای فهم، ارتباط و صمیمی شدن با دیگران "عصب‌کشی" شده‌ایم و نمی‌توانیم چنین مداری را خاموش کنیم. ما علائم صورت دیگران را به‌طور ناخودآگاه تقلید و بازتاب می‌کنیم: یک خنده سبب خنده‌ی دیگری می‌شود، یک صورت اخمو سبب اخم کردن طرف مقابل می‌شود، ما به‌طور ناخودآگاه رفتار و طرز بدنی دیگران را تقلید می‌کنیم و چنین چیزی می‌تواند سبب ایجاد همدلی بین افراد شود.

خوددوستی در راستای مدیریت برند شخصی   ۱۳۳

به این ترتیب یکی از تکنیک‌های قدرتمند که بسیار درباره‌ی آن تحقیق شده قرینه‌کردن[1] است، به این بدان‌معنا است که مردم هنگامی در کنار شما احساس راحتی بیشتری می‌کنند و شما را بیشتر دوست خواهند داشت که شبیه آنها رفتار کنید. برای مثال:

- آیا او به پای راست خود تکیه داده است؟ شما هم به پای راست‌تان تکیه دهید.
- آیا لیوان نوشیدنی در دست دارند؟ شما هم یک لیوان نوشیدنی در دست بگیرید.

البته نکته‌ی کلیدی آن است که نباید حرکات شما آشکارا و تقلیدگونه باشد. به محض آنکه فرد موردنظر متوجه شود شما آگاهانه در حال تقلید از او هستید، این تکنیک قدرت خود را از دست می‌دهد. همان‌طور که پیشتر ذکر شد، نباید با حرکات آشکار خودمان را لو بدهیم. اما نکات کوچکی وجود دارد که در صورت رعایت آنها پیشرفت بزرگی خواهید داشت؛ به‌عنوان نمونه:

- برای شما فنجانی چای آورده‌اند و روی میزتان قرار دارد. آیا طرف مقابل فنجان را برمی‌دارد که از آن بنوشد؟ پس شما هم متقابلاً این کار را بدون نگاه تقلیدآمیز انجام دهید.
- اگر او لبخندی بر لبانش نشست، شما نیز همین کار را کنید.
- آیا او چند قدمی خود را به شما نزدیک‌تر کرده است؟ شما هم این کار را انجام دهید.

مجدداً تأکید می‌کنم که نباید حرکات‌تان آشکارا و تقلیدآمیز بوده، به‌گونه‌ای که لو برود و وجهه‌ی نامناسبی ایجاد کند. این تکنیک باید در دفعات زیاد، اما بدون آنکه موجب جلب‌توجه شود مورد استفاده قرار گیرد.

منبع: http://www.lifehack.org/316057/23-body-language-tricks-that-make-you-instantly-likeable

---

1. Mirroring

اهمیت خودآرایی در مدیریت برند شخصی

چه بپذیریم و چه از پذیرش آن شانه خالی کنیم، عقل بیشتر مردم به چشمشان است. حق هم دارند؛ چرا که مغز ما در شروع ارتباط به تصاویر بیشتر علاقه دارد تا محتوا. اینطور گفته می‌شود که شما در چند ثانیه‌ی نخست ارتباط با مشتری، تأثیر فوق‌العاده‌ای بر روی او گذاشته و در همین چند ثانیه‌ی اندک است که، تصویر ذهنی از شما در ذهن مخاطب نقش می‌بندد. تصویری که تا زمانی که با شما ارتباط دارد، در ذهن طرف مقابل باقی می‌ماند.

البته حتی اگر عقلشان به چشمشان نباشد، پوشش ظاهری ما، پیامهای مهمی از درون و ارزشهای ما را به آنها منتقل می‌کند. پوشاک، بدن انسان را از آب‌وهوا و دیگر مخاطرات موجود در طبیعت حفظ می‌کند. همچنین پوشاک می‌توانند برای راحتی، حجب‌وحیا و نیز برای ایمنی مورد استفاده قرار گیرند. همچنین نوع پوشش می‌تواند نشان‌دهنده‌ی باورهای مذهبی، فرهنگی و دیگر معانی اجتماعی باشد.

از دیگر سو، سر و شکل ما در محیط کار و نوع لباس پوشیدنمان نقش زیادی در حرفه‌ای که داریم ایفا می‌کند. می‌توان گفت که حتی بخشی از فرهنگ یک شرکت به شکل لباس پوشیدن کارمندان آن برمی‌گردد. مثلاً وقتی مردان ملزم به پوشیدن کت و شلوار باشند، احتمالاً فرهنگ آن شرکت رسمی و قاعده‌مند است. از سوی دیگر، در محیط کاری که رنگهای روشن، شلوار جین و کفش کتانی پذیرفته شده است، همه می‌دانند که آن شرکت فرهنگی آزاد و خلاقانه دارد. البته افراد موفقی هم وجود دارند که از قواعد کلی لباس پوشیدن مستثنی بوده و شیوه‌ی متفاوتی در پوشش دارند. به‌طور مثال عکسی را زاکربرگ، بنیانگذار فیسبوک از کمد لباس خود منتشر کرده است. کمدی که در آن چیزی جز چند تی‌شرت خاکستری و سوییشرتی که همیشه در سخنرانیها و مصاحبه‌ها بر تن وی می‌بینیم، به چشم نمی‌خورد.

مارک زاکربرگ در جریان یک جلسه‌ی پرسش و پاسخ، با سؤال بسیار جالب‌توجه یکی از حضار روبه‌رو شد. سؤال مورد نظر نیز در همین مورد بود. یکی از حضار در این جلسه به این موضوع اشاره کرده که چرا زاکربرگ هر روز از یک نوع لباس تکراری استفاده می‌کند؟ زاکربرگ در این مورد چنین اظهارنظر کرده است:

"من سعی می‌کنم تا زندگی خود را از شر تصمیم‌گیری در موارد متعدد خلاص کنم تا اینکه بتوانم تمام انرژی و وقت خود را برای پیشبرد فیسبوک متمرکز کنم."

مارک زاکربرگ در این مورد تنها نیست و افراد زیادی مثل استیو جابز نیز چنین روشی را برای لباس پوشیدن انتخاب کرده‌اند. جایی خواندم که استیو جابز گفته بود فقط یک بار کت و شلوار پوشیده است، آن هم زمانی بوده است که برای گرفتن وام نزد رئیس بانک رفته بود.

لباس شما می‌تواند تعیین کند که در آینده به چه شخصیتی تبدیل خواهید شد. اما لباس پوشیدن فارغ از نگاه خاص برخی از افراد به آن بجز این کارکرد، می‌تواند بر عملکرد ما نیز اثرگذار باشد. متخصصان و محققین توصیه می‌کنند که متناسب با شغلی که می‌خواهیم و به آن علاقه داریم لباس بپوشیم؛ نه شغلی که اکنون داریم.

یک ضرب‌المثل ساده‌ی آن‌ور آبی می‌گوید ...Fake it till you Make it؛ شاید بهترین ترجمه‌ای که می‌توان برای این ضرب‌المثل ارائه داد این باشد که "وانمود کن چیزی را داری تا سر انجام آن را به‌دست بیاوری!" ظاهر خوبی داشته باشید، تا احساس خوبی به‌دست بیاورید، و عملکرد بهتری را به نمایش بگذارید.

شاید حرفه‌ای‌های دنیای کاروکسب سالهاست که به تجربه بر اهمیت لباس پوشیدن تأکید کرده‌اند. اما این توصیه‌ها دیگر صرفاً تجربه‌ی آنها محسوب نمی شود و حالا پشتوانه‌ی علمی هم برای آن یافت شده است. بر اساس پژوهش تازه‌ای که از سوی محققین دانشگاه نوتردام پن استیت، و دانشگاه کنتاکی انجام شده است، کسانی که در محل کار لباسهای فاخر و اسم‌ورسم‌دار می‌پوشند، اعتمادبه‌نفس بیشتری داشته و عملکرد بهتری نیز از خود به نمایش می‌گذارند.

بنابراین، وسواس بیشتری در انتخاب لباس به خرج دهید و لباسهای خود را متناسب با شغل و جایگاهی انتخاب کنید که همیشه دوست داشته‌اید و فکر می‌کنید باید داشته باشید. این نوع خرید هرچند گرانتر از حالت معمول تمام شود، سرمایه‌گذاری روی اعتمادبه‌نفس و عملکرد بهتر خودتان خواهد بود.

دکتر فرانک جرمن، استادیار بازاریابی دانشکده‌ی کاروکسب مندوزای نوتردام که روی این پژوهش کار کرده است، در مصاحبه با بلومبرگ می‌گوید: "بعضی از ما لباس قدرت داریم (درست مثل شخصیت داداش کایکو در انیمیشن خاطره‌انگیز سفرهای میتی‌کومون؛ داداش کایکو محافظ میتی‌کومون که قدرت زیادی دارد و با بستن "دستمال قدرت" نیروی ویژه‌ای پیدا می‌کرد) که در جلسات مهم به تن

می‌کنیم، یا مثلاً دکمه‌ی سردست خاصی می‌زنیم؛ چون فکر می کنیم این لباسها و ملحقات آن اعتمادبه‌نفس بیشتری به ما می‌دهد و برایمان شانس می‌آورد. من فکر می‌کنم تحقیق ما این را نشان می‌دهد که چنین رفتاری در لباس پوشیدن ممکن است واقعاً کار کند".

یک تحقیق قدیمی‌تر نیز نشان داده، که رابطه‌ی مشابهی میان نگرش فرد و نحوه‌ی لباس پوشیدن او وجود دارد. برای مثال، پژوهشی که در سال ۲۰۰۸ در ژورنال تحقیقات بازاریابی منتشر شد، نشان داد قرار گرفتن افراد در معرض لوگوهای مختلف می‌تواند بر اساس هویت خاص آن برند، رفتار خاصی را در افراد موجب شود. مثلاً مشتریان وفادار به برند اپل در واقعیت خلاق‌تر بوده‌اند، و علاقه‌مندان به کارتون‌های کمپانی دیزنی نسبت به دوستداران برنامه‌های سرگرمی مجازی صداقت بیشتری داشته‌اند.

از این رو، خودآرایی بدین معنی است که ظاهر شما معرفی برای باطن شما است و دیگران تیپ باطنی شما را با تیپ ظاهری شما قضاوت می‌کنند.

تیپ باطنی شامل صداقت، خلاقیت، هوشمندی و ... است. در تیپ ظاهری نیز باید به مسائل زیر توجه کنیم:

- خوش‌تیپ باشید. منظور از خوش‌تیپی، همان آراستگی است.
- هم‌تیپ افراد دیگر باشید. درواقع افراد دوست دارند از افراد هم‌تیپ خود خرید کنند. بنابراین هم‌تیپی مسأله‌ی بااهمیتی است. هم‌تیپی یعنی عرف بازار یا محل موردنظر را رعایت کنیم.

نکته‌ی بعدی که در خودآرایی نقش دارد، پذیرش فرد نزد دیگران است. این پذیرش از سه روش تحت تأثیر قرار می‌گیرد: عنوان و قدرت کارشناسی، اتومبیل، آرایش و ظاهر شما.

برند شخصی همچون سایر برندها دو بعد دارد: بعد محتوای درونی اعم از صداقت، شرافت و تعهد، و بُعد بصری مانند ظاهر و تیپ.

یک‌سری توصیه‌های دهگانه نیز وجود دارد که به هویت بصری مرسوم هستند:

۱- لباس خود را مانند یک بسته‌بندی در نظر بگیرید. هرچه محصول شما عالی باشد، بسته‌بندی شما هم باید قوی باشد. از لباس برای تقویت برند خود استفاده کنید.

۲- یک آیتم به‌عنوان امضا برای هویت بصری خود داشته باشید. به علامت تجاری خود مانند یک گزینه‌ی خاص فکر کنید. مانند یک لوگو یا یک جمله.

۳- متفاوت به‌نظر برسید. نباید شبیه به بقیه باشید. باید ظاهری مخصوص به خود داشته باشید.

۴- شبیه به نقش خود باشید. به حرفهای خود عمل کنید و انتظارات مربوط به بازار هدف خود را بیان کنید.

۵- مدل موی خود را به‌عنوان ابزاری برای برند خود در نظر بگیرید.

۶- ظاهری هماهنگ و منسجم داشته باشید. از یک هویت بصری منسجم در رویدادهای رسمی و...، در کاروکسب استفاده کنید.
۷- یک رنگ به‌عنوان یک امضا برای خود داشته باشید.
۸- بر نحوه‌ی ورود و راه رفتن خود تمرکز کنید و در ذهن بمانید.
۹- قد، ظاهر و پروفایل خود را اهرم در نظر بگیرید و از آن برای هویت بصری خود استفاده کنید.
۱۰- به‌روز باشید، جذاب باشید و اجازه دهید برند شما در طی زمان تکامل پیدا کند.

فراموش نکنید که به‌روز بمانید. توجه به سنتها بسیار خوب است، اما هرچه رو به جلو حرکت کنید، مردم شما را قضاوت خواهند کرد.

سعی کنید خوش باشید. این خوش بودن دو بُعد دارد:

- شادی (که خود به‌تنهایی دوازده درصد بر بهره‌وری شما و سازمانتان موثر است).
- خوشفکر، خوشگو، خوش‌رفتار، خوشخو، خوش‌تیپ، خوش‌طینت، خوشبو، خوش‌سیما و خوشرو باشید.

اهمیت و جایگاه خودتدبیری در مدیریت برند شخصی

همان‌طور که در صفحات قبل نوشتم، هوش تدبیری یکی از الزامات موفقیت ما است. خودتدبیری یا هوش سیاسی یا هوش پلیتیکال یا همان هوش کیاست داشتن را جدی بگیرید.

توان شخصی برای کسب قدرت، پویایی شما برای استفاده از آن در پیشبرد کارها، مهیاسازی انگیزه‌ی جمعی برای به حرکت درآوردن همکاران و افزایش بهره‌وری آنان، ویژگیهایی است که از "هوش تدبیری" ناشی می‌شود تا به برند شخصی بزرگی در جامعه‌ی هدفتان تبدیل شوید.

منابع قدرت در سازمان چیست؟ اطلاعات، پول، مهارتها، مشتریان، فروشندگان حرفه‌ای بخشی از منابع قدرت هستند. اندک بی‌توجهی "مدیر" به هر یک از این منابع، پایه‌های قدرت و محبوبیت مدیر را در سازمان کاهش می‌دهد.

جالب است بدانیم متخصصان بر این باورند که هوش تدبیری، برای امیال نامناسب نباید به‌کار گرفته شود؛ زیرا در بلندمدت، پایه‌های "قدرت" شما را متزلزل می‌کند.

- خنجر زدن به همکاران
- کسب موفقیت بولدوزروار که فرد به هر قیمتی برای دستیابی به موفقیت تلاش کند.
- توطئه برای سرنگونی

در کوتاهترین عبارت، هوش تدبیری همان است که پیشینیان می‌گفتند:

هر سخن جایی و هر نکته، مکانی دارد. باکیاست، موقعیت‌شناس و صادق باشید. انسان حرفه‌ای دروغ نمی‌گوید، اما به قول خواجه عبدا... انصاری:

جز راست نباید گفت　　هر راست نشاید گفت

پس مدیریت کلام و به‌کارگیری اصول، فنون و مهارتهای مذاکره و بهره‌گیری از روانشناسی و

ارتباطات در مدیریت اطلاعات، مدیریت سؤالات، مدیریت مشتریان شاکی، مدیریت خود، مدیریت فرد دیگر، مدیریت گروه و مدیریت سازمان و... همگی به هوش تدبیری بستگی دارد.

هوش تدبیری سبب می‌شود که بتوانیم جلسه را مدیریت کنیم. هوش تدبیری سبب می‌شود که اسیر اثر هاله‌ای نشویم. بدانیم "همه‌چیز را همگان دانند". "هوش تدبیری" بر این دیدگاه و باور تأکید می‌ورزد که قرار نیست همه‌ی راهکارها از مدیران ارشد و تفکر آنان ناشی شود. حال آنکه اگر مدیریت، روابط و مناسبات صمیمانه با تمامی کارکنان داشته باشد، از هوش و خرد جمعی نیز بهره‌مند خواهد شد. چه بسیار زوایایی که برخی کارکنان آن را می‌بینند، اما مدیران عالی، نمی‌دانند یا آن را کمتر مناسب می‌دانند. لذا مدیر با هوش تدبیری عملاً اقتداری خواهد داشت که دست به ابتکارات تازه‌ای بزند. به این‌ترتیب، اقدامات از مقبولیت بالاتری برخوردار خواهد شد، و موانع کمتر می‌شود. آن ابتکار، راحت‌تر پذیرفته می‌شود و با نقدهای کمتری روبه‌رو خواهد شد.

هوش تدبیری بر این اصل است که از انسانها تعریف مثبت واقعی کنید، شعف خود را مدیریت کنید. زمانی که شما می‌خواهید یک محصولی خریداری کنید و می‌گویید البته که این محصول را می‌خواهم، این پیغام را به فروشنده می‌دهید که در هر شرایطی خریدار هستید و لزومی به تغییر در شرایط پرداخت نیست. هوش تدبیری در مدیریت کلام نیز جا دارد. یک واژه‌ی نابجا می‌تواند به ارتباط صدمه بزند یا بالعکس کمک شایانی کند تا به نتایج ایده‌آل خود برسیم.

گاهی اوقات مشتریان ما به علت مشغله برای پاسخ دادن به پروپوزال ارسالی وقت زیادی را صرف می‌کنند و پیگیری زیادی هم جواب معکوس می‌دهد و گاهی می‌تواند این تصور را در فرد ایجاد می‌کند؛ پس اینها چقدر سرخلوت هستند که اینقدر پیگیری می‌کنند، نکند کسی به اینها کار نمی‌دهد، نکند من در انتخابم اشتباه کرده‌ام و... اما از سویی از دل برود هر آنکه از دیده بِرفت. شما باید با کیاست خودتان را در معرض توجه آنها قرار دهید، یک کار خوب ارسال ویدئویی شاد از یک موسیقی، یک کلیپ کوتاه از یک سخنران برجسته، ارسال یک نوشته‌ی کوتاه که می‌تواند در پیشرفت آن فرد و کاروکسب او مؤثر باشد و امثالهم است.

این تکنیک را به‌شخصه زیاد استفاده می‌کنم و جوابهای خوبی گرفته‌ام، بسیار اتفاق افتاده است که بلافاصله طرف مقابل پیامی داده است که در اولین فرصت جلساتی داشته باشیم و کار را تمام کنیم.

نقش خودآرامی در مدیریت برند شخصی

خودآرامی بدین‌معنا است که برای آرامش خود چه کارهایی نیاز به انجام است. آرامش بر دو نوع است: آرامش مثبت و آرامش منفی.

آرامش منفی، آرامشی است که ما را به سمت رخوت، سکون و تنبلی هدایت می‌کند، اما آرامش مثبت آرامشی است که باعث بازآفرینی روح و روان فرد می‌شود.

بین آرامش و آسایش تفاوتی وجود دارد. بسیاری از افراد ثروت زیادی دارند که منجر به آسایش می‌شود، اما در زندگی خود آرامشی ندارند. اما ممکن است حتی با وجود نبود آسایش، فرد زندگی آرامی داشته باشد. بهترین شرایط نیز این است که هر دو آن را با هم افزایش دهیم.

اگر استرسهای بحرانها حل نشود و به‌عنوان یک عامل پنهان در فرد باقی بماند، ممکن است به‌طور نامعلومی او را مورد آزار قرار دهد. تفاوت استرس با اضطراب در این است که فرد منبع اصلی استرس را می‌شناسد و به‌خاطر تفکرهای وسواس‌گونه و تنش‌زا، گرفتار تظاهرات جسمانی خاصی مثل دلشوره، سردرد، حالت تهوع و... می‌شود. درحالی‌که منبع اصلی اضطراب مشخص نیست و در غالب اوقات، افراد به دلایل ناهوشیاری از موضوعی نامعلوم رنج می‌برند و گاهی تا مدتها پیدا کردن علت اضطراب با کمک روان‌درمانی و کاربرد اصول روانشناسی سالها طول می‌کشد. جدیدترین یافته‌ها و ادعاهای روانشناسان بیانگر این است که با آرام کردن تظاهرات جسمانی و تغییر وضعیت رفتاری می‌توان استرس افراد را تا حد بسیار زیادی پائین آورد.

معمولاً شروع تلاش برای کاهش استرس وقتی کلید می‌خورد که فرد احساس تنش زیاد می‌کند. بنابراین، اولین قدم این است که عوامل استرس‌زای هرروزه را شناسایی کرده و سعی در تدوین برنامه‌ای سازمان‌یافته برای کنترل موقعیتهای استرس‌زا کرد. هر فردی در خانه یا محیط کار با عوامل استرس‌زای زیادی مثل تهیه‌ی غذا برای فرزندان، سروقت رسیدن به جلسه‌ی گروه، پاسخ به رئیس برای انجام

کارها و... روبه‌رو است. از این رو بهتر است تک‌تک استرسهای موجود را شناسایی کرده و آن دسته از فعالیتهایی که اهمیت کمی داشته را کنار گذاشته و خودتان را توجیه کنید که آن موقعیت ارزش تحمل این استرسها را ندارد. سپس با تهیه‌ی فهرستی از کارها سعی شود آنها یکی‌یکی و مرحله‌به‌مرحله به انجام رسد. وقتی کار آسان‌سازی ذهنی و تهیه‌ی فهرست برنامه‌ها صورت می‌گیرد، افرادی که به دلیل حجم وسیع کار در یک روز گرفتار استرس می‌شوند، معمولاً استرس کمتری را تجربه می‌کنند؛ زیرا دیگر آنها قادرند کلاف پیچیده‌ی هر روزه‌ی کارها را با یک برنامه‌ی مدوّن یکی‌یکی باز کرده و به یک برنامه‌ریزی ذهنی و مناسب برسند.

خودآرامی در تنشهای افراطی

استرس معمولاً محصول سردرگمی در انجام کارها نیست بلکه، بیشتر وقتها موقعیتی پیش می‌آید که استرس محصول بدون چون و چرای ماجرا است و حتی برنامه‌ریزی مدون هم در آن کمتر اثر دارد و تنها گذشت زمان آن را حل می‌کند. به‌طور مثال، فردی که با برنامه‌ریزی قبلی خود را برای آزمون استخدامی یک سازمان آماده کرده است، اضطراب آزمون و انتخاب شدن از بین ۴۰ کارمند دیگر استرس موقعیتی او را افزایش می‌دهد. بنابراین، بهترین راهکار متخصصان روان‌شناسی در این موقعیت آن است که فرد از تکنیکهای ریلکسیشن و خودآرام‌سازی استفاده کند.

آموزش تکنیکهایی چون ورزش تنفسی، بازیها و سرگرمیها، تصویرسازی ذهنی، تسکین استرس با شادی، واقعه‌نگاری، مدیتیشن، یوگا و... به افراد کمک می‌کند تا در موقعیتهای استرس‌زا با بهترین راهکار، به مناسبترین وضعیت دست پیدا کند.

بحران استرس اگر در موقعیت فعلی‌اش حل نشود، به‌عنوان عامل ناشناخته و پنهان در فرد باقی مانده و به‌طور ناهوشیارانه در موقعیتهای مختلف او را مورد آزار قرار می‌دهد و به‌عبارت دیگر؛ تبدیل به اضطراب ناشناخته می‌شود. بنابراین، ما روزانه با عوامل استرس‌زای زیادی روبه‌رو می‌شویم، ولی از کنار آن به آسانی عبور می‌کنیم. روان‌شناسان برای این پدیده راهکارهای اساسی عنوان کرده‌اند که ورزش روزانه، انجام کارهای هنری و هنردرمانی است.

هنردرمانی، بخصوص به تصویر درآوردن دغدغه‌ها راهکاری اساسی برای رهایی از تنشهای استرسی باقیمانده است. از دیگر روشها این است که فرد هر آنچه را که در طی روز برایش عقده‌ی حل‌نشده‌ی باقیمانده را روی کاغذ نوشته و واقعه‌نگاری کرده و سعی کند در همان لحظه آن را حل کند و یا اینکه با جلب اعتماد با یکی از اعضای خانواده‌اش به حل مشکل باقیمانده بپردازد یا با او درددل کند. استفاده از این روشها به او کمک می‌کند تا از واقعیات زندگی فرار نکرده و بحرانهای استرسی را با بهترین راهکارها حل کند. همچنین می‌توانیم به طبیعت‌گردی، مدیتیشن و تماشای آثار معماری اشاره کنیم.

شاید باورش سخت باشد، اما شما زمانی که در باشگاه در حال ورزش هستند، از زمانی که خوابیده‌اید، بر رفتار خود کنترل بیشتری دارید. تحقیقات نشان می‌دهد افرادی که در انجام امور روزانه‌ی خود نظم بیشتری دارند، تسلط بیشتری بر رفتار خود دارند.

بسیاری از موفقیت‌ها و رسیدن به هدف‌ها، اغلب بر پایه‌ی رفتارهای درست و سازمان‌یافته است. اما انجام آن مانند گفتن آن آسان نیست. در ادامه توصیه‌هایی برای تقویت کنترل بر خود و خودآرامی آورده شده است:

- **هر چیزی که ممکن است رفتار شما را از حالت عادی خود دور کند، از بین ببرید.** در تحقیقاتی مشاهده شده شیوه‌ی مقاومت بیشتر مردم در برابر وسوسه، از بین بردن آن است. با از بین بردن وسوسه، خودکنترلی و در نتیجه‌ی آن خودآرامی پیش می‌آید. با از بین بردن وسوسه‌ها، حتی محیط اطراف شما نیز آرام می‌شود، در نتیجه می‌توانید بر اولویت‌ها و تصمیمات با اهمیت خود تمرکز بیشتری داشته باشید.
- **پیشرفت‌های خود را بررسی کنید.** بررسی پیشرفت‌ها و اتفاقاتی که در طی زندگی شما پیش می‌آید، باعث می‌شود بر اهداف خود متمرکز باشید و عادت‌های خود را راحت‌تر تغییر دهید.
- **استرس خود را کنترل کنید.** چند نفس عمیق به ضربان قلب شما کمک می‌کند که آرامش بگیرید. به‌طور منظم ورزش کنید، غذای سالم بخورید، خواب کافی داشته باشید. همه‌ی اینها تمرکز، آرامش و سلامت شما را بهبود می‌بخشد، استرس ام‌الامراض (مادر بیماری‌ها) است. عامل استرس منفی را پیدا کنید و از شرش خلاص شوید. گاهی یک فرد گاهی یک فکر، گاهی یک شغل، عامل اساسی استرس شما هستند.
- **اولویت‌بندی کنید.** برای هرروز، هفته و ماه خود فهرستی تهیه کنید. این باعث می‌شود احساس کنترل بیشتر و اتلاف‌وقت کمتری داشته باشید که در نتیجه‌ی آن باعث ایجاد آرامش شود.
- **خود را ببخشید.** اگر شکست خوردید، آن را بپذیرید. شکست بخشی از زندگی است. مهم این است که حرکت کنید. وینستون چرچیل می‌گوید: "موفقیت شامل شکست‌های پی‌درپی بدون از دست دادن اشتیاق است". هشتاد درصد دستیابی به یک هدف نگرش شما است و نگرش خوب، می‌تواند در نهایت به خوشبختی یک فرد منتهی شود.

توصیه‌هایی برای خودآرامی

- **طبیعت‌گردی.** طبیعت روح و روان انسان را جلا می‌دهد. به طبیعت نگاهی بیندازید، قدم بزنید، یا با حفظ محیط زیست، غذایی میل کنید. درواقع تجربیات من و مشورت‌های من با پزشک‌ها نشان می‌دهد که عوامل اساسی بیماری‌ها سه مورد هستند: تغذیه‌ی بد، استرس، و دما.

تغذیه‌ی بد همان پرخوری یا بدخوری است. جدا از فقر تغذیه، می‌توان گفت تغذیه‌ی نادرست می‌تواند مانند سم عمل کند و تغذیه‌ی درست مانند دارو عمل می‌کند. استرس نیز اگر مدیریت نشود، روحیه‌ی ما را از بین می‌برد. سومین نکته هم که مربوط به دما می‌شود، بدین شکل است که افراد بسته به طبع خود باید در دمای مناسبی قرار گیرند.

- **نیایش رینولد در خودآرامی خیلی مؤثر است.** در نیایش رینولد بیان می‌شود که "خدایا، فهمی به من بده تا درک کنم هر آنچه که می‌توانم تغییر دهم و درکی بده تا بپذیرم هرآنچه را نمی‌توانم تغییر دهم و بصیرتی ده که فرق این دو را تمیز دهم. درواقع فرد نمی‌تواند تغییری دهد که کسی فوت نکند، بنابراین باید آن را بپذیرد. بنابراین، چرا باید زمانی که کاری از او برنمی‌آید خود را نابود کند. بنابراین باید به‌عنوان بخشی از زندگی آن را بپذیرد.
- **موسیقی درمانی.** موسیقی‌درمانی بسیار موثر است، بخصوص آنها که آرام‌بخش یا شادی‌آفرین هستند. اکثر مواقع موسیقیهای غمگین مانند سم هستند. دکتر الهی قمشه‌ای می‌گوید: برای خلاقیت و خودآرامی، نقاشی و نگاه به معماری سنتی بسیار کمک می‌کند.
- **وجدان آرام.** وجدان آرام بیش از هر چیز در قانون انسانیت تأثیر دارد. درواقع، قانون انسانیت در فرد می‌گوید آیا کاری که انجام داده‌ام اگر برای خودم بود نیز همین‌طور عمل می‌کردم؟ محصولی که ارائه می‌دهم، برای خود من هم مناسب است؟ برای خانواده‌ی خودم از این محصول استفاده می‌کنم؟

در جلسه‌ای با یکی از شرکتهای تولید محصولات غذایی، تعدادی از نوشیدنیهای بسته‌بندی ساخت آن شرکت روی میز قرار داده شده بود. من نیز از بابت رفع تشنگی و امتحان محصول یکی از نوشیدنیها را برداشتم تا محتویاتش را داخل لیوان بریزم. اما در همین حین به من گفته شد که اجازه دهید برای شما نوشیدنی طبیعی بیاوریم! در پاسخ گفتم که پس به چه دلیل این محصول را به بازار می‌دهید؟ همین نکته سبب شد که مؤدبانه جلسه را ترک کنم؛ چرا که آنها چیزی را به بازار عرضه می‌کردند که خودشان دوست نداشتند.

منابع: https://www.magiran.com/article/2187342

https://www.forbes.com/sites/francesbridges/2018/06/28/5-ways-to-improve-self-control/#3a445dc521d5

خودانگیزشی و نقش مهم آن در مدیریت برند شخصی

خود انگیزشی بدین معنی است که فرد، انگیزه‌های خود را مدیریت کند. درواقع، هیچ فردی نمی‌تواند به اندازه‌ی خود به خویشتن انگیزه دهد یا انگیزه‌هایش را بسوزاند.

توصیه‌هایی برای خودانگیزشی

ترازوی زندگی خود را متعادل کنید. به سندرم "ترس از موفقیت" غلبه کنید و با مسائلی که از آن می‌ترسید، روبه‌رو شوید. آینده‌ی آرمانی و زیبای خود را در نظر بگیرید، تصور کنید بر سکوی اول کاروکسب خود ایستاده‌اید، برای خود خط پیروزی ترسیم کرده و به رؤیای خود دست پیدا کنید.

چالشها می‌توانند به شما انگیزه دهند، رقابت خمیرمایه‌ی انگیزش است، گزینه‌هایی که می‌توانند انگیزه‌های شما را بسوزانند یا وقت شما را تلف کنند و انرژی شما را بگیرند حذف کنید و با افراد مثبت‌اندیش و قابل اعتماد صحبت کنید و هر لحظه مقصد و هدف خود را به‌یاد آورید.

ما هر روز با حجم زیادی از کارها روبه‌رو هستیم. یکی از روشهایی که می‌تواند به شما در به نتیجه رساندن کارها انگیزه دهد، تقسیم کارهای بزرگ به بخشهای کوچکتر است. برای مثال، کتابی ۳۵۰ صفحه‌ای را برای مطالعه انتخاب می‌کنید که ۱۵ فصل دارد. زمانی که شما یک فصل را تمام می‌کنید، انرژی می‌گیرید و انگیزه پیدا می‌کنید. اما زمانی که یک کتاب با فصلهای طولانی دارید، مطالعه‌ی آن از نظر روانی سخت به نظر می‌رسد. انسان از نظر روانی تمایل دارد کارهای بزرگ را به کارهای کوچک تقسیم کند و پله‌پله آن را انجام دهد.

خودانگیزشی به پیشرفت اقتصادی نیز کمک می‌کند. انسانهایی که این ویژگی را دارند، به فراتر از رفع حداقل نیازهای خود می‌اندیشند و در سودای تعالی‌اند. آنها می‌دانند که هدف چیست و تلاش می‌کنند تا روشهای کارآمدتری برای انجام کارها بیابند و نیازی به یادآوری مداوم مسائل کاری ندارند.

رویکرد خودانگیزشی موجب آن می‌شود که اهداف غالباً برآورده شوند یا حتی فراتر از انتظار پیش بروند، کارمندان درگیر کار خود می‌شوند و اهداف جدیدی تعیین و تنظیم می‌کنند. این مسأله موجب افزایش تعامل و حفظ کارمندان، بهره‌وری و فروش بیشتر می‌شود و همه‌ی اینها منجر به خط تولیدی شکوفا و افزایش ظرفیت رشد یک شرکت می‌شود.

دیدگاه خودانگیزشی

بدیهی است که خودانگیزشی موجب رضایت بیشتر انسان و تجارب بهتر در محیط کار می‌شود. اما چگونه این مسأله پیش می‌آید؟

روانشناسی امروزی به دو روش این افراد را تشریح می‌کند:

- **Ought Self-guide**: این روش بر وظایف، ایمنی و امنیت تمرکز دارد. این امر در درجه‌ی اول از طریق ترس از کوتاه آمدن و ناامید کردن دیگران باعث ایجاد انگیزه در افراد می‌شود و این افراد نگاهی انتقادی به خود دارند.
- **Ideal Self-guide**: بیشتر از طریق آرزوها و تمایلات خویش به انجام کارها می‌پردازد و باعث ایجاد فرصتهای جدید و نتایج مثبت می‌شود. این دسته از افراد منجر به سطح بالاتری از شادی، رضایت و اطمینان می‌شوند.

بنابراین چگونه می‌توانید به خود کمک کنید تا انگیزه‌ای مثبت و ثمربخش در وجودتان شکل گیرد؟ به گفته‌ی کیم زولر و کری پرستون، مردم ذاتاً از سه طریق انگیزه می‌گیرند:

- جایگاه خود در دیدگاهی بزرگتر
- احساس برتری در کاری که انجام می‌دهند
- حس استقلال

بنابراین اگر در تلاش برای ایجاد حس خودانگیزشی در خودتان هستید، این چند نکته می‌تواند به شما کمک کند:

- اطمینان حاصل کنید که تصویر بزرگتر از خود و نقشتان در رسیدن به این تصویر را درک می‌کنید.
- فرایندهای متصل به هم و هدف نهایی را برای خود تشریح کنید.
- آموزش کافی ببینید و دستاوردهای خود را بررسی کنید. بررسیهای دوره‌ای زمان خوبی برای بحث درباره‌ی اهداف آینده است.
- به خودتان برای تبدیل آموزش به مهارت فرصت دهید.

● تمرکز بر این نکات می‌تواند به شما کمک کند تا شکلی مثبت و هدفمند برای ایجاد انگیزه در خود داشته باشید که برای زندگی فردی و سازمانی شما مفید است.

مواظب محیط کارتان باشید. ایجاد یک محیط کار که خود منجر به خودانگیزشی شود نیز از اهمیت ویژه‌ای برخوردار است. بدانید با چه افرادی معاشرت می‌کنید، وقت‌تان را با چه کسانی می‌گذرانید.

چهار نوع انگیزه‌ی مختلف که افراد را وادار به عمل می‌کند

- **انگیزه‌ی بیرونی:** انگیزه‌ی بیرونی از عوامل محیطی و بیرونی ناشی می‌شود. برای مثال، ما کاری را به دلیل ناگزیر بودن و قدرت بیشتر شخصی دیگر انجام می‌دهیم. بسیاری از انگیزه‌های انجام کار در یک جایگاه شغلی، بر اساس اصل انگیزه‌ی بیرونی است. جایی که به مردم مبالغی در ازای انجام یک کار داده می‌شود. این اصل برای کارهای جزئی می‌تواند مؤثر باشد، اما در مسائل خودمحور و بزرگ‌تر فایده‌ای ندارد.
- **انگیزه‌ی ذاتی:** انگیزه‌ی ذاتی وابسته به خود فرد است. برای مثال، ممکن است فردی از کار خود لذت ببرد یا ارزش خاصی داشته باشد. این نوع انگیزه زمانی پیش می‌آید که فرد با رهبری الهام‌بخش کار می‌کند یا کار مورد علاقه‌ی خود را انجام می‌دهد که در این‌صورت انگیزه‌های ذاتی در او شکل می‌گیرد.
- **انگیزه‌ی درونگرا:** انگیزه‌ی درونگرا شبیه به انگیزه‌ی ذاتی است که از درون فرد سرچشمه می‌گیرد و تفاوت آن، در این است که فرد در صورت کم‌کاری، احساس گناه می‌کند.
- **انگیزه‌ی شناسایی شده:** در انگیزه‌ی شناسایی‌شده فرد می‌داند که نیاز است کاری انجام دهد، اما برای انجام آن اقدامی صورت نگرفته است.

منابع: http://changingminds.org/explanations/motivation/four_motivations.htm

https://hiring.monster.com/employer-resources/small-business-hiring/employee-engagement/self-motivation/

نقش خودکنترلی و اصلاح فردی در مدیریت برند شخصی

خودکنترلی، به بیانی دیگر همان خوداصلاحی یا به تعبیری دیگر اصلاح کاری است که انجام می‌دهیم. در خودکنترلی همیشه چهار سؤال از خود بپرسید: چه باید می‌شد؟ چه شده است؟ دلایل کسب این نتایج چه هستند؟ حالا برای اصلاح چه باید بکنیم؟

اکثراً ما در کاروکسب‌ها و کنترل خود، سؤال سوم را فراموش می‌کنیم و تنها به این پرسش می‌پردازیم که چه شخص یا اشخاصی مقصر سرنوشت من بوده‌اند.

به این ترتیب سهم خود را در این اتفاقات و سنجش نتایج نادیده نگیریم. درواقع فردی که خودمدیریتی قوی دارد، باید این دید را داشته باشد که اگر نارضایتی در دیگران به‌وجود بیاید یا ایرادی پیش آید، هفتاد درصد از این شرایط به دلیل رفتار خود فرد است. شاید من انتخاب درستی نداشته‌ام؟ یا آموزش درست و لازم ندیده‌ام. شاید انگیزه‌ی لازم را برای خودم ایجاد نکرده‌ام. فرد نباید نقش خود را نادیده بگیرد. اگر افراد با اصول و شرایط آشنا شوند و آموزش ببینند، در آن‌صورت نارضایتیها به‌خودی‌خود کم می‌شود.

خودکنترلی از تکنیکهای مؤثر در کاروکسب است که کمتر به آن پرداخته شده است. کنترل خود، به معنی آن است که توانایی تفکر قبل از اقدام را داشته باشید. خودکنترلی به همراه نظم و انضباط از ویژگیهای مهم و اساسی است که باید هر انسانی از آن برخوردار باشد. با وجود این، خودکنترلی بندرت در فهرست صفات اصلی یک برند شخصی موفق بیان می‌شود. دیدگاه، اشتیاق، مهارتهای ارتباطی، قاطعیت اعتمادبه‌نفس، شفافیت و حتی همدلی در این فهرست مشاهده می‌شود، اما خودکنترلی جزو آن نیست. در واقع، به جای ظرفیتهای روانشناختی و شخصیت فرد، به رفتار او توجه شده است.

درحالی‌که بسیاری به موضوع خودکنترلی بی‌اهمیت بودند، سرمایه‌گذاران آن را مورد مطالعه و ارزیابی قرار دادند. سرمایه‌گذاران می‌دانند زمانی که احساسات آنها بر تصمیم‌گیریهایشان غلبه کنند،

مستعد اشتباه هستند. همچنین می‌دانند این مسأله برای همه‌ی آنها رخ می‌دهد. آنها هوشیار هستند و به دنبال راههایی برای جلوگیری از اشتباهات ناشی از احساسات، ترس یا احتیاط بیش از حد می‌گردند.

علائمی که نشان می‌دهد فرد در مبحث خودکنترلی ضعف دارد:

- به‌سختی با مشکلات پیش‌بینی‌نشده، خبر بد یا اطلاعات متناقض سازگار می‌شوند.
- هنگام دریافت خبرهای بد از نظر ظاهری یا عصبانیتی واکنش نشان می‌دهند.
- اولین پاسخی که به ذهنشان می‌رسد، می‌گویند.
- احساسات ثابتی ندارند.

برعکس، انسانی که در بُعد خودکنترلی قوی است، قدرت و اعتمادبه‌نفس خود را نشان می‌دهد و در موقعیتی استرس‌زا بر وظیفه‌ی خود تمرکز می‌کند.

زندگینامه‌ی رون چرنوو، گرانت، مطالعه‌ای جالب از مبارزات زندگی یک انسان استثنایی برای کنترل خود است. در اوایل بزرگسالی، فقدان نظم و انضباط و ناتوانی در موقعیتهای کاری زندگی او را به وضعیت نامطلوبی رساند. با این‌حال، به‌عنوان یک ژنرال شگفت‌آور و موفق در اوایل دهه‌ی ۴۰ خود، درحالی‌که در جنگهای جدی با دهها هزار نفر و زندگی و سرنوشت ملتی که در معرض خطر بودند، با آرامشی پیش از موعد و اعتمادبه‌نفس، ترکیب کاملی را به نمایش گذاشت که ناظران را شگفت‌زده کرد.

اشتباه است که تصور کنیم انسانها یا منطقی یا احساسی هستند. در واقع همه‌ی آنها همزمان هردو حالت را دارند. ترسها، خواسته‌ها، انگیزه‌ها، نیازها، آرزوها، اعتقادات و ارزشها دائماً در درون ما حس می‌شوند. همه‌ی این احساسات برای ایجاد معنا، انگیزه و عمل ضروری است. اگر هیچ‌کدام از اینها را حس نکنیم، چگونه کاری انجام دهیم؟

در همین حال احساسات دیگر به تصمیمات و فعالیتهای ما واکنش نشان می‌دهند. اضطراب عدم موفقیت یا قرار گرفتن در احساساتی مانند غرور، اشتیاق به تأیید، بی‌حوصلگی و... این مسائل از قسمتهای عاطفی مغز ما فشار زیادی وارد می‌کند و در صورت عدم تنظیم، به عملکرد تحریک‌آمیز منجر می‌شود. مجموعه‌ای از کارکردهای ذهنی بالاتر که روانشناسان آن را "کارکردهای اجرایی" می‌نامند - خود کنترلی - وظیفه‌ی جلوگیری از هرج‌ومرج را در مواجهه با این فشار دارند. این کارکردها وظیفه دارند باعث شوند فرد برای تصمیم‌گیری کمی صبر کند و سپس عمل کند. تحقیقات جالب از طریق تیمی از روانشناسان اجتماعی به رهبری F. Baumeister نشان می‌دهد که خودکنترلی منبعی محدود است. برای مثال، اگر مقدار زیادی از آن را در یک مکان صرف کنیم، هیچ ذخیره‌ای برای استفاده در عرصه‌های دیگر نخواهیم داشت.

مانند هر ویژگی یا ظرفیت انسانی، برخی از ما به‌صورت ذاتی زمان سخت‌تری را برای کنترل خود داریم. همچنین افراد در چگونگی بازیابی مجدد کنترل پس از دست دادن آن، در زمان و تلاش متفاوت هستند. اما این بدین‌معنی نیست که شما نمی‌توانید احساسات خود را در کار ابراز کنید بلکه، نباید احساسات خام را عملی کنید. خوب است که بگویید من از این قضیه عصبانی هستم، اما بدانید زمانی که با صدای بلند و داد آن را بی‌وقفه تکرار کنید، از زبان خود به‌عنوان یک عمل استفاده کرده‌اید، نه ارتباط.

چه چیزی خودکنترلی را کاهش می‌دهد؟

درواقع هر مسأله‌ای که تنظیمات ذهن و بدن شما را از بین ببرد. نوشیدنیهای مضر، خواب ناکافی، ساعات کار طولانی و بیش از حد، استراحت کم و... می‌تواند کنترل را از بین ببرد. قند خون پایین نیز می‌تواند رفتار برخی افراد را به‌طور چشمگیری تحت تأثیر قرار می‌دهد.

چه کارهایی برای مقابله با ضعف در خودکنترلی می توانید انجام دهید؟

ابتدا شرایط فیزیکی خود را بررسی کنید، آیا به‌اندازه‌ی کافی می‌خوابید؟ در بین کار استراحت می‌کنید؟ وعده‌های غذایی خود را فراموش نمی‌کنید؟ به اندازه‌ی کافی آب می‌نوشید؟

به دنبال راههایی برای رهایی از تنش باشید، ورزش کنید، کاری خلاقانه داشته باشید و جذاب عمل کنید. به این فکر کنید که احساسات‌تان چرا باید بهترینها را از شما دور کند؟ پیامدهای این تئوری را در نظر بگیرید که خودکنترلی یک منبع محدود است. چگونه می‌توانید اطمینان حاصل کنید که از آن در یک بخش از روز یا بخش زندگی خود استفاده نمی‌کنید و چیزی برای ذخیره باقی نمی‌ماند؟

به توصیه‌های زیر توجه کنید

بین فهم درست و کار زیاد پیوند حاصل کنید. اگر من بینش و فهم درستی از کار داشته باشم، به معنی دیگر اگر اثربخشی درست باشد، انتخاب کار درست باشد و به‌درستی انجام شود، فرد به اصطلاح انسان خوبکار نامیده می‌شود. انسان خوبکار کیست؟ انسان خوبکار، انسان بهره‌وری است. بهره‌وری جمع اثربخشی و کارآیی است.

بنابراین، اثربخشی درست، فهم از کار درست، انتخاب درست، اجرای درست نتیجه‌ی درستی به ما می‌دهد. زمانی ممکن است فرد فهم نادرستی از کار داشته باشد و اثربخشی غلطی صورت می‌گیرد. به این انسان، انسان بیکار گفته می‌شود. انسان بیکار فردی است که فکر، خلاقیت و همت ندارد و در نهایت، کار خود را از دست می‌دهد. دسته‌ی سوم هم انسانهایی هستند که فهم درستی از کار

دارند، خلاقیت خوبی دارند، انتخابهای درستی انجام می‌دهند، اما تنبل هستند و همت خود را به‌کار نمی‌گیرند. اینها انسانهای کم‌کار هستند که در معرض از دست دادن شغل خود قرار می‌گیرند؛ همچنین در معرض از دست دادن بازار و مشتریان خود. دسته‌ی چهارم انسانهایی هستند که فهم درستی از کار ندارند، انتخابهایشان اشتباه است، اما خیلی زیاد کار می‌کنند.

برای مساعد شدن وضعیت، کار خود را به تأخیر نیندازید، ایده‌ها به‌تنهایی باعث موفقیت نمی‌شوند، زمانی که شما شروع به حرکت کنید، ترس فرار می‌کند و ذهن به‌کار می‌افتد. شروع از فردا، اغلب مترادف شکست است. همیشه کسانی که قرار است از شنبه شروع به رژیم، تقویت زبان و... کنند، در حقیقت بهانه می‌آورند. پس از همین لحظه شروع کنید. بدترین بازیکنان از بهترین تماشاگران مفیدتر هستند.

روزی در سمیناری در دانشکده‌ی مدیریت دانشگاه تهران، گفتم من می‌دانم نقش منتقدین در پیشرفت صنعت سینما و فیلم بسیار حائز اهمیت است، اما اگر من به این حوزه وارد می‌شوم قطعاً منتقد نمی‌شدم بلکه، تهیه‌کننده و کارگردان می‌شدم، شاید از ده فیلمی که می‌ساختم چهارتای آن از نظر مخاطبان مفید نباشند، چهارتا متوسط باشند، ولی دوتا هم عالی شوند. به هر حال من حرکتی کرده‌ام، اثری گذاشته‌ام.

روزی یکی از عزیزانی که زیاد اهل مطالعه هستند، به نزدم آمدند و شروع کردند از کتابهای اساتید ایراد گرفتن و اینکه می‌خواهند منتقد کتابها شوند، گفتم این هم کاری است و حتی مفید، اما اگر من جای تو بودم خودم کتابی می‌نوشتم که تمام این ایرادات در آن نباشند. شمعی روشن کن، اثری بگذار، اقدام کن و قدمی بردار.

اکثر تماشاگران فوتبال و والیبال به بازیکنی که در یک لحظه فرصتی را از دست می‌دهد چنان بدوبیراه می‌گویند که گویی اگر خودشان داخل زمین بودند الان فتح‌الفتوحات کرده بودند.

منبع: https://www.forbes.com/sites/prudygourguechon/2018/04/03/a-neglected-but-essential-leadership-trait-why-self-control-really-matters/#2114486978a

خودگردانی یا مدیریت بر خود
به‌عنوان ابزار رسیدن به هدف مدیریت برند شخصی

همه‌ی فصلهای قبلی در واژه‌ی "خودگردانی" خلاصه می‌شوند. خودگردانی همان مدیریت بر خود است. فرد باید نگاهی از درون به بیرون و نگاهی از بیرون به درون داشته باشد. هم خود بداند تا چه اندازه فرد موفقی است، هم از اطرافیان خود بخواهد صادقانه او را مورد ارزیابی قرار دهند. کسانی که ایرادات را به فرد گوشزد می‌کنند، دوست واقعی او هستند.

در زندگی خود، اهداف کوتاه‌مدت و بلندمدت داشته باشید. اهداف کوتاه‌مدت می‌توانند درآمدی به اندازه‌ی مخارج همان روزتان باشند، اما در اهداف بلندمدت برنامه‌ریزی فرد به‌گونه‌ای است که شاید در لحظه او را دچار زیان کند، اما فرد آگاهانه می‌داند که این نهال در آینده ثمر می‌دهد. این مفهوم در کتاب "اثر مرکب" بخوبی تشریح شده است. "اثر مرکب"، نام کتابی از "دارن هاردی" است که شهرتی جهانی دارد و در ایران نیز مترجمان و ناشران متعددی این کتاب را منتشر کرده‌اند. جان کلام این کتاب در همین تک‌جمله است: تفاوتهای بنیادین در انتخابهای کوچک است! اثر مرکب مانند درخت بامبو است. از زمانی که بذر بامبو کاشته می‌شود تا ۵ سال هیچ گیاهی از زیر خاک بیرون نمی‌آید، ولی بعد از ۵ سال که اولین جوانه ظاهر شد، تنها ۶ هفته طول می‌کشد تا بامبو ۳۰ متر رشد کند.

برای موفق شدن، نیازی به کارهای بزرگ و عجیب و غریب نیست؛ برای رسیدن به موفقیتهای بنیادین، یک‌سری انتخابهای کوچک و هوشمندانه را در طول زمان انجام دهید، همین.

دارن هاردی در این کتاب ماجرای سه دوست کاملاً مشابه یکدیگر (مالی، تأهل، جسمی و وزن) را اینگونه روایت می‌کند:

دوست الف: او به زندگی عادی خود ادامه می‌دهد و هیچ تغییری ایجاد نمی‌کند.

دوست ب: تغییرات کوچکی را شروع می‌کند:
- هر شب فقط ۱۰ صفحه کتاب می‌خواند.
- هر روز در مسیر رفتن به محل کارش، یک فایل ۳۰ دقیقه‌ای آموزشی یا انگیزشی گوش می‌کند.
- روزانه فقط ۱۲۵ کالری از برنامه‌ی غذایی‌اش حذف می‌کند (مثلاً به جای یک بطری آب گازدار، یک لیوان لیموناد می‌خورد / یا اگر به فرهنگ غذایی ایرانی اشاره کنیم می‌شود، حدود نصف کفگیر برنج).
- روزانه فقط حدود یک کیلومتر پیاده‌روی می‌کند.

توجه کنید که اینها کارهای بسیار ساده و پیش‌پاافتاده‌ای هستند. او نه در کلاس‌های سنگین دانشگاهی ثبت‌نام کرده، نه یک رژیم غذایی آزاردهنده بر خود تحمیل کرده و نه هر روز به باشگاه می‌رود تا ورزش کند.

دوست ج: او نیز تغییرات کوچکی را در زندگی‌اش آغاز کرده است:
- تلویزیون بزرگتری خریده است و وقت بیشتری را برای تماشای آن می‌گذراند.
- از شبکه‌ی آشپزی، پختن غذاهای خوشمزه‌ای را یاد گرفته است.
- یک میز نوشیدنی‌های مختلف در اتاق پذیرایی‌اش گذاشته است.

تقریباً دوسال‌ونیم بعد: تفاوت‌های بین این سه دوست آشکار و قابل اندازه‌گیری شده‌اند:

دوست الف: درجا زده است، فقط شکایتش از زندگی بیشتر شده است.

دوست ب: از نظر جسمی خوش‌اندام و آراسته شده است. (او با کم کردن تنها ۱۲۵ کالری، ۱۵ کیلوگرم وزن کم کرده است، بی‌آنکه حتی یکبار گرسنگی بکشد.)
او تقریباً هزار ساعت از وقتش را صرف آموزش کرده و دانشی که به‌دست آورده، باعث ترفیع کاری‌اش شده و درآمدش را بالاتر برده است. به‌واسطه‌ی سلامت جسمی، وضعیت کاری و روحیه‌ی ناشی از این دو، روابطش با همسرش نیز صمیمی‌تر شده است.

دوست ج: او عاشق برنامه‌ی آشپزی و پختن غذاها و شیرینی‌هایی که یاد می‌گرفته شده است. خانواده و دوستانش هم از دستپخت او تعریف می‌کنند و او، مدام پرخوری می‌کند. این بدخوری، او را بدخواب می‌کند و صبح‌ها با کسالت بیدار می شود و از این رو، کمی بدخلق شده است. بهره‌وری کاری و رضایت رئیس‌اش از او کاهش یافته است. در انتهای روز هم با نارضایتی و انرژی تحلیل‌رفته به خانه

برمی‌گردد. کمبود انرژی باعث می‌شود کمتر با همسرش به پیاده‌روی برود و وقت کمتری را با او بگذراند. بنابراین، بدنش اندروفین کمتری ترشح می‌کند و دچار استرس بیشتری می‌شود. همین استرس او را به پرخوری بیشتری وامی‌دارد و این چرخه تکرار می‌شود. وزن او اکنون حدود ۳۰ کیلوگرم بیشتر از دوستش "ب" است.

می‌بینید که "ب" و "ج" انتخابهای کوچکی کردند، ولی همین انتخابهای کوچک با مرکب شدن در عامل زمان، تغییرات وسیعی به‌وجود آوردند.

به‌یاد داشته باشید، هرچه ایده‌آفرین باشید، اگر همت کارآفرینی و عزم اجرا نداشته باشید به نتیجه نمی‌رسید. باید تعاملی ایجاد کنید. برای مثال، برخی افراد در مغزشان نیمکره‌ی راست قویتری دارند، مانند افراد بینشی، شهودی و خلاقیتی. و برخی افراد ریاضی، فکری، و دقتی نیمکره‌ی چپ مغزی قویتری دارند. به تعبیری که دنیل پینک در کتاب "ذهن کامل نو" یا "یک ذهن کامل جدید" اشاره کرده است، حتی با وجود غیرعلمی بودن مفهوم "چپ‌مغزی" و "راست‌مغزی" به معنای عام و بازاری آن، هنوز برچسب "چپ‌مغز" به‌عنوان نوعی از تفکر که "منطق و تحلیل و ترتیب و جزئیات" را بهتر می‌فهمد و برچسب "راست‌مغز" به‌عنوان نوعی از تفکر که "شهود و کلان‌نگری و تصویر کلی" را بیشتر مورد توجه قرار می‌دهد، می‌تواند موجب سهولت بیان و انتقال سریعتر مفاهیم شود. به شرط آنکه فراموش نکنیم که "چپ مغز" بودن و "راست مغز" بودن ربط مشخصی به "نیمکره‌ی چپ مغز" و "نیمکره‌ی راست مغز""ندارد.

زمانی که شما بتوانید هر دوی این خصوصیات را داشته باشید، بسیار عالی است. اما اگر نه، در تشکیل تیمهای خود این مسأله را در نظر بگیرید و افرادی را انتخاب کنید که مکمل یکدیگر و شما باشند.

جمله‌ی معروف "خودت را بشناس" که از سقراط حکیم نقل شده و به تعابیر دیگری در اندیشه‌های قبل از سقراط نیز وجود داشته است، بیانگر این مسأله است که آدمی نسبت به حقیقت وجودی خود بی‌اعتنا نبوده و همواره بدان می‌اندیشیده است. از مذاهب و مکاتب عرفانی هند گرفته تا فلسفه‌های یونان و رم باستان و عرفای مسیحی و اسلامی تا عصر حاضر همواره شناسایی انسان و توجه به معرفت خود مدنظر بوده است.

انسانها همیشه در پی این بوده‌اند که کیستند؛ از کجا آمده اند؛ چه شده‌اند؛ به کجا می‌روند؛ به کدام سو نظر دارند. سان‌تزو، استراتژیست و فیلسوف شهیر چینی نیز در کتاب هنر جنگاوری در باب اهمیت خودشناسی می‌گوید، "اگر خود را بشناسی و اگر دشمنت را بشناسی، نیازی نیست که از نتیجه‌ی صدها نبرد هراس داشته باشی. اگر خودت را بشناسی، اما دشمنت را نشناسی، به ازای هر پیروزی، طعم یک شکست را خواهی چشید. اگر نه خودت را بشناسی و نه دشمنت را، در هر نبردی از پای در خواهی آمد".

این کتاب یکی از خواستنی‌ترین مجموعه‌های جنگی در تاریخ بوده است. در نزد چینیان باستان این کتاب شیفته‌کننده یکی از مهم‌ترین‌های آثار ادبیات به‌حساب می‌آید و گفته می‌شود که مائو تسه‌دونگ و ژوزف استالین هردو در هنگام جنگ این کتاب را می‌خوانده‌اند. جسیکا هگی نسخه‌ای مصور از هنر رزم را تدارک دیده است که به فارسی نیز چاپ و منتشر شده است.

برخی توصیه‌های جسیکا هگی برای مدیریت بر خود و برندسازی و برندداری شخصی و برای اینکه ابر قهرمان باشید به این قرارند:

- مدیریت نبوغ داشته باشید. روحیه‌ی کاوشگر خود را شارژ کنید.
- مدیریت نشر دانش داشته باشید و در انتقال دانسته‌های خود به دیگران خساست به خرج ندهید.
- مدیریت زمان داشته باشید و از وقت خود استفاده کنید.
- مدیریت درون داشته باشید. ویژگیهای خارق‌العاده‌ی درونی خود را بشناسید.
- مدیریت اهداف داشته باشید. آرمان‌هایی برای خود تعیین کنید.
- نادانی درونی خود را مدیریت کنید و غرور و تکبر خود را به حداقل برسانید.
- مدیریت بالندگی داشته باشید. با قلمروی آسایش خود خداحافظی کنید. در یک غار نمی‌توانید شکارچی خوبی باشید. یا به‌عبارتی از پشت میز نمی‌توانید بازار را بخوبی بررسی کنید.
- تقلیدگریزی خود را مدیریت کنید. به عبارتی خواهی که شوی رسوا همرنگ جماعت شو. درصورتی‌که قبلاً می‌گفتند خواهی نشوی رسوا. این یعنی متمایز بودن.
- مدیریت ترس. شهامت به توان بی‌نهایت بودن.
- مدیریت بی‌توجهی. به انرژیهای منفی خود توجهی نداشته باشید. وقت و انرژی خود را صرف شادی و خلاقیت تیمهای خود کنید.

مدیریت بر خود و رسیدن به هدف
برندسازی و برندداری شخصی با مدل SOS

تقریباً همه درباره "هدف" صحبت می‌کنند اما افراد و سازمانهای کمی را می‌توان یافت که بدانند چگونه هدف را تعیین کنند. هدف با سختکوشی ایجاد می‌شود و چیزی نیست که بخواهیم آن را کشف کنیم.

کارهایتان را به چهار دسته تقسیم کنید:
- آنچه دوست داریم انجامش دهیم (فعالیتهایی که شما را شاد می‌کنند).
- آنچه برایش دستمزد می‌گیریم و نیازهای زندگی‌مان را برطرف می‌کنیم.
- آنچه دنیا به آن نیاز دارد (خدمت شما به جامعه)
- آنچه در انجامش خوب هستید (تفاوت شما با دیگران)

این بخش‌بندی به ما کمک می‌کند که بتوانیم هدف خود را در زندگی بیابیم. می‌توان فهرستی از کارهایی که دوست داریم انجام دهیم، چالشهایی که جامعه با آن مواجه است، آنچه فرد یا سازمانی مایل است برایش پولی به ما بپردازد، و کارهایی که در انجامشان خوب هستیم، تهیه کنیم. بدون شک فهرستهایی که تهیه می‌کنید فهرستهای بلندی خواهند بود، اما بعد از یکی دو بار خواندن همپوشانی‌های آنها را خواهید یافت و هدفتان را کشف خواهید کرد.

این استراتژی نکات مثبت دیگری نیز دارد؛ زمانی که وقت صرف می‌کنیم و درباره‌ی موضوعی تأمل می‌کنیم تا بتوانیم متفاوت از دیگران باشیم، امکان دارد از چیزی خوشمان بیاید که پیش از این از آن متنفر بوده‌ایم. برای مثال، یکی از مدیران بزرگ و عالیرتبه کشور تعریف می‌کرد که همیشه از مدیریت متنفر بوده و نگرشی کاملاً منفی نسبت به آن داشته است. تا اینکه زمان می‌گذارد و رفتار

چند مدیر را زیر نظر می‌گیرد. وی نتیجه می‌گیرد که مدیریت به خودی خود نه تنها بد نیست بلکه، یکی از مهم‌ترین دستاوردهای بشر است. آنچه باعث نگرش منفی این مدیر نسبت به مدیریت شده مشاهده رفتار غیراصولی چند مدیر بوده است.

همچنین بسیاری از محصولات و خدمات مهمی که امروز زندگی بدون آنها برایمان امکان‌پذیر نیست در نتیجه‌ی همین فرایند تأمل درباره‌ی تلاقی چهار حوزه‌ای که به آنها اشاره شد، به وجود آمده‌اند.

برای مثال، به وجود آمدن شرکت TMBA نتیجه‌ی تفکر من درباره‌ی همین چهار حوزه بوده است. احتمالاً داستان به وجود آمدن خانواده‌ی TMBA را در کانال تلگرام و کتابهایم خوانده یا در سخنرانی‌هایم شنیده‌اید. از این رو به گفتن این نکته بسنده می‌کنم که به وجود آمدن هر سازمانی نتیجه‌ی فکر کردن فرد یا افرادی درباره این است که چه کاری را دوست دارد، در انجام چه کاری خوب است، چه خدماتی را می‌خواهد به جامعه ارائه دهد و در نهایت، مردم برای چه کاری حاضرند پولی به او پرداخت کنند.

پس از آنکه خروجی موردنظر از این فرایند به دست آمد، حال نوبت به آن می‌رسد که برای رسیدن به هدف به مرحله عمل وارد شویم. در این مرحله تمرین کردن نقش بسیار مهمی دارد. هیچ محصول، سازمان و فرد موفقی را نمی‌توان یافت که در مسیرش به سمت هدف غایی خود، بارها و بارها شکست نخورده باشد. تفاوت افراد موفق و افراد معمولی در همین جاست. زمانی که بسیاری از افراد در برخورد با موانع مختلف ناامید و سرخورده می‌شوند، فردی که به هدفش اعتقاد دارد می‌داند که اگر مانعی نباشد، باید به مسیری که انتخاب کرده‌ایم کمی شک کنیم.

هدف چیزی است که ما با سختکوشی خود خلقش می‌کنیم.

- ما چیزهایی را کشف می‌کنیم که دوست‌شان داریم.
- ما چیزهایی را اختراع می‌کنیم و ایده‌هایی را پرورش می‌دهیم که برایشان پاداشی (مادی و غیرمادی) دریافت می‌کنیم.
- ما برای برطرف کردن نیازهای جامعه تغییر می‌کنیم.
- و ما تمرین می‌کنیم تا زمانی که در انجام کاری ماهر شویم.

بنابراین، هدف چیزی است که با کار و تلاش ما خلق می‌شود، اما پیش‌نیاز آن خودآگاهی است. درواقع، مهم‌ترین اشتباه بیشتر افراد در مواجهه با فرایند هدف‌گذاری، ناآگاهی‌شان از وضعیت فعلی خود است. جاده‌ای تاریک و ناشناخته را تصور کنید که هیچ تابلو و نشانی ندارد، اما از طرفی نقشه‌ای در دست دارید که در آن راه‌هایی مشخص شده است. اما در چنین شرایطی نقشه به چه کار می‌آید؟ زمانی که نمی‌دانیم درکجای نقشه قرار داریم چگونه می‌توانیم راهی برای رسیدن به مقصد پیدا کنیم؟

بنابراین، اولین قدم برای رسیدن به اهداف این است که به شکلی دقیق موقعیت فعلی خود را بررسی کنیم و به آن اشراف کامل داشته باشیم.

مدل SOS یکی از ابزارهای نیل به چنین هدفی است. درواقع، اگر بخواهیم تمام گفتارهای این کتاب را در قالب یک بخش جمع‌بندی کنیم، خلاصه‌ی مدیریت برخود برای مدیریت برند شخصی را می‌توانیم با مدل S-O-S توضیح دهیم.

- S اول SITUATION یا موقعیت است: چه کسی هستید، تیپ شخصیتی شما چیست، کجا هستید؟ نقاط قوت‌تان و نقاط بهبود شما چیست؟ (من کجا هستم؟)
- O سرواژه‌ی OBJECTIVE یا هدف است، به معنای آینده‌ی زیبا و آرمانی که درنظر داریم تا به آن برسیم (به کجا می‌خواهم برسم؟).
- S بعدی STRATEGY است، به این معناست که راه رسیدن به این هدف چیست؟ (چگونه باید بروم؟) چه کارهایی را باید انجام بدهم و چه کارهایی را نباید انجام بدهم؟ در چه جاهایی باید حضور داشته باشم و کجاها نباید باشم؟ در فضای مجازی چه پستهایی بگذارم و چه پستهایی را نگذارم؟ با چه افرادی نشست و برخواست کنم؟ با چه افرادی همنشینی نداشته باشم؟ چه انتخابهایی داشته‌باشم و از چه چیزهایی بگذرم؟ و...

پس همانگونه که مطرح شد اولین قدم برای رسیدن از نقطه‌ی الف به نقطه‌ی ب در زندگی این است که بخوبی از مختصات نقطه‌ی الف آگاهی داشته باشیم و سپس نوبت می‌رسد به بررسی نقطه‌ی ب یا همان هدفی که مد نظر ما است. و در نهایت، شناخت راه و همت پیمودن آن.

5M در برندسازی و برندداری شخصی

پیش از هر اقدام عملی در برندسازی و برندداری شخصی ابتدا به سؤالات پنجاه‌گانه‌ی طرح شده در صفحات قبل پاسخ دهید، اما در مرحله‌ی شناساندن به سراغ 6W معروف بروید. که در تمام مراحل مدیریت به کمک ما می‌آیند و پاسخ به 6W راهگشای مسیرمان در مدیریت برند شخصی خواهد بود.

- **Who**: مخاطب من چه کسی است؟
- **When**: چه وقت با او ارتباط برقرار کنم؟
- **Which**: با چه رسانه‌هایی به او پیام بدهم؟
- **Why**: چرا باید این پیام را به او انتقال دهم؟
- **What**: چه پیامی را به او منتقل کنم؟
- **Where**: مخاطب من کجاست؟

ما نیاز به برقراری ارتباطات بازاریابی یکپارچه داریم به همین جهت یک برنامه‌ی ترویج و ارتباطات می‌نویسیم که به‌صورت جامع‌نگر ابعاد مختلف ارتباطی را در آن دیده باشیم تا هم به‌صورت کششی (تماس از سوی مخاطب هدف) و هم به‌صورت رانشی (تماس از سوی من) ارتباطات برقرار و توسعه یابند.

این برنامه‌ی ترویج حاصل تعامل نوآوری، بازاریابی، فناوری اطلاعات، روانشناسی، ارتباطات، جامعه‌شناسی، اقتصاد و سایر علوم مرتبط خواهد بود تا بتوانند روح و جان مخاطب را درگیر ساخته و او را به ارتباط علاقه‌مند سازد و احساس کند منافعی نصیب‌اش می‌شود. یادمان باشد انسانها فایده می‌خرند، انسانها ارزش می‌خرند؛ پس باید احساس کنند که فایده و ارزش مناسب نصیب‌اش می‌شود.

در کتابهای دیگر نگارنده معادله‌ی ارزشی بخوبی تبیین شده است. ارزش را مطلوبیت نهایی که نصیب مخاطب هدف می‌شود تعریف کردیم، گفتیم که ارزش، مقایسه بین هزینه‌هایی است که مخاطب می‌دهد و فایده‌هایی است که دریافت می‌کند و آنچه برایش می‌ماند ارزش است. ارزش از ارزیدن می‌آید. برند شخصی شما ارزش دارد، پس باید برایش هزینه کنید و آن را پرورش دهید و نگهداری کنید. برند شخصی شما برای مشتری شما ارزش دارد، پس باید برای به دست آوردن منافع حاصل از تعامل شما، او هم هزینه کند. انتظار دریافتی رایگان از سوی هرکسی که باشد انتظار بیجایی است، محصول رایگان وجود ندارد. حتی مؤسسات خیریه و شرکتهایی که با عنوان مسئولیت اجتماعی محصولی (کالا یا خدمات) را به‌صورت رایگان عرضه می‌کنند در مقابل منافعی همچون شهرت، ثواب، امتیاز کسر مالیات و... را نصیب خودشان می‌کنند. هر انسانی برای به دست آوردن ارزش چهار نوع هزینه پرداخت می‌کند که عبارتند از:

- **هزینه‌ی مالی** = پولی که پرداخت می‌کند مثلاً شهریه شرکت در سمینار که می‌پردازد. هزینه رفت‌وآمد به محل برگزاری سمینار یا محل عرضه محصول را پرداخت می‌کند. پول کالا یا خدمت را می‌دهد.
- **هزینه‌ی زمان** = وقتی که صرف می‌کند محصول (کالا یا خدمت) را دریافت کند.
- **هزینه‌ی انرژی** = انرژی جسمی یا سایر انرژیهایی که برای ابتیاع و تملک محصول صرف می‌کند.
- **هزینه‌ی روانی** = فشار روانی، استرس، شک و دودلی و سایر هزینه‌های روانی که پرداخت می‌کند.

حال مسئولیت من صاحب برند شخصی برای خشنودی مشتری و تبدیل او به سفیر برند و وکیل مدافع خودم این است که چگونه با حفظ رابطه‌ی برد طرفین بتوانم نسبت به رقبا هزینه‌های او را تا جایی که به فایده‌ها لطمه نزند کاهش دهم.

اما در سوی دیگر معادله ارزش، فایده‌ها قرار دهند که مثل هزینه‌ها به چهار بخش تفکیک می‌شوند.

- **فایده‌ی اصلی** = فایده‌ی اصلی آن فایده‌ای است که فرد به دنبال اوست و دلیل اصلی اقدام برای ابتیاع و تملک آن محصول است مثلاً در سمینار شرکت می‌کند که دانایی خود را ارتقا دهد.
- **فایده‌های جانبی** = قطعاً در کنار فایده اصلی یکسری فایده‌های جانبی هم نصیب مشتری می‌شود و خشنودی‌اش را افزایش می‌دهد مثل کیفیت پذیرایی، افزودن شدن شبکه‌ی دوستی و ارتباطی، هدایایی که از شرکت در سمینار آموزشی می‌گیرد و...

- **تصویر ذهنی** = برداشتی است که مخاطب در فرایند خرید از برند شما در روح و روان و دلش شکل می‌گیرد چه تصویر ذهنی او مثبت باشد و چه منفی به هر حال برای او یک فایده و دارایی است، تصویر ذهنی مثبت سبب می‌شود نفع خود را در ارتباط با شما ببینند و تصویر ذهنی منفی به او می‌گوید که با قطع ارتباط از زیانهای بعدی‌اش جلوگیری کند.
- **ارتباطات** = تمام ارتباطاتی که بین فرد و شما ایجاد می‌شود برای او فایده است؛ مثلاً همین ارتباطات سبب می‌شود که اعتبار فرد نزد شما افزایش یافته و همین آشنایی برای او در دفعات بعدی امتیازاتی نظیر تخفیف بیشتر گرفتن، مشاوره‌ای کوتاه یا در جای بهتر نشاندن او در سمینار منجر شود.

حال وظیفه‌ی دارنده‌ی برند شخصی این است که چگونه فایده‌های چهارگانه را برای مخاطب افزایش دهد (البته تأکید می‌کنم با رابطه‌ی برد طرفین) اگر این دو کار کاهش مجموعه هزینه‌ها و افزایش مجموع فایده‌ها، را توأم با هم انجام دهیم، مهندسی ارزش را پیاده‌سازی کرده‌ایم.

مهمترین ارزشهای بنیادین مخاطب شما که در نقشه‌ی ذهنی خود، آنها را تعقیب می‌کند عبارتند از: زندگی ایده‌آل، لذت، هیجان و آزادی. حال این وظیفه‌ی شماست که می‌خواهید برند شخصی‌تان در نزد او بزرگ شود، معتبر شود، محبوب شود و او را متمایل به ادامه‌ی ارتباط کنید یا از خودتان سؤال کنید که کدام‌یک یا کدام ارزشهای بنیادین را برای او پاسخگو هستید.

برای مثال، من می‌دانم کسانی که برای آموزش، مشاوره یا پروژه‌ای تبلیغاتی و تحقیقاتی به سراغ خانواده‌ی TMBA می‌آیند، می‌خواهند با کسب دانایی بیشتر و راهکارهایی که به آنها ارائه می‌کنیم زندگی‌شان بهتر شود، کاسبی‌شان رونق بگیرد، از رشد و توسعه‌ی سازمانشان لذت ببرند، هیجان سود و مفید بودن را حس کنند و از نگرانیهایی چون احتمال ورشکستگی و استرسهای ندانم‌کاری خودشان را آزاد کنند.

توجه به ارزشهای بنیادین، فایده‌ها و هزینه‌های مشتریان چراغ راه ما در پیمودن درست مسیر برندینگ است. هیچ‌گاه اینها را فراموش نکنید، همواره خودتان را به‌جای مخاطب هدفتان بگذارید و از زاویه‌ی دید ایشان به آنچه می‌کنید بنگرید، به هر حال پندار، گفتار و رفتار شما، شخصیت و برندتان را در نزد طرف مقابل می‌سازد. پس همواره نگرانی مثبت داشته باشید. به‌صورت دائم بهبود و نوآوری را سرلوحه‌ی کارتان قرار دهید. بهبود، یعنی کاری که الان دارم انجام می‌دهم را به نحو شایسته‌تری انجام دهم و نوآوری یعنی چه فعالیت، راهکار و اقدام جدیدی انجام دهم تا نسبت به رقبا در نزد مشتری به‌روزتر، باسوادتر و مفیدتر باشم.

حال با تشریح معادله‌ی ارزش و تأکید بر اهمیت ارزشهای بنیادین به سراغ 5M می‌رویم. نگاهی سریع به 5M می‌اندازیم و سپس به‌صورت جامعتری آنها را بررسی می‌کنیم:

- **Mission**: در اینجا منظور اهداف، رسالت، بیانیه‌ی مأموریت و ارزش‌های بنیادین و سایر ارزش‌هایی هستند که می‌خواهیم به مخاطب هدف معرفی کنیم.
- **Money**: در اینجا مجموع پرداختی‌ها یا هزینه‌هایی است که می‌کنیم تا مخاطب هدف ما را بشناسد، قبول کند، باور داشته باشد، توجه کند، تعامل کند، سفیرمان بشود و در نهایت وکیل‌مدافع ما باشد. تمام هزینه‌های مالی، روانی، انرژی و زمان در اینجا مطرح می‌شوند که قبلاً در معادله‌ی ارزش توضیح دادم.
- **Message**: پیامی است که می‌خواهیم به مخاطب هدف بدهیم، اینکه در راستای اهداف و بیانیه‌ی مأموریت و ارزش‌ها حالا کلمه‌ی کلیدی ما چیست؟ شعارمان چه هست؟ لقب داریم یا نداریم؟ و بالاخره چه منافع و ثمراتی برای او خواهیم داشت و آنها را با چه سبکی می‌خواهیم به او نشان دهیم.
- **Media**: حال برای رساندن پیام از چه رسانه‌هایی می‌خواهیم استفاده کنیم؟ همواره اعتقاد دارم اولین رسانه‌ی خود فرد دارنده‌ی برند شخصی است که با منش و عملکرد خود تصویر ذهنی دیگران را شکل می‌دهد سپس با رسانه‌ها در اختیار ما هستند نظیر ابزارهای فضای مجازی و اینترنت، سخنرانی، مقاله و کتاب نوشتن، شرکت در انجمن‌ها و...
- **Measurement**: در انتها می‌خواهیم ببینیم چقدر در رسیدن به اهداف فوق موفق بوده‌ایم، پس ارزیابی آن هم به‌صورت پیوسته ضروری است. به فرایند توجه داشته باشیم به‌صورت مرتب بازخوردها را ببینیم و سنجش کنیم اما مواظب پاسخ‌های هیجانی بدون تأمل باشیم. بهترین پاسخ پذیرش انتقادات بجا و اصلاح رفتار و تمرکز بر عملکرد و بهره‌وری‌مان است.

حال با این توضیح کوتاه در خصوص هر یک از ابزارهای مدل 5M، به جزئیات بیشتری در خصوص آنها می‌پردازیم.

- **Mission، Money، Message**:

منظور از Mission در اینجا تدوین هدف و رسالت برند شخصی‌تان است که در ارتباط با چشم‌اندازتان مکتوب می‌شود. چشم‌انداز شخصی من در راستای چشم‌انداز خانواده‌ی تی‌ام‌بی‌ای برای هدفی که مشخص کرده‌ایم عبارت از "رهبر بازار عرضه‌ی دانایی برای ارتقای کاروکسب‌ها" می‌باشد. هر برندی لازم است یک کلمه‌ی کلیدی برای خودش داشته باشد. کلمه‌ی کلیدی مثل فانوس دریایی است که مسیرش را شکل می‌دهد و هر کاری که می‌کنید باید ببینید با کلمه‌ی کلیدی‌تان همخوانی دارد یا خیر؟ کلمه‌ی کلیدی من "دانایی" است و تمام فعالیت‌های آموزشی، پژوهشی، نشر و... در راستای این است که به مخاطبان هدف خودم کمک کنم که در حوزه‌ی کاروکسب، دانایی‌شان متناسب با

زمان ارتقا پیدا کند. پس در یک کلمه اگر از من بپرسید محصول من و خانواده‌ی TMBA چیست می‌گویم دانایی می‌فروشیم. حال بیانیه‌ی مأموریت من و خانواده‌ی TMBA که ارتباط بسیار گسترده‌ای با هم دارند این است "ما با تمرکز بر سادگی و کاربردی بودن راهکارها، با چاشنی علم و عمل و عشق، دانایی عرضه می‌کنیم تا به ارتقای کاروکسب‌ها کمک کنیم و ارزشهایم نیز عبارتند از: صداقت، اعتماد، مسئولیت‌پذیری، شادی بهره‌ور، چابکی و جامعیت‌نگری."

دقت کنید رسیدن به این ارزشها ساعتها زمان برده است. روی تک‌تک آنها کار سنگین صورت گرفته و جلسات متعدد برگزار شده است. از دوست و برادر و یار دبستانی عزیزم مهندس بهرام رزمان که در تدوین چشم‌انداز، مأموریت، ارزشهای بنیادین، ارزشها از منظر مشتری، کلمه‌ی کلیدی و شعار به عنوان یک مشاور استراتژی همراهمان بوده‌اند، تشکر می‌کنم. من به تجربه دریافته‌ام که آموزه‌ی اساتید بزرگ دانشگاه بازار که سالهای دور گفتند آخر کلک صداقته، یعنی چه. آنها به ما یاد دادند که هر چقدر هم اهل دوز و کلک باشیم دست آخر به این نتیجه می‌رسیم که هیچ حربه و راهکاری قویتر و بُرنده‌تر از صداقت نیست، پس با خودتان و مشتریانتان صادق باشید تا توجه و اعتماد آنها را جلب کنید تا به شما اعتبار دهند و در نزدشان برند مقبول و محبوب بشوید. و برای موفقیت در این مسیر باید مسئولیت‌پذیر باشیم کار دیگران را همچون کار خودمان جدی بگیریم. منافع آنها را همچون منافع خودمان مورد توجه قرار دهیم، برایشان تلاش کنیم، دلسوزی کنیم، پافشاری کنیم تا آنها به مطلوبیت‌شان برسند آنها باید با تمام وجود شما را باور کنند و بدانند که واقعاً مسئولیت‌پذیر هستید. به تجربه یافتم که شادی بهره‌وری چقدر می‌تواند در موفقیت فردی خودم و مخاطب هدفم که می‌تواند همکار عزیزم در درون سازمان یا کارفرمای عزیزم یا سایر مخاطبان هدف باشند، مؤثر است. به عینه دیده‌ام که شادی می‌تواند تا دوازده درصد بهره‌وری را در سازمان افزایش دهد.

پس چند سال است که به‌صورت جدی روی شادی بهره‌ور کار می‌کنم. یادم می‌آید که اولین بار در سمیناری در اتاق بازرگانی، صنایع، معادن و کشاورزی اصفهان این واژه به ذهنم رسید، همانجا به دکتر شهرام رحیمی عزیز که از مشاوران بزرگ صنعتی سازمانی هستند، زنگ زدم و گفتم شهرام به نظرم یک واژه‌ی مناسب ساختم، بیا روی آن کار کنیم و نظرت را به من بگو؛ چند روز بعد شهرام زنگ زد و گفت عجب واژه‌ای است. بشدت ذهنم درگیر آن شده است و من خدا را شکر گفتم. می‌دانم با تنبلی نه می‌توان برند شخصی بزرگی شد، نه می‌توان سازمان موفقی داشت؛ پس با آگاهی و دانایی روی کلمه‌ی چابکی و چگونگی رفع موانع کار کردم تا اینکه هم خودم چابک باشم هم با افرادی که کار می‌کنم آنها را چابک سازم و اهمیت چابکی را در دنیایی که ثانیه‌هایش پرارزش هستند نهادینه سازم و اما اگر بخواهم بگویم بهترین یادگرفته‌ی عمرم تاکنون که در ابتدا مدیون پیتر سنگه و در نهایت پیتر فیسک هستم، چیست؟ می‌گویم آن، "جامعیت‌نگری" است. فهمیدم که نگرش تکه‌ای و جزیره‌ای ما را به سقوط می‌کشاند و این بینش جامعیت‌نگری است که سبب می‌شود به

تمام ابزارهای پدیده و محیط با بصیرت جامع بنگریم و بدانیم هیچ جزء نامهمی وجود ندارد. فهمیدم توجه به جزئیات می‌تواند بیست تا پنجاه درصد بهره‌وری را افزایش دهد.

و اما پس از چشم‌انداز، بیانیه‌ی مأموریت، ارزشها، کلمه کلیدی، به شعار رسیدم. متأسفانه بارها دیده‌ام که با شعار به‌صورت شعاری به معنای عام برخورد شده است. اما من شعار را عصاره‌ی تمام فضیلتهای یک برند می‌دانم و خیلی بااحترام و دقت به آن نگاه می‌کنم. لذا روح پیتر دراکر بزرگ به کمکم آمد آنجا که Knowledge Worker را گفت و من با کمی ذوق شاعری که داشتم آن را به عالم عامل ترجمه کردم، اما دیدم یک چیز کم دارد و آن چاشنی عشق است. شعار من و خانواده‌ی TMBA شد "عالم عامل عاشق".

عالم باشیم، یعنی همواره بدانیم و روی دانایی خودمان تا زنده‌ایم کار کنیم. عامل باشیم، یعنی اهل همت، کار و تلاش باشیم و تمام علم و عمل خویش را همواره با عشق به خود، خانواده، کارکنان، مشتریان و سایر مردم عجین کنیم. الان عالم عامل عاشق بخوبی جا افتاده است و همراهان عزیز ما در ایران سربلند می‌دانند که آن منصوب به معلم بازاریابی است که لقب من است. وقتی وارد دنیای بزرگ و زیبای بازاریابی و کاروکسب شدم، دیدم خیلی از سروران برای خودشان القابی همچون استاد بزرگ، مشاور عالی و... را برگزیده‌اند و من گفتم من فقط یک معلم ساده هستم که می‌خواهم خادم اهالی بازاریابی ایران و بعد سایر ملل جهان باشم.

لذا همه‌جا خودم را پرویز درگی ویزیتور دیروز و معلم بازاریابی امروز معرفی کردم و جالب اینکه چون متمایز بود و حس خوبی از تواضع و ارادت را به دیگران منتقل می‌کرد، بشدت مورد استقبال قرار گرفت؛ اما یک نکته هم بگویم و آن اینکه در کنار تمام مطالب چشم‌انداز، بیانیه‌ی مأموریت، ارزشها، شعار، لقب، کلمه‌ی کلیدی، حتماً برای خودتان یک سبک خاص داشته باشید تا دیده شوید. تقلید از سبک دیگران فقط به مردم می‌گوید که شما تقلیدکننده‌ی خوبی هستید، اما آن را متعلق به شما نمی‌دانند. سبک من یکی در آغاز و پایان نوشته‌ها، سخنرانیها و هر اقدامی است.

تمام کتابها، نوشته‌ها، مقالات، سخنرانیها، گزارشهای علمی من با واژه‌ی عمیق "به نام خداوند عشق و امید" شروع می‌شود که خود در بین تمام آغازها متمایز است و تمام پایان‌ها در نوشته‌هایم "سبز باشید" است.

و اما روح تمام فعالیتهای من و سبک ارائه‌ی من یک کلمه است "سادگی". به تجربه یافتم که بسیاری از ایرانیان عزیز وقتی متوجه یک مطلب نمی‌شوند، سؤال نمی‌پرسند و باور کردم که این وظیفه‌ی گوینده و نویسنده است که باید مخاطبش را بشناسد و چنان تسلط و تبحری در ساده‌سازی و ساده‌گویی داشته باشد که بدون اینکه به اصل مطلب علمی خدشه‌ای وارد کند بتواند به شیدایی و فهم هرچه تمامتر، آن را به مخاطب منتقل کند و او شاد از جلسه بیرون برود.

پس لطفاً تمام نکات فوق را برای خودتان با بهره‌گیری از ساعتها مشاوره با مشاور اصلح و

وقت‌گذاری مشخص کنید و برای جا انداختن آنها در بازار هدفتان حوصله داشته باشید، ممارست داشته باشید و هزینه کنید. برند شدن مثل لانه‌ی پرنده ساختن است که با کار زیاد و با کنار هم قرار دادن تکه‌های کوچک چوب و گل و یک معماری زیبا حاصل می‌شود.

حتماً تبلیغات خوب است، حتماً باید از ابزارهای مختلف ترویجی خصوصاً فضای مجازی استفاده کنید، اما مهم‌تر از آن کارگردانی محتوایی است که می‌خواهید به دیگران بقبولانید. هم محتوایتان عالی باشد هم تمام چارچوبهای گفته شده را عالی طراحی کنید و همچون شیره‌ی جانتان آنها را بپرورانید تا به روزی برسید که برند شخصی‌تان نزد بسیاری از مخاطب هدفتان مشهور مقبول محبوب باشد، اما یک نکته هم بگویم و آن این است که انتظار نداشته باشید همه از شما خوششان بیاید. کدام برند در دنیاست که بدخواه ندارد؟

تیم‌های ورزشی را نگاه کنید؛ همین پرسپولیس و استقلال خودمان، یا بارسلونا و رئال مادرید و... یک‌سری عاشق سینه‌چاکشان هستند و یک‌سری هم از آنها متنفرند. آری متنفرند. قرار نیست شما محبوب هم باشید. یک عده‌ای به شما حسادت می‌کنند، بعضی‌هایشان بعداً با شما دوست می‌شوند و بعضی هیچ‌گاه، این قاعده‌ی کار است.

سال‌های اولیه‌ی ورود من به عرصه‌ی بازاریابی بود. روزی دوست و همکلاسی دوره‌ی کارشناسی ارشدم، جناب آقای دکتر اسماعیل سعادت‌فرد عزیز به من زنگ زد و کاری داشت گفتم پای پرواز و در حال رفتن به تبریز هستم برای یک سمینار آموزشی، ایشان پرسیدند چه سمیناری هست؟ گفتم استراتژی بازاریابی برای یکی از شرکتها، گفت استراتژی را چگونه می‌نویسند؟ با احترام و آرامش گفتم با حروف الفبا ا.س.ت.ر.ا.ت.ژ.ی. خنده‌ای کرد و خداحافظی کردیم. چند ماه بعد آمد و گفت من به تو حسادت می‌کردم، اما حالا که می‌بینم چقدر در حوزه‌ی تألیف و مشاوره موفق هستی آمدم تا تبریک بگویم و حالا این بزرگوار یکی از سفیران برند من است.

دکتر سعادت‌فرد به راستی فردی سلیم‌النفس است که خودش اعتراف کرد، اما بعضی از دوستان مرتب بدگویی می‌کردند و جالب اینکه خودشان هم دلیلش را نمی‌دانستند یا نمی‌خواستند بیان کنند. در یکی از جاهایی که برای دانشجویان کارشناسی ارشد درس می‌گفتم یکی از اساتید که بعداً مدیر گروه هم شد روزی با غضب و ناراحتی گفت کتابهای شما اصلاً بار علمی ندارند و بی‌محتوا هستند. گفتم استاد شما کدام کتاب من را خوانده‌اید با ناراحتی و پرخاش گفت هیچ‌کدام، چون ارزش خواندن ندارند. و من فقط سکوت و نگاه معناداری کردم که به‌راستی چرا یک فرد دانشگاهی این‌گونه باید قضاوت کند. شما که حتی یک کتاب را نخوانده‌ای این چه قضاوتی است.

یا یکی از بزرگان هر بار که من را می‌دید می‌گفت پشت سرت حرف زیاد می‌زنند؛ پرسیدم چه می‌گویند؟ ایشان خیلی تلاش کردند چیزی بگویند، اما واقعاً نکته‌ای برای گفتن نداشت. تا روزی یکی از همکاران دانشگاهی گفت ایشان از پیشرفت شما ناراحت است و گفته است باید جلوی درگی

را بگیریم.

روزی خیلی دلم شکسته بود، مهندس مجتبی اسدی، مدیر نازنین و باکفایت گروه پژوهشی آریانا به دفترم آمد و درد دلی کردم و گفتم مجتبی چرا اینها چنین می‌کنند، خب وقت‌شان را بگذارند سر کار مفید. مجتبی رفت بعد چند روز تماس گرفت و گفت خدمت محسن خان خلیلی، بنیانگذار بوتان رفتم و گلایه‌ی شما از بعضی عزیزان را هم گفتم. ایشان پیام دادند که برای برند شدن باید توان عبور از سه مرحله را داشته باشی. مرحله‌ی اول تمسخر است. رقابیت شما را مسخره می‌کنند، دست می‌اندازند، می‌گویند این هم فکر کرده می‌تواند عددی بشود و ... تو حوصله کن و با توکل و درایت و تلاش به کارت ادامه بده و حتی وقت خودت را برای پاسخگویی نگذار. یادت باشد صدای رفتار از صدای گفتار بلندتر است.

تا اینکه روزی وارد مرحله‌ی دوم می‌شوی، خودت متوجه می‌شوی که وارد مرحله‌ی دوم شده‌ای، آن زمانی است که به تو با عصبانیت حمله می‌کنند و داد می‌زنند این دیگر کی است؟ این چه می‌گوید؟ و ....

آن زمان برو دو رکعت نماز شکر بخوان و چون از مرحله‌ی اول گذر کرده‌ای، باز هم به کارت ادامه بده، نوآوری داشته باش، تلاش کن و پیش برو. تا اینکه روزی وارد مرحله‌ی سوم می‌شوی و آن مرحله‌ی پذیرش است.

خیلی از همان انسانهایی که روزی دلت را شکسته بوده‌اند با تو تماس می‌گیرند برای تشکیل یک انجمن علمی، برای برگزاری یک کنفرانس علمی یا سمینار و لایو مشترک زمان می‌خواهند. اینجا باز هم برو و دو رکعت نمازت را بخوان؛ چون از مرحله‌ی دوم هم گذر کرده‌ای و وارد مرحله‌ی سوم شده‌ای. اما هیچ‌وقت مغرور نشو. چون بزرگترین دام بشر غرور خود فرد است. همواره به رشد و تعالی خودت ادامه بده.

این درس از یک بزرگ به‌واسطه‌ی یک استاد باسواد و بااخلاق خیلی به من در آن سالها کمک کرد. آرام شدم و دیگر وقت خودم را صرف پاسخگویی به حسادت‌ها و نامرادی‌ها نکردم، اما انتقادات درست را به جان و دل پذیرا بوده و هستم؛ چرا که مشاوره‌ی رایگان دوستداران من است. اما من هم می‌خواهم به تو خواننده‌ی عزیز بگویم به نظرم برند شخصی بزرگ شدن همواره هم خوب نیست. توان می‌خواهد تا فشارها را تحمل کنی، وقتی برند شخصی بزرگی می‌شوی، مثل عقاب اوج می‌گیری، بالا می‌روی، خیلی‌ها از این پایین برایت کف می‌زنند و به تو افتخار می‌کنند و عده‌ای هم تیروکمانشان را به سویت می‌گیرند تا عقابی را به پایین بیندازند؛ چون تحمل دیدن عقاب برایشان سخت است. به این اضافه کن فشار طوفان و باد و جریان هوا را. پس اگر خواستی عقاب باشی باید از ابرهای باران‌زا بالاتر بروی از جریان طوفان صعودت بیشتر باشد و اما بیشترین دردی که باید تحملش کنی، گاهی درد تنهایی است.

گاه در جمع فامیل هم تنها هستی، مجبوری میهمانی و دورهمی بروی که آزار می‌بینی؛ چون حرف‌ها و دغدغه‌های آنها خیلی کوچک است. اینجا بحث غرور نیست، بحث این است که ای‌کاش الان وقتم را صرف یک مطالعه می‌کردم، یک مطلب علمی می‌نوشتم یا می‌خواندم. آری برند شخصی بزرگ شدن همه‌اش شادی و خوشحالی نیست، اما تو انتخاب کرده‌ای، پس پای انتخابت بمان و برای آن همواره آماده باش. همواره اصل موازنه را جدی بگیر که می‌گوید برای به دست آوردن یکسری چیزها باید از یکسری چیزهای دیگر بگذری، اصل تناسب استراتژیک را جدی بگیر که می‌گوید همه چیزت باید به همه چیزت بیاید، تناسب بین پندار، گفتار و رفتار، تناسب بین تیپ ظاهری و تیپ باطنی، تناسب بین چشم‌انداز، بیانیه‌ی مأموریت، ارزش‌ها، کلمه‌ی کلیدی، شعار، لقب و نشان دادن صادقانه‌ی اینها با همت و تلاش در مرحله‌ی عمل، و در نهایت اصل رفتار متمایز را جدی بگیر، مشتریان و مخاطبان هدف فروشنده، خواننده‌ای و... را انتخاب می‌کنند که نسبت به دیگران تمایزهای مثبت و ارزنده داشته باشد و بتواند فایده‌ها و ارزش‌های مطلوب‌تر و ارزشمندتری را به آنها برساند.

● **Media:**

تا به حال در تشریح 5M ارتباطات و ترویج در سه مورد اول یعنی هدف و رسالت، بودجه (هزینه‌های چهارگانه) و پیام صحبت کردیم. حال به چهارمین عامل یعنی رسانه می‌پردازیم.

پیشنهاد و توصیه می‌کنم کتاب "قطب‌نمای مدیران توسعه بازار با نگرش بازار ایران" را مطالعه کنید، پیشنهادات آن کتاب برای توسعه‌ی برند شخصی شما هم به مراتب مفید و کاربردی است. در اینجا توصیه‌هایی به‌منظور جامعیت‌نگری در بهره‌گیری از رسانه‌ها برای مدیریت برند شخصی (برندسازی و برندداری) ارائه می‌شوند. تأکید می‌کنم سعی نکنید با انتخاب یک یا دو رسانه فرایند شناساندن خودتان و ارتقای برند شخصی‌تان را بخوبی اجرا کنید.

درست است که متناسب با مخاطب هدف و شرایط وزن و اولویت استفاده از رسانه‌ها متفاوت خواهد شد. اما در مجموع بهره‌گیری از رسانه‌های مختلف به‌صورت یکپارچه سبب می‌شود تا هر کدام تأثیری گذاشته و مجموع این تأثیر نقش مدیریت امور رسانه را در راستای هدف شما انجام دهند. به موارد زیر توجه کنید:

■ **خود فرد:** به نظر من اولین و بهترین رسانه خود فرد است، اگر دقت کنیم در ابزارهای شش‌گانه‌ی ترویج و ارتباطات شامل تبلیغات، روابط عمومی، فروش حضوری، چاشنی‌های فروش، بازاریابی مستقیم، و بازاریابی حسی یکی از آنها فروش حضوری یا فروش شخصی است. اینجا منظور فرایند و عملیات فروش نیست بلکه، اشاره به نقش ارتباطی و ترویجی شخص فروشنده دارد. به عبارتی یک فروشنده‌ی خوش‌فکر، خوشگو، خوش‌تیپ، خوشخو به‌مراتب از یک فروشنده‌ی معمولی نقش

تأثیرگذاری بیشتری خواهد داشت و قدرت پذیرش و متقاعدسازی او به‌مراتب بالاتر خواهد بود.

- **پیامک:** الان اهمیت پیامک در بازاریابی نسبت به سالهای گذشته با توجه به گسترش ابزارهای نوین کمرنگ‌تر شده است، اما من در مدیریت برند شخصی خودم از این ابزار خیلی استفاده کردم. حدود سه سال پشت سر هم به تمام فهرست همراهان در گوشی خودم صبح‌های جمعه یک پیام انگیزشی و علمی می‌فرستادم که با عبارت سلام صبح بخیر همراه به اتمام می‌رسید. آنقدر این شماره‌ها زیاد شده بود که در اواخر ادامه‌ی این کار تا چهار ساعت وقت من صرف می‌شد. یکی از جذابیتهای ارسال این پیامکها بجز متن، برای مخاطبان این بود که شخص پرویز درگی پیامک را می‌فرستد نه یک نرم‌افزار. آنقدر این پیامکها پرآوازه شدند که خیلی از عزیزانی که شناختی از آنها نداشتم تماس می‌گرفتند و دستور می‌دادند که اسم آنها را در گوشی‌ام ذخیره کنم و پیامکهای سلام صبح‌بخیر همراه را برای آنها بفرستم. متأسفانه به علت مشغله، دیگر نتوانستم آن را ادامه دهم. اما کتاب "سلام صبح بخیر همراه" که منتشر شد، حاصل‌جمع همین پیامکها بود که توسط همسر عزیزم سرکار خانم دکتر مریم منفرد گردآوری شده بودند. به هر حال ابزاری در مقطعی از زمان کاربرد بیشتری دارد. آن زمان من از پیامک استفاده خوبی کردم. خوشبختانه یکسری از عزیزان این حرکت زیبا را ادامه دادند، الان در روزهای جمعه چند پیامک با همین عنوان سلام صبح‌بخیر همراه دریافت می‌کنم.

- **سایت شخصی:** Dargi.ir قدمت زیادی دارد، چند سال پشت سر هم هر روز یک مطلب علمی در این سایت ارائه می‌کردم که مورد استقبال بسیاری از عزیزان قرار گرفت، هرچند انتقاداتی هم از سوی عزیزانی که می‌گفتند داشتم فراوانی آنها از قدرت تأثیرگذاری‌شان کم می‌کند. نه به این خاطر بلکه، به علت مشغله‌ی زیاد، الان هر ازگاهی در این سایت مطلبی ارائه می‌کنم. لازم به ذکر است که همان‌طور که پیامکها به کتاب منجر شدند، سری پنج جلدی کتابهای چهل گفتار که از سوی انتشارات بازاریابی منتشر شد و بسیار مورد استقبال قرار گرفت هم حاصل جمع‌آوری همین نوشته‌ها در Dargi.ir بود.

- **فضای مجازی:** الان شاید همراه‌ترین همراه همه‌ی ما تلفن همراهمان باشد که جای خیلی از ابزارهای الکترونیکی را گرفته و با بهره‌گیری از تلفن همراه ابزارهایی چون اینستاگرام، لینکداین، توئیتر، یوتیوب، تلگرام، واتساپ و امثالهم در دسترس ما قرار گرفته‌اند و کمک زیادی به مدیریت برند شخصی‌مان کرده‌اند. من به شخصه با توجه به استقبال زیاد مردم، در اینستاگرام به نشانی parvizdargi فعال هستم و تقریباً حداقل یک پست در روز می‌گذارم، از طرفی کانال معلم

بازاریابی در تلگرام هم به همان نشانی parvizdargi مورد استقبال مخاطبان هدف قرار گرفت و برای ارسال یکسری پیام‌ها هم از واتساپ استفاده می‌کنم.

امروزه تصور اینکه یک روزی این فضاهای مجازی نباشند بسیار دشوار است، راستی آن موقع که اینها نبودند ما چگونه ارتباط برقرار می‌کردیم؟

- **مقاله در روزنامه‌ها و مجلات:** ورود به روزنامه‌ها و مجلات برای فردی که برند شخصی بزرگی ندارد بسیار سخت است و من هم این سختیها را کشیده‌ام، همان‌طور که قبلاً نوشتم اولین مقالاتم که برای مجله‌ی بازاریابی به مدیر مسئولی آقای نصیری قیداری فرستادم، مستقیم به سطل آشغال رفتند، اما شعار مهندسان همواره به من انرژی می‌داد که می‌گفتند یا راهی باید یافت یا راهی باید ساخت، به همین دلیل با پیگیریهای متعدد به جایی رسیدم که یک ستون در روزنامه‌ی سرمایه برای یک روز در هفته داشتم، آن زمان این روزنامه که با مدیر مسئولی دکتر عبده تبریزی منتشر می‌شد از اعتبار بالایی برخوردار بود.

بعدها روزنامه‌ی فرصت امروز به سراغ من آمدند و بعد روزنامه‌های دیگر. مهم شروع است و این سخت‌ترین مرحله‌ی کار است. بعد مجلاتی نظیر دانش تبلیغات، تبلیغات و بازاریابی و... از من مقالات زیادی منتشر کردند، تا اینکه دوماهنامه‌ی "توسعه مهندسی بازار" و ماهنامه‌ی "بازاریاب بازارساز" با مدیر مسئولی خودم منتشر شدند و البته نقش و حضور خودم در آنها بسیار پررنگ بود. نوشتن را جدی بگیرید خصوصاً در روزنامه‌ها و مجلات که البته الان بیشتر الکترونیکی شده‌اند، اما نقش آنها در مخاطبان هدف پررنگ است.

- **رادیو و تلویزیون:** از بچگی یکی از رؤیاهایم حضور در رادیو و تلویزیون بود. روزی خانم سوادکوهی از رادیو جوان تماس گرفتند، ایشان به‌واسطه‌ی خواهرشان که در سازمان مدیریت صنعتی دانشجوی من بودند با من آشنا شدند و این بود که پای من به رادیو باز شد. بعد از سالیان زیادی با سرکار خانم یساقی در برنامه‌ی "جوان ایرانی سلام" رادیو جوان هر روز صبح برنامه داشتم و در تمام آن برنامه‌ها دعا می‌کردم که الهی همه‌ی ما عالم عامل عاشق باشیم. وقتی در سمینارها همین شعار را تکرار می‌کردم خیلی از عزیزان می‌گفتند آیا شما همان آقای جوان ایرانی سلام هستید؟ از طریق خانم یساقی و معرفی ایشان به آقای خرمشاهی معرفی شدم و برنامه‌های ثابت هفتگی در برنامه‌های مختلف نظیر سلام تهران، روزآمد و... داشتم و سپس شبکه‌ی یک و سایر شبکه‌ها.

مهم این است که پای فرد به صداوسیما باز شود، خیلی از تهیه‌کنندگان و کارگردانهای دیگر خودشان به سراغتان می‌آیند البته به شرطی که برنامه‌هایتان پرمحتوا باشد و بازخورد خوبی گرفته باشند.

- **سخنرانی:** کسی که برند شخصی بزرگ می‌خواهد بشود، باید فرصتهای سخنرانی را جدی بگیرد حضور در سمینارها، کنفرانسها، کلاسها، همگی‌شان به من در شناساندنم کمک زیادی کردند، گاهی تعدادشان آنقدر زیاد می‌شد که خیلی حضورم در منزل کمرنگ شد، ولی سختی سفرهای متعدد خصوصاً با وضعیت هواپیماهای ما آن هم در سالهایی که میزان سقوط هواپیماها بالا بود انتخابی بود که قبول کردم و البته فشارهای روانی‌اش را خانواده تحمل کردند. شاید الان که برمی‌گردم می‌گویم می‌توانستم کمتر بروم اما نمی‌دانم یک آدم کارشیفته که با کارش نفس می‌کشد، آیا می‌تواند کمتر کار کند؟ نکته‌ی مهم در سخنرانیها این است که در چند دقیقه‌ی اول فضای سالن را دست بگیرید. یک ارتباط دوستانه با تعریف یک داستان یا خاطره با جنب‌وجوش در حد متعارف در روی سن و ارتباط چشمی با جاهای مختلف سالن و البته مهمتر از همه نکات علمی و کاربردی برای مخاطبان همگی در پذیرش سخنران نقش‌آفرینی می‌کنند. تأکید می‌کنم اسلایدهای زیبا و کوتاه با عکسهای مرتبط و جذاب و بهره‌گیری از فیلمهای کوتاه در لابه‌لای اسلایدها، همگی در جذابیت سخنرانی نقش دارند.

- **تألیف و ترجمه‌ی کتاب:** پذیرش فردی که کتاب دارد با فردی که کتاب ندارد، بسیار متفاوت است. کتاب خوب نوشتن کار بسیار دشواری است. اولین کتابم را در سال ۱۳۸۴ منتشر کردم با عنوان "مدیریت فروش و فروش حضوری با نگرش بازار ایران"، یادم می‌آید برای این کتاب وسواس زیادی داشتم. بارها در هنگامی که تصور می‌کردم تمام شده است، برمی‌گشتم و از اول آن را شخم می‌زدم، تا اینکه روزی بزرگی گفت همین الان تمام‌شده حساب کن و آن را به ناشر بسپار و اگر اصلاحات داشتی در چاپ دوم انجام بده. من به حرف آن بزرگ مرد باسواد و بااخلاق جناب آقای دکتر محمود محمدیان گوش کردم و الان آن کتاب به چاپ سی‌ام رسیده است، با مجموع تیراژ بالای شصت هزار نسخه.

  سپس کتابهای بعدی را نوشتم و بعضی را با همکارانم ترجمه کردیم، اما بیشترین وقت خودم صرف کتابهای تألیفی شد که هر یک به مثابه یک فرزندم هستند؛ الان به نظرم تعداد کتابها عدد پنجاه را رد کرده باشند.

  البته به جهت حضور انتشارات بازاریابی که خودم مدیر مسئول آن هستم، کتابهای زیادی از سرورانی که دستور می‌دادند برای کتابشان پیشگفتار بنویسم، مجبور بودم بخوانم و این فرصت بسیار خوبی برای یادگیری آن هم قبل از چاپ کتاب بود.

  همواره به همکاران عزیزم در انتشارات بازاریابی با مدیریت اجرایی آقای آخوندی می‌گویم من به شغل شما غبطه می‌خورم؛ کتاب می‌خوانید و حقوق می‌گیرید. ولی واقعاً انتشارات بازاریابی با خدمات ارزنده‌ای که به حوزه‌ی نشر بازاریابی ایران کرد، مایه‌ی افتخارم هست و به برند شخصی

من هم کمک زیادی کرده است.
کتاب بسیار خوب است، اما لطفاً فقط کتاب ننویسید که کتاب داشته باشید بلکه، روی محتوای آن کار کنید. و سپس به هویت بصری‌اش بپردازید. اما اصل محتواست.

- **ویدئو و پادکست:** نقش ویدئوها خصوصاً ویدئوهای کوتاه چند دقیقه‌ای و نقش پادکستهای صوتی در ارتباط مردم پرمشغله و کم‌حوصله که می‌خواهند از زمانهای انتظارشان و زمانهای رانندگی‌شان استفاده‌ی بیشتری ببرند، زیاد شده است. ویدئو و پادکست به مراتب بیشتر از نوشته‌ها تأثیر دارند، هر چند جای کتاب را نمی‌گیرند، اما مکمل خوبی برای ارتقای برند شخصی شما هستند. برای چندمین بار می‌گویم؛ ابتدا خودتان مطالعه‌ی مستمر داشته باشید، یادگیری دائم داشته باشید تا محتوای ارائه‌هایتان عالی باشند.

- **کارت ویزیت:** یک کارت ویزیت متمایز و زیبا داشته باشید، کارت ویزیت‌تان شلوغ نباشد، اما جذاب باشد؛ چون رنگ انتخابی من برای برند خانواده‌ی تی‌ام‌بی‌ای رنگ نارنجی است که رنگ نور است و نشانه‌ی نور و آگاهی و رنگ نور خورشید است، لذا کارت ویزیت خودم را با این رنگ تهیه کردم، ضمن اینکه در راستای تمایزسازی کارت ویزیت من به جای کاغذ از ورق آلومینیوم تهیه شده است که ضمن زیبایی سبب ماندگاری بالای آن هم می‌شود.

- **نامه‌نگاری متمایز:** پیشنهاد می‌کنم مطلب مربوط به نامه‌نگاری تجاری را در کتاب مدیریت فروش و فروش حضوری با نگرش بازار ایران بخوانید. در آنجا توضیح داده‌ام که یک نامه با آغاز و پایان متمایز با برجسته‌سازی کلمات اصلی با نشانه‌گذاری حرفه‌ای و اینکه جملات طولانی نباشند و هر جمله حداکثر چهارده کلمه بیشتر نداشته باشد و... تهیه شود.

- **نمایشگاهها و همایشها:** نمایشگاههای مختلف خصوصاً نمایشگاههای مرتبط با حرفه‌ی خودتان را جدی بگیرید، چه اینکه یک غرفه داشته باشید و چه اینکه در غرفه‌های دیگران حضور پیدا کنید و ارتباط بگیرید.
در همایشها فقط به‌خاطر اینکه سخنران باشید حضور پیدا نکنید، این برای موقعی است که واقعاً برند شخصی‌تان بزرگ شده باشد، اما در مراحل برندسازی حضور در همایشها علاوه بر فرصت یادگیری به شما فرصت ارتباط و آشنایی با سخنرانان و سایر افراد را می‌دهد. من در سالهای جوانی خیلی پول شرکت در سمینارهای اساتید بازاریابی و فروش را داده‌ام. خیلی‌هایشان از آن زمان من را می‌شناسند.

- **مربیگری و پاسخگویی:** در دسترس مردم باشید پاسخ به سؤالات آنها خصوصاً در دایرکت و واتساپ و... خیلی در ساختن برند شما نقش‌آفرینی می‌کند.

فلسفه‌ی حضور را جدی بگیرید. من در خیلی از کتابهایم شماره تلفن همراهم را می‌نوشتم و خیلی از ارتباطات قراردادهای مشاوره‌ای و تحقیقاتی به جهت ارتباطی بود که از همین طریق و به‌صورت بی‌واسطه با من برقرار می‌شد و این مسیر پاسخ به تلفن و پیامها همچنان به عنوان یک جریان زنده ادامه دارد.

سعی کنید برای کسانی که به سراغ شما می‌آیند با نهایت تواضع و فروتنی و برخورد شایسته نقش یک مربی را داشته باشید و به سؤالاتشان در حد معقول جواب دهید، اما اگر عزیزانی رعایت نمی‌کنند و انتظار دارند تمام مسائل‌شان با تلفن و صحبت با شما حل شود آنها را به جلسات مشاوره دعوت کنید. و برایشان توضیح دهید که بهای موفقیت‌شان را بدهند.

- **ارتباط با افراد تأثیرگذار:** در تمام حرفه‌ها نقش افراد تأثیرگذار بسیار مهم است. در خیلی از سمینارها در زمان استراحت به‌جای اینکه مثل خیلی از اساتید بزرگوارم در اتاق استراحت بنشینم و نوشیدنی و شیرینی و میوه میل کنم و با دیگران گپ بزنم، سریع بلند می‌شوم و بین جمعیت می‌چرخم، آنها با بزرگواری به سراغم می‌آیند، سؤال می‌پرسند، کارت ویزیت می‌گیرند، عکس می‌گیرند و البته این عکسها در پیج‌شان منتشر می‌شود و به ارتقای برند شخصی من کمک می‌کند و این ارتباطات سبب ارتباطات و قراردادهای بعدی می‌شود.

بین مردم بروید، با مردم که مخاطب هدفتان هستند باشید، به آنها احترام بگذارید تا آنها شما را دوست داشته باشند، چیالدینی یکی از مهمترین رازهای تأثیرگذاری را دوست داشتنی بودن می‌داند و این دوست‌داشتنی بودن به تیپ ظاهری و تیپ باطنی (رفتار) شما برمی‌گردد.

اعتراف می‌کنم پس از جلسه‌ای که با پروفسور کاتلر، پدر علم بازاریابی جهان، که الگوی علم و اخلاق هستند، داشتم، و عکسی که با ایشان گرفتم، همواره در تمام سمینارها و همایشها این عکس را نشان داده‌ام و به آن افتخار کردام.

- **داستان‌گویی و گزارش‌نویسی:** با زبان ساده داستان وقایع مهم و کارهای ارزشمندی را که انجام داده‌اید، جلساتی که داشته‌اید را با زبانی ساده بنویسید و به مخاطبان هدف گزارش دهید این کار سبب می‌شود که قانون عادت اجتماعی در تأثیرگذاری برای شما عمل کند. این قانون می‌گوید مردم از کسی راهکار می‌گیرند که اکثریت مردم سراغ او می‌روند، مردم از فروشنده‌ای می‌خرند که فروش بالایی دارد.

به عبارتی قانون عادت اجتماعی به خِرد جمعی اشاره می‌کند و هزینه‌ی روانی مردم برای انتخاب

را کم می‌کند.

- **تأییدیه‌ها و گواهینامه‌ها:** نشان دادن تأییدیه‌ها و گواهینامه‌ها به سایرین به نحوی که در اتاق کارتان نصب شود یا در فضای مجازی و اینترنت منعکس شود در شکل‌گیری برند شما مؤثر است، اما مواظب باشید آنقدر بدون داشتن محتوا در آن افراط نکنید که دچار سندرم خودتکمیلی نمادین شوید و مردم حس کنند ظاهری زیبا اما باطنی خالی را در جلوی خودشان دارند. تأکید می‌کنم همه چیز باید عالی باشد، جزء‌نامه هم نداریم، قرار نیست هویت بصری عالی به جای هویت محتوایی عالی عمل کند. هر دو باید عالی باشند. عالی باشیم تا باشیم.

- **عضویت در انجمنها و ارتقا در انجمنها:** در انجمنها و اتحادیه‌های مربوط به صنف مخاطبان هدف و حرفه‌ی خودتان حضور جدی و فعال داشته باشید. در عضو شدن در انجمنها هرگز نپرسید این انجمن برای من چه کاری انجام می‌دهد؟ همین که شما کارت آن انجمن را داشته باشید، این یعنی اعتبار، همین که اسم شما در سایت آن انجمن باشد این یعنی اعتبار، پس شما گام اول را برداشته‌اید، درجه‌ی آن انجمن را در روی شانه‌هایتان دارید، حالا یک عضو فعال باشید. نزد رئیس انجمن بروید و بگویید من حاضرم چند ساعت در هفته در انجمن فعال باشم، خودتان را در معرض مشاهده و دید هیأت‌مدیره‌ی انجمن قرار دهید بدون هیچ چشمداشتی فعال باشید، در حقیقت شما دارید برای برند شخصی خودتان گام برمی‌دارید، مابقی مسیر خودش حل می‌شود. آنگاه می‌بینید که شما در کمیته‌های انجمن عضویت دارید. ریاست یک کمیته به شما واگذار می‌شود و سالهای بعد عضو هیأت‌مدیره هستید.
پس ابتدا بکارید، کاشت را جدی بگیرید بعد از آن داشت و سپس برداشت است. اگر همین قانون مهم کشاورزان را جدی بگیریم، خیلی از مسائل‌مان حل می‌شود، اما نمی‌دانم چرا اکثراً مستقیم سراغ برداشت می‌روند.

- **چاشنیهای فروش:** گاهی هدیه بدهید، کتابتان را به مخاطبان هدف خصوصاً تأثیرگذاران هدیه کنید به این طریق با آنها ارتباط می‌گیرید، در بعضی جاها سخنرانی رایگان داشته باشید مثل مؤسسات خیریه، یادم می‌آید که از کمیته‌ی امداد استان خراسان جنوبی درخواست خرید تعدادی از کتاب مدیریت فروش و فروش حضوری با نگرش بازار ایران را داشتند که در بسته‌های حمایتی به خانواده‌های عزیز تحت پوشش و به آنهایی که جوان آماده به کار دارند هدیه بدهند، از این فکر ناب لذت بردم و دو چاپ کتاب را رایگان به کمیته‌ی امداد کشور اهدا کردم که در بین جوانان مستعد عزیز تحت پوشش پخش شود.

- **ارسال کارت پستال و پیام تبریک:** به مناسبتهای مختلف برای مخاطبان هدف با یک طراحی زیبا و اثرگذار و البته متمایز، کارت پستال بفرستید؛ الان که با فضای الکترونیکی هزینه‌ی آن هم بسیار کم شده است. به هر حال باید توی چشم باشید تا باشید.

- **بازاریابی حسی:** بازاریابی حسی به معنای تأثیر گذاشتن روی حواس پنجگانه‌ی بینایی، چشایی، بویایی، شنوایی و لامسه، مخاطبان هدف را جدی بگیرید. یک پوشش زیبا و متناسب با عرف بازار هدف، یک پذیرایی ساده و بموقع، یک عطر خوشبو متناسب با بازار هدف، یک صدای دلنشین همراه با مهارت گوش دادن و یک زبان بدن حرفه‌ای همگی در تأثیرگذاری بر مخاطب هدف و ارتقای برند شخصی شما مؤثر هستند. و تأکید می‌کنم جامعیت‌نگری بین همه‌ی آنها بسیار مهم است.

- **بازاریابی مستقیم:** بازاریابی مستقیم شبیه فروش حضوری است که ارتباط دوسویه هستند و از بسیاری از ارتباطات یک‌سویه موثرتر هستند، با این تفاوت که بازاریابی مستقیم چهره به چهره از نزدیک نیست، برخلاف فروش حضوری که به ارتباطات رودررو گفته می‌شود. اما امروزه ابزارهای الکترونیکی خیلی از کارها را حل کرده‌اند، الان جلسات مشاوره‌ای تصویری از دورترین نقاط برگزار می‌شود. لایوهای مشترک با اقصی‌نقاط جهان، ارتباطات تلفنی و... همه ابزارهای بازاریابی مستقیم هستند که بخوبی به کمک ما آمده‌اند و اگر ما از آنها استفاده نکنیم، نشان ناکارآمدی ابزارها نیست.

- **بازاریابی میدانی:** یک فصل کامل در کتاب "قطب‌نمای مدیران توسعه بازار با نگرش بازار ایران" به بازاریابی میدانی اختصاص داده‌ام، یادآور می‌شوم پشت میز جای کوتاهی است برای دیدن بازار، محتوا داشته باشید، از تمام ابزارها استفاده کنید اما در میدان عمل باشید. فعالیتهایی مثل سمپلینگ، مرچندایزینگ، مانیتورینگ، نمایش، بازرسی و خرید مخفی هم با کمی درایت در مدیریت برند شخصی نقش‌آفرینی می‌کنند، راهش را پیدا کنیم و اجرایشان کنیم.

- **Measurement:**

- **اندازه‌گیری اثربخشی:** ارزیابی اثربخشی و میزان موفقیت فرایند برندسازی و برندداری شخصی با به‌کارگیری سیستم اطلاعات بازاریابی برای سنجش موفقیت در آن مسیر امکانپذیر است. سیستم اطلاعات بازاریابی در مدیریت برند شخصی عبارت است از: سیستمی متشکل از خود شما و ابزارها و رویه‌هایی که به‌کار می‌گیرید تا اطلاعات مورد نیاز را به‌صورتی دقیق و بهنگام جمع‌آوری،

طبقه‌بندی و تجزیه‌وتحلیل کرد. و بدانید چه چیزی را به مخاطبان هدفتان عرضه می‌کنید و چگونه عرضه کنید. این سیستم شامل پایگاه داده‌های شماست که به‌صورت مرتب به‌روز می‌شود، هوشمندی رقابتی و هوشمندی بازاریابی است که شما به کار می‌گیرید تا به‌صورت مرتب خودتان را از منظر مشتریان با رقبا مقایسه کنید و تصمیمات شایسته بگیرید و تحقیقات بازاریابی است که خصوصاً با مطالعات کیفی نظیر مشاهده و مصاحبه انجام می‌دهید تا با کسب اطلاعات دقیق و بهنگام به همراه سایر ابزارهای تصمیم‌گیری شامل شم، تجربه و سوادتان در راستای مدیریت برند شخصی‌تان گامهای مؤثری آن هم به‌صورت هوشمندانه بردارید.

تأکید می‌کنم آنچه باعث موفقیت شما تاکنون شده است موفقیت آینده‌تان را تضمین نمی‌کند پس همواره برای موفقیت و برندتان نگرانی مثبت داشته باشید و با کسب اطلاعات درست عمل کنید.

سخن پایانی: پندار نیک، گفتار نیک، و رفتار نیک

آنطور که خواندیم، من برای مدیریت (دریک تقسیم بندی) چهار سطح قائل هستم که عبارتند از: مدیریت بر خود، مدیریت بر نفر دیگر، مدیریت بر گروه، و مدیریت بر سازمان. و زیربنا و گام اول، مدیریت برخود است، یعنی انسان تا زمانی که نتواند خودش را مدیریت کند قطعاً در گامهای بعدی نیز توفیق خوبی نخواهد داشت. اما مدیریت بر خود را اینچنین تعریف کردم؛ یعنی اینکه انسان بر پندار خودش مدیریت داشته باشد، به‌عبارتی نحوه‌ی تفکرش را مدیریت کند. مواظب باشد در دام منفی‌بافی نیفتد و به قول پاستور بدبینی‌های حاصل از محیط او را آزرده‌خاطر نسازد و تلاش کند که مثبت‌اندیش باشد و همچنین با مطالعه و آموزش و مشاهده، خوراک لازم به فکر خود، در راستای اندیشه‌ی اثربخش بدهد و...

پس از مدیریت بر پندار خویش، به مدیریت بر گفتار می‌رسیم. مدیریت بر گفتار، یعنی اینکه فن بیان خودمان را تقویت کنیم. با مطالعه و آموزش، گنجینه‌ی لغات‌مان را افزایش دهیم. قدرت سخنوری در جمع را با تمرین و مهارت خودمان بالا ببریم و با فراگیری اصول، فنون و هنر مذاکره، برای رسیدن به توافق جمعی تلاش کنیم. و همچنین علاوه بر گفتار کلامی به زبان بدن یا تن‌گفتار هم تسلط داشته باشیم و با به‌کارگیری شایسته‌ی حرکات اندام بتوانیم، انتقال پیام از سوی خودمان را شایسته‌تر به نتیجه برسانیم.

اما آن چیزی که در نهایت مورد قضاوت قرار می‌گیرد، رفتارمان است. مدیریت بر رفتار یعنی اینکه عملکردمان عالی باشد، بهره‌وری که به معنای حاصل‌جمع اثر بخشی و کارآیی است را ارتقا دهیم. و از نتایج عملکردمان راضی و خشنود باشیم. تا بتوانیم دیگران را نیز راضی و خشنود سازیم. پس مدیریت بر خود، در حقیقت همان مدیریت بر پندار خویش، گفتار خویش، و کردار خویش است و راه اساسی مدیریت برند شخصی همین است. اما پس از موفقیت در گام اول که مهمترین گام است

و به قول استاد الهی قمشه‌ای خودشناسی مقدمه‌ی خداشناسی است و اگر به این مهم برسیم که خود نقطه‌ی آغاز است برای کمال، برای تکامل و برای عالی بودن، آنگاه خودآگاهی ما را به خداآگاهی، خودباوری مارا به خداباوری، خوددوستی مارا به خدادوستی و... می‌رساند. پس از گام اول، به گام دوم یعنی مدیریت بر نفر دیگر می رسیم. حال این نفر دیگر می تواند یکی از اعضای خانواده، همکاران یا مشتریانمان باشد. البته از نظر من تمام افراد، مشتری ما هستند و ما باید بتوانیم با حفظ رابطه‌ی برد همه‌جانبه و رضایت طرفین حرکت کنیم و سپس مدیریت بر گروه و مدیریت بر سازمان که توضیح داده‌ام.

در حقیقت مدیریت ارتباط مشتریان یا CRM هم به همین موضوع می‌پردازد. پس با بهره‌گیری از سه موضوع پندار نیک، گفتار نیک، و رفتار نیک تلاش می‌کنیم در گامهای مدیریت موفق باشیم و حتی در راستای اصلاح خود و دیگران با آموزش و تذکرات بجا و شایسته، تلاش کنیم.

همچنین در به‌کارگیری کلمات و الفاظ شایسته از سوی خود و همکاران که همان مشتریان درون‌سازمانی هستند، گفتارمان را در راستای نیک بودن اداره کنیم. آموزش مناسب داشته باشیم. در کلاسهای مذاکره‌ی موفق شرکت کنیم و نتیجه اینکه، با ارزیابی دوره‌ای و پیوسته از عملکرد و ارائه‌ی بازخورد ارزشیابی، در بهترسازی رفتارمان، گام برداریم تا نتایج بهره‌وری شخصی‌مان افزایش یابد. تمام این موارد به همین صورت در مورد گروه و سازمان نیز کاربرد دارد. مدیریت بر گروه، یعنی مدیریت بر پندار گروه، مدیریت بر گفتار گروه و مدیریت بر رفتار گروه و سرانجام مدیریت بر سازمان، یعنی مدیریت بر پندار سازمان، مدیریت بر گفتار سازمان و مدیریت بر رفتار سازمان.

نهایتاً مدیریت بر خود ما را به این مطلب می‌رساند که چه در زندگی شخصی چه کاروکسب، من خود مسئول زندگی و سرنوشتم هستم. ابزارهای متعدد توسعه‌ی فردی و مدیریت نظیر 5M بخوبی به ما کمک می‌کنند تا سرنوشت بهتری داشته باشیم.

سرنوشت آن چیزی است که در سر نوشته می‌شود؛ حال می‌توانیم انتخاب کنیم: یا اجازه دهیم سرنوشتی که توسط اجتماع تعیین شده، محقق شود و یا تصمیم بگیریم سرنوشتمان را از سر بنویسیم.

می‌دانم وقتی موفق می‌شوم که به شایستگی از خودم مراقبت کنم. در جاده‌ی زندگی با درایت حرکت کنم. اگر خیلی تند بروم، خسته شده و در میان راه از رفتن صرف‌نظر می‌کنم. اگر خیلی آهسته بروم، ممکن است شب از راه برسد و گم شوم. از آنچه خداوند با سخاوت در اختیارم قرار داده استفاده می‌کنم، و همچنان به راهم ادامه می‌دهم.

اما در همه حال باید منضبط باشم؛ من حق دارم روزی و فقط حداکثر برای یک روز انگیزه نداشته باشم، اما حق ندارم حتی برای یک لحظه انضباط نداشته باشم. مدیریت برند شخصی ارتباط تنگاتنگی با خودانضباطی دارد.

وسواس و نگرانی در جستجوی هدف کمکم نمی‌کند. ممکن است راه از آنچه من فکر می‌کردم

دورتر باشد، اما چون آماده‌ام که باز هم دورتر بروم، پس مسأله‌ای نیست. وقتی به هدفم رسیدم شادی و پایکوبی کرده و باور می‌کنم که من هم می‌توانم. با خودم عهد می‌بندم، راه جدید دیگری را کشف می‌کنم. به همه می‌گویم این کار امکانپذیر است و آنگاه دیگران شهامت پیدا می‌کنند تا راه خودشان را بدون نگرانی بپیمایند...

بازاریابی و تمام تکنیکهای آن ابزاری است برای رسیدن به هدف بزرگتر و آن برند است. برند را برای بودن بخواهید نه فقط برای شدن، به همین دلیل می‌توان گفت برندسازی شروع کار است و برندداری نگرشی بلندمدت و اقدام برای مشهور مقبول محبوب شدن است که البته سختیهای خود را دارد. اما کسی که انتخاب کرده است نه تنها در زمان حیاتش بلکه، پس از رجعت از این دنیا هم آثار اقداماتش برای جهانیان بماند؛ پس سختیها را هم تحمل می‌کند.

جوری زندگی کنیم که سعدی می‌گوید:

سعدیا مرد نکونام نمیرد هرگز   مرده آن است که نامش به نکویی نبرند

سبز باشید

آشنایی با فعالیتهای شرکت TMBA

- دفتر ارتباط با دانشگاه
- مارکتینگ‌نیوز
- بانک مقالات بازاریابی ایران
- مرکز استعدادشناسی منابع انسانی و کاریابی بازارشناسان
- فروشگاه انتشارات بازاریابی
- فروشگاه اینترنتی محصولات بازاریابی

- دوماهنامه‌ی توسعه مهندسی بازار
- انتشارات بازاریابی
- مشاوره‌ی بازاریابی
- مرکز تولید و نشر فیلمهای آموزش بازاریابی و فروش

- ماهنامه‌ی بازاریاب بازارساز
- سامانه‌ی آموزش مجازی بازاریاد
- آموزشگاه بازارسازان
- کانون تبلیغاتی ضمیر بازار
- تحقیقات بازاریابی
- شرکت نوروبیز
- رادیو صدای بازاریابی

www.TMBA.ir

شرکت TMBA

● هلدینگ
TMBA، تنها مجموعه فعال در حوزه‌ی بازاریابی در ایران است که تمامی فعالیتهای آموزش و مشاوره‌ی بازاریابی و فروش، تحقیقات بازاریابی، انتشارات بازاریابی (کتابهای تخصصی بازاریابی و فروش و دو عنوان مجله‌ی تخصصی بازاریابی)، مرکز استعدادشناسی، منابع انسانی و کاریابی و تبلیغات را بر عهده دارد.
این هلدینگ عضو انجمن علمی بازاریابی ایران، انجمن مدیریت کسب‌وکار ایران، انجمن تحقیقات بازاریابی ایران و انجمن تحقیقات بازاریابی اروپا است.
بنیانگذار و اداره‌کننده‌ی این خانواده‌ی کاری، "پرویز درگی، معلم بازاریابی" است.

● رسالت ما
ارتقای سطح کاروکسب بنگاههای اقتصادی با ارائه‌ی خدمات آموزشی، مشاوره، تحقیقات، تبلیغات، کاریابی و نشر مباحث بازاریابی به نحوی که بتوانیم ارزش مطلوبتری را برای مشتریان ارائه دهیم و در راستای رسیدن به هدفهای فوق در فضای رقابتی موفق باشیم.

● شعار خانواده‌ی ما
عالم عامل عاشق باشیم.

• دپارتمان آموزش

آموزشگاه بازارسازان با مجوز رسمی از سازمان آموزش فنی و حرفه‌ای کشور، مرکز آموزش مهارت و مشاغل تخصصی بازاریابی و فروش می‌باشد. وجه تمایز آموزشگاه بازارسازان، ساده‌سازی و ساده‌گویی مفاهیم پیچیده‌ی علمی به‌صورت کاربردی و با نگرش بازار ایران است.

www.Marketingschool.ir تلفن: ۴ - ۶۶۰۲۸۴۰۱ (۰۲۱)

• سامانه‌ی آموزش مجازی بازاریاد

مرجع دوره‌های مجازی بازاریابی، فروش، تبلیغات و... با نگرش بازار ایران است و با هدف تحت پوشش قرار دادن عزیزانی که امکان شرکت در کلاسهای حضوری را ندارند، فعالیت می‌کند.

www.Bazaryad.com تلفن: ۶۶۰۲۸۴۰۳ (۰۲۱)

• دپارتمان مشاوره

یکی از فعالیتهای خانواده‌ی ما، مشاوره‌های بازاریابی از الف تا ی کاروکسب است. تدوین استراتژی بازاریابی، تهیه‌ی برنامه‌های بازاریابی، طراحی و پیاده‌سازی سازمان بازاریابی و فروش از آغاز تا انجام، چگونگی ارتقای فروش و مشاوره در ابعاد مختلف قیمت‌گذاری، توزیع، برندینگ، صادرات و... را این دپارتمان عهده‌دار است.

www.Marketingconsulting.ir تلفن: ۶۶۴۳۴۰۵۵ (۰۲۱)

• مرکز استعدادشناسی، منابع انسانی و کاریابی بازارشناسان

این مرکز با مجوز رسمی از وزارت تعاون، کار و رفاه اجتماعی با تمرکز بر شایسته‌گزینی، شایسته‌پروری، شایسته‌سالاری و شایسته‌گماری تأسیس شده است. مأموریت ما در این مرکز ارائه‌ی راهکارهای مؤثر برای شناسایی استعدادهای حوزه‌ی بازاریابی و فروش، جذب و استخدام نیروهای شایسته و ارزیابی عملکرد منابع انسانی می‌باشد.

www.Bazarshenasan.com تلفن: ۶۶۴۳۱۸۶۳ (۰۲۱)

• دپارتمان تحقیقات بازاریابی

این دپارتمان عضو انجمن تحقیقات بازاریابی اروپا و انجمن تحقیقات بازاریابی ایران است و با بیش از ۱۴سال فعالیت مستمر در انجام پروژه‌های تحقیقات تمام‌سرویس، همراهی شایسته در ارائه‌ی استراتژیهای بازاریابی، برندینگ، تحلیل رقبا، امکان‌سنجی مبتنی بر داده‌های بازار ایران، برای شما است.

www.Marketing-Research.ir تلفن: ۶۶۴۳۴۰۵۵ (۰۲۱)

• شرکت نوروبیز
این شرکت مجری پروژه‌های بازاریابی عصب‌پایه در حوزه‌های مختلف بازاریابی نظیر تحقیقات بازاریابی، فروش، تبلیغات و... می‌باشد.

www.neurobiz.co.uk تلفن: ۶۶۴۳۴۰۵۵ (۰۲۱)

• انتشارات بازاریابی
این انتشارات با مجوز رسمی از وزارت فرهنگ و ارشاد اسلامی به‌عنوان ناشر تخصصی کتابهای بازاریابی و فروش با رویکرد کاربردی و نگرش بازار ایران فعالیت می‌کند.

www.Marketingpublisher.ir تلفن: ۶۶۴۷۷۰۱۶ (۰۲۱)

• دوماهنامه‌ی توسعه مهندسی بازار
این دوماهنامه با مجوز رسمی از وزارت فرهنگ و ارشاد اسلامی و با نگاه دوجانبه به تحولات علم بازاریابی در جهان و تغییرات بازار ایران به ارائه‌ی میزگردها، مقالات، مصاحبه‌ها و... به‌صورت کاربردی می‌پردازد.

www.Marketingmag.ir تلفن: ۶۶۴۷۵۴۱۷ (۰۲۱)

• ماهنامه‌ی بازاریاب بازارساز
این ماهنامه با مجوز رسمی از وزارت فرهنگ و ارشاد اسلامی به ارائه‌ی مباحث کاملاً کاربردی و به زبان ساده برای نیروهای عملیاتی بازار (ویزیتور، کارشناس، موزع و...) می‌پردازد.

www.Marketermag.ir تلفن: ۶۶۴۷۵۴۱۷ (۰۲۱)

• دفتر ارتباط با دانشگاه
این دفتر پل ارتباطی بین دانشگاههای علوم و دانشگاه بازار است. معرفی اساتید ایرانی داخل و خارج کشور به فعالان بازار و ارائه‌ی مسائل بازار به دانشگاه از جمله فعالیتهای این دفتر است.

www.Universityandmarket.ir تلفن: ۶۶۴۷۵۴۱۷ (۰۲۱)

• بانک مقالات بازاریابی ایران
حاوی جدیدترین مقالات کاربردی، پژوهشی و علمی در زمینه‌ی مباحث بازاریابی، فروش و تبلیغات حاوی بیش از ۴۰۰۰ عنوان مقاله.

www.Marketingarticles.ir تلفن: ۶۶۴۷۵۴۱۷ (۰۲۱)

●فروشگاه اینترنتی محصولات بازاریابی
مرجع فروش آنلاین محصولات بازاریابی و فروش (کتاب، لوح فشرده، مجلات تخصصی و...) می‌باشد.

www.Marketingshop.ir   تلفن: ۷۱ و ۶۶۴۰۸۲۵۱ (۰۲۱)

●فروشگاه انتشارات بازاریابی
فروشگاه مادر و مرجع تخصصی محصولات بازاریابی و فروش (کتاب، لوح فشرده، مجلات تخصصی و...) از ناشران سراسر کشور

■ **نشانی:** تهران، میدان انقلاب، ابتدای خیابان ۱۲ فروردین، مجتمع کتاب فروردین، طبقه‌ی همکف، پلاک ۱

www.Marketingshop.ir   تلفن: ۷۱ و ۶۶۴۰۸۲۵۱ (۰۲۱)

●مرکز تولید و نشر فیلمهای آموزش بازاریابی و فروش
مجموعه فیلمهای خارجی زبان اصلی (با زیرنویس فارسی) و فیلمهای آموزشی با اساتید ایرانی.

www.Marketingshop.ir   تلفن: ۶۶۴۰۸۲۵۱ (۰۲۱)

●کانون تبلیغاتی ضمیر بازار
این کانون با مجوز وزارت فرهنگ و ارشاد اسلامی ارائه‌کننده‌ی کمپین‌های تبلیغاتی با شناخت از بنگاه‌های اقتصادی و اجرا و ارزیابی فعالیتهای حوزه‌ی ترویج و ارتباطات بازاریابی میدانی را بر عهده دارد.

www.Marketmind.ir   تلفن: ۶۶۴۳۱۶۳۷ (۰۲۱)

●مارکتینگ نیوز
سایت خبری حاوی به‌روزترین اخبار حوزه‌های مختلف بازاریابی، فروش، تبلیغات و... می‌باشد.

www.Marketingnews.ir   تلفن: ۶۶۴۷۷۰۱۶ (۰۲۱)

●رادیو صدای بازاریابی
گفت‌وگوهای رادیویی و تصویری (نگاه بازار) با اساتید و مدیران ایران را در پادکست‌های این رادیو دنبال کنید.

www.Sedayebazaryabi.com   تلفن: ۶۶۴۳۴۰۵۵ (۰۲۱)

چند کتاب دیگر از استاد درگی در انتشارات کیدزوکادو

برای تهیه کتاب ها از آمازون یا وبسایت انتشارات می توانید بارکدهای زیر را اسکن کنید

kphclub.com

Amazon.com

Kidsocado Publishing House
خانه انتشارات کیدزوکادو
ونکوور، کانادا

تلفن : ۸۶۵۴ ۶۳۳ (۸۳۳) ۱+
واتس آپ: ۷۲۴۸ ۳۳۳ (۲۳۶) ۱+
ایمیل: info@kidsocado.com
وبسایت انتشارات: https://kidsocadopublishinghouse.com
وبسایت فروشگاه: https://kphclub.com